A VIDA DEPOIS DE AMANHÃ

A VIDA DEPOIS DE AMANHÃ

Psicografia de Sônia Tozzi
Pelo espírito Irmão Ivo

A vida depois de amanhã
pelo espírito *Irmão Ivo*
psicografia de *Sônia Tozzi*

Copyright @ 2009
Lúmen Editorial Ltda.

1ª edição – agosto de 2009

Direção editorial: *Celso Maiellari*
Preparação de originais: *Mary Ferrarini*
Revisão: *Equipe Casa de Idéias*
Diagramação: *Mônica Vieira/Casa de Idéias*
Arte da Capa: *Casa de Idéias*
Impressão e acabamento: *HR Gráfica*

Dados Internacionais de Catalogação na Publicação (CIP)
(Câmara Brasileira do Livro, SP, Brasil)

Ivo, Irmão (Espírito).
  A vida depois de amanhã / pelo espírito Irmão Ivo ; psicografia de Sônia Tozzi. – São Paulo : Lúmen, 2009.

1. Espiritismo 2. Psicografia 3. Romance espírita
  I. Tozzi, Sônia. II. Título.

09-06387   CDD-133.9

Índices para catálogo sistemático:
1. Romance espírita : Espiritismo 133.9

Rua Javari, 668
São Paulo - SP
CEP 03112-100
Tel/Fax (0xx11) 3207-1353

visite nosso site: www.lumeneditorial.com.br
fale com a Lúmen: atendimento@lumeneditorial.com.br
departamento de vendas: comercial@lumeneditorial.com.br
contato editorial: editorial@lumeneditorial.com.br

2009
Proibida a reprodução total ou parcial desta
obra sem prévia autorização da editora

Impresso no Brasil – *Printed in Brazil*

Sumário

1 — A desilusão de Cássia 7
2 — A visita aos pais 22
3 — A união entre Léo e Selma 44
4 — Diante da verdade 68
5 — O apoio dos benfeitores espirituais 88
6 — A traição de Selma 100
7 — O envolvimento com as trevas 135
8 — O segredo de Sabina 149
9 — O despertar do amor 165
10 — A visita de Orlando ao lar terreno 173
11 — O perdão como condição para o progresso 184
12 — A história de Frank 194
13 — Selma diante da verdade 203
14 — O perdão 219
15 — O reencontro entre mãe e filho 232
16 — O arrependimento de Léo 243
17 — Limpando o passado 255
18 — A união das almas afins 265

19 — A história de Eneida 283
20 — O sonho da gravidez 294
21 — O retorno de Armando 303
22 — A oportunidade de reajuste de Léo 313
23 — Um ato de amor: a adoção 322
24 — O reconhecimento das almas 330
25 — A chegada de Bernardo ao lar 341
26 — A doença de Cássia 350
      Consideração 354
      Aos leitores 356

Capítulo 1

∽·∾

A desilusão de Cássia

Cássia, não suportando mais as agressões verbais de Léo, seu marido há quase cinco anos, saiu impetuosamente de seu quarto e, descendo as escadas de sua casa, correu em direção à estufa, onde havia tempos se entregava ao cultivo de orquídeas e bromélias.

Seguia apressada passando as mãos sobre o rosto, tentando aliviar as lágrimas que desciam em abundância, dando testemunho da grande dor que lhe sufocava a alma.

Seus cabelos negros e longos balançavam agitados sofrendo a ação do vento, que os levava para lá e para cá, agindo facilmente na leveza dos fios macios e sedosos. Cada vez mais nervosa, passava com força as mãos no rosto, querendo, com esse gesto, livrar-se das lágrimas teimosas.

Assim que entrou no lugar que considerava seu paraíso, sentou-se no chão por entre os vasos das flores que tanto amava e entregou-se a choro copioso — efeito da imensa angústia que dominava seu coração.

"Ele não pode fazer isso comigo", dizia a si mesma, "não tem esse direito; não é justo tratar-me dessa maneira, sem nenhum respeito, sem o mínimo de consideração. Que amor é esse que ele diz sentir? Que ciúme é esse que maltrata, agride e sufoca a pessoa que é o alvo desse sentimento maluco e doentio?"

Durante longo tempo permaneceu entregue a seus pensamentos. Tão absorta estava, não percebeu a presença de Léo, que, sem se fazer notar, observava a esposa encolhida em um canto como um bichinho assustado.

— Léo! — exclamou Cássia, dando à própria voz um misto de surpresa e temor. — O que faz aqui? Veio acabar de derramar seu fel? — perguntou audaciosa.

Meio sem jeito, Léo abaixou-se, tentando uma melhor aproximação, e respondeu:

— Desculpe-me, Cássia, não sei o que deu em mim para falar com você de uma maneira tão grosseira.

— Grosseira é pouco, Léo, eu diria impiedosa.

— Estou lhe pedindo desculpas! Não sei o que deu em mim, já disse.

— Pois eu sei o que deu em você. É seu ciúme doentio, sua falta de controle emocional que levam você a essas atitudes grosseiras e injustas.

Léo, ficando novamente nervoso, respondeu com a voz alterada:

— Mais uma vez vou dizer que estou pedindo desculpas!

— Estou ouvindo seu pedido de desculpas, mas não tenho mais disposição para desculpar, porque sei que em pouco tempo tudo acontecerá novamente.

— Prometo que não, Cássia. Vou me controlar; você sabe que não posso viver sem você. Dê-me mais uma chance.

Cássia fechou os olhos.

Na sua dor, entregou-se a Jesus e suplicou por auxílio.

Passados poucos segundos, respondeu.

— Está bem, Léo, vou desculpá-lo mais uma vez, na esperança de que você realmente mude e se transforme em alguém melhor, mais sereno e mais gentil, para que nosso casamento prossiga mais feliz.

Calou-se.

Nenhum dos dois disse mais nada.

Quando Léo fez menção de sair, Cássia perguntou:

— Por que você faz isso, Léo? Qual a razão de me tratar assim, se nunca lhe dei motivos para desconfianças.

Sentindo-se realmente envergonhado, Léo respondeu:

— Não sei, Cássia. Não entendo esse meu comportamento. O que posso lhe dizer é que sinto uma sensação estranha, muito forte, uma necessidade de agredir você. Perco o controle sobre mim mesmo. Quando tudo passa, arrependo-me e sei que já é tarde, pois o mal está feito.

Entristecida, Cássia respondeu:

— Você precisa de ajuda, Léo.

— O que quer dizer?

— Quero dizer que necessita de ajuda, mas eu não tenho condições de ajudá-lo. O melhor seria procurar um profissional da área.

Pálido, Léo respondeu:

— Pelo amor de Deus, Cássia, está ficando louca? De que área está falando? O que está querendo dizer?

— Estou me referindo a um psicólogo, alguém que tenha condições de fazê-lo entender a si mesmo. Você se desequilibra facilmente; perde o controle e me agride, machucando-me física e emocionalmente.

Irritado, Léo permaneceu em silêncio por um tempo e, por fim, disse à esposa:

— Vamos encerrar este assunto. Já pedi desculpas, se não quiser aceitar é um direito seu. Quanto a procurar ajuda de um profissional, esqueça, Cássia, não tenho necessidade disso nem pretendo me envolver com pessoas que só pensam em arrancar dinheiro dos tolos. A vida é uma só, meu bem, e temos de aproveitar ao máximo, porque um belo dia tudo se acaba. Sou assim e ninguém pode mudar minha personalidade, mesmo porque não vejo motivos para mudar. O ciúme faz parte de mim e a impulsividade também.

Desesperançada, Cássia respondeu:

— Você é quem sabe, mas procure pensar que nada acaba quando nossa vida física se extingue.

— O que está querendo dizer com isso? Semear para os outros colherem quando eu me for, é isso?

— Não! Semear para você mesmo colher; se não aqui, na vida futura.

— Cássia, já lhe pedi mais de uma vez para não tocar nesse assunto de vida futura. Não acredito nisso, não quero falar nem me envolver com essa questão, que considero sem conteúdo e sem nenhum embasamento científico. Gostaria que não tocasse mais neste assunto.

— Tudo bem, Léo, você é quem sabe. Agora, se não se importar, gostaria que me deixasse sozinha. Vou ficar aqui mais um pouco, meus olhos estão ardendo e não quero que Sabina me veja assim.

Altivo como sempre, Léo se retirou, deixando mágoa no coração de sua esposa.

Cássia, imóvel, permanecia no mesmo lugar, sem se dar conta das horas que passavam. A ela importava apenas sua dor, a decepção mais uma vez presente em sua vida e o medo de não conseguir levar adiante uma união tão cheia de conflitos.

"Se ao menos tivéssemos filhos!", pensava com angústia. "Mas nem filhos ele quer ter, e isso só pode ser fruto do seu grande egoísmo."

Só conseguiu voltar à realidade quando Sabina, serviçal em sua casa e, antes de qualquer coisa, sua amiga, pois trabalhara com sua mãe desde que Cássia era ainda um bebê, aproximou-se e delicadamente tocou em seus cabelos.

— O que faz minha menina chorar desse jeito? Por que está usando esses óculos? — perguntou carinhosa.

Cássia, como costumava fazer sempre que se sentia perdida nas próprias emoções, aconchegou-se nos braços da velha amiga que a vira crescer feliz ao lado dos pais, e lhe disse ainda chorosa:

— Sabina, não sei se vou aguentar o temperamento forte do Léo. Tenho medo, Sabina, muito medo!

— O que é isso, minha menina, medo do seu marido? Ele a ama; não faz por mal.

— Sei muito bem que você diz isso para não haver brigas entre nós dois, Sabina, mas deve lembrar-se de que nunca fui agredida nem humilhada por meus pais. Entretanto, hoje, ao lado de Léo, é raro passar uma semana sem que não haja algum tipo de conflito.

— Querida, você é filha única, sempre foi a alegria de seus pais e criada com muito mimo, é natural que estranhe o jeito mais rude do senhor Léo.

— Não é só o jeito rude, mas o ciúme desmedido, doentio, enfim, trata-me como uma propriedade sua.

Sabina sabia que Cássia estava coberta de razão, mas seu jeito simples de ser e seu grande amor por aquela "menina", com pouco mais de vinte anos, de quem por diversas vezes trocou as fraldas e que fizera dormir cantando lindas canções de ninar, impeliam-na a pronunciar apenas palavras que acreditava aliviarem a tensão de Cássia.

Acariciando os fios sedosos de seus cabelos, disse docemente:

— Vamos fazer o seguinte, você vai entrar comigo, ir até seu quarto e tomar uma ducha bem morninha e refrescante. Acho que se sentirá melhor. Quando descer, estarei com um suco de manga de que tanto gosta prontinho para você. Que tal, vamos?

— Queria muito desabafar com você, Sabina. Não gosto de levar meus problemas para meus pais, pois eles já fizeram muito por mim. Se souberem ficarão tristes, e não quero que sofram.

— Mais tarde conversamos, Cássia.

Como uma criança, Cássia levantou-se, seguindo o conselho de Sabina. Ao vê-la assim tão dócil, Sabina sentiu seu coração apertar.

"Jesus, meu Divino Amigo, proteja minha 'menina'; ela não tem a real noção do quanto seu marido é rude, grosseiro e, ouso dizer, Senhor, capaz de tudo para obter o que quer. Receio por ela, Senhor, por isso Lhe peço auxílio."

Após terminar sua singela prece, Sabina disse a si mesma: "Se ao menos eles tivessem filhos, o coração do senhor Léo poderia se tornar mais sensível".

Com os braços envolvendo Cássia, seguiu em direção à casa. Estava intrigada com o fato de Cássia estar usando óculos escuros.

"Nunca a vi de óculos escuros aqui na estufa! O que será que aconteceu de verdade? Bem, uma hora ela vai ter de tirá-los e ficarei sabendo a verdade."

Como Sabina previra, Cássia desceu envolvida em um confortável roupão branco; os cabelos presos enrolados em uma pequena toalha acentuavam em seu rosto a palidez que o envolvia. Estranhou que ela ainda estivesse usando os óculos escuros, o que não combinava com a maneira como estava vestida e muito menos com o fato de ela estar dentro de casa.

Sem cerimônia, perguntou:

— Qual a razão de estar ainda com esses óculos, Cássia?

Tentando aparentar uma desenvoltura que estava longe de sentir, respondeu:

— Ora, Sabina, por nenhuma razão especial. Que mal há em usar óculos escuros?

— Mal nenhum, desde que não seja com um roupão de banho, dentro de casa e no finzinho da tarde. Não lhe parece estranho?

Não sabendo o que responder, Cássia permaneceu em silêncio.

Sabina, certa do que supunha haver acontecido, aproximou-se mais de Cássia e, não se importando com o que ela pudesse pensar ou fazer, retirou bem devagar os óculos de seu rosto. Não se preo-

cupando em esconder a indignação, falou sem pensar o que lhe aflorou na mente:
— Eu mato esse cafajeste!
— O que é isso, Sabina, ficou louca?
— Não, não fiquei, mas posso ficar por tanta indignação e revolta que estou sentindo contra esse monstro que teve a coragem de encostar a mão na própria mulher. Quem ele pensa que é? O dono do mundo? O senhor da verdade? Aquele que está acima do bem e do mal?
Assustada, Cássia disse:
— Sabina, já passou; não faz sentido agora você ficar desse jeito por algo que não se pode apagar.
— Passou, mas as marcas ficaram nesse rosto lindo. Como simplesmente apagar, esquecer, como se nada tivesse acontecido! Não me peça isso.
— Sabina, essas marcas não são as piores, o tempo vai apagá-las. As piores são as que trago na minha alma. Essas, sim, me ferem como lâmina afiada, agridem minha dignidade; anulam a minha autoestima, enfim, mostram-me o outro lado do homem que amo; o homem que eu escolhi para viver ao meu lado, partilhar dos meus sonhos e ilusões, construir uma família e uma vida de harmonia e alegria.
Cássia deixou novamente as lágrimas descerem por seu rosto.
— Nunca percebi que ele a agredia fisicamente, Cássia. Verbalmente, presenciei várias vezes, mas não imaginei que chegaria a esse ponto. Por que não se abriu comigo?
— Realmente ele nunca fez isso, Sabina, foi a primeira vez.
— E qual foi a razão dessa brutalidade?
— O motivo de sempre, ciúmes. Ficou nervoso, descontrolado e não conseguiu se dominar.
— Mas que ciúme é esse, meu Deus, que machuca a pessoa que se diz amar. Não consigo entender.

— Ele também não entende. O melhor mesmo é esquecer, se for possível — concluiu Cássia.

— Você é quem sabe, Cássia. Só você pode saber o que quer para sua vida, e eu não tenho o direito de me intrometer. Mas não se esqueça de que pode contar comigo sempre; quero-a como a uma filha; vi você crescer e prometi à sua mãe que estaria sempre a seu lado, protegendo-a. Agora tome seu suco; enquanto isso, preparo uma compressa para desinchar esses olhos.

— Obrigada, Sabina.

— Ah! Minha amiga — disse Cássia, abraçando-a —, o que seria de mim sem você. Ainda bem que minha mãe abriu mão de sua companhia, permitindo que viesse comigo.

— Acho que dona Antonieta sabia que não seria bom deixá-la sozinha morando longe deles. Ela dizia que ficaria mais tranquila, em relação a você, comigo por perto. Parece que acertou.

— Penso que é verdade quando dizem que mãe possui um sexto sentido! — exclamou Cássia. — Por falar nisso, estou pensando em ir visitá-los e matar um pouco a saudade.

— Isso é bom, Cássia, eles sofrem com sua ausência.

— Pode se preparar porque, quando eu for, você irá comigo.

— Está falando sério? — perguntou Sabina no auge do entusiasmo.

— Claro que estou falando sério, por que iria brincar com um assunto desses?

— Vou esperar ansiosa por esse dia, sinto muita saudade de dona Antonieta e do senhor Orlando.

— Pois em breve vai matar essa saudade — finalizou Cássia, levantando-se e encaminhando-se para seu quarto.

Ao entrar em seus aposentos, assustou-se com Léo sentado em confortável poltrona, apreciando, através da enorme janela de vidro, o gramado que se estendia à sua frente.

Surpresa, Cássia perguntou:

— Não esperava encontrá-lo aqui a essa hora; acabou de ir para a empresa. Por que voltou?
— Porque quero conversar com você.
— Acha que agora é um bom momento para conversarmos?
— Acho e quero que seja agora.
— Tudo bem, Léo, vamos conversar.
Cássia sentou-se próximo ao marido e disse:
— Pronto, estou à sua disposição. Sobre o que quer conversar comigo?
— Sobre nós dois.
— Léo, não estou em condições de conversar sobre nós depois de tudo o que aconteceu. Vamos deixar para outro dia.
— Não, Cássia, tem de ser agora.
Suspirando, Cássia concordou.
— O que deseja, então? Pode falar.
Dando a impressão de estar medindo as palavras para não ofendê-la, Léo falou com calma e em voz baixa:
— Cássia, nesses cinco anos de casamento, foi a primeira vez que aconteceu uma situação como a que vivemos hoje. Eu, tanto quanto você, estou chocado com meu procedimento. Pensei longamente, analisei friamente a mim mesmo e cheguei a uma única conclusão.
— E qual foi a conclusão a que chegou? — indagou Cássia, pressentindo qual seria.
Com a fisionomia impassível, Léo respondeu:
— É melhor nos separarmos.
Cássia sentiu faltar-lhe o chão.
— Separar? — perguntou atônita ao ouvir a confirmação do que pressentira.
— Para o nosso bem, Cássia. Não consigo dominar meus instintos grosseiros. Sou impulsivo e rude. Receio o que possa vir a fazer daqui para a frente.

Cássia silenciou.

— Amava o marido e em nenhum momento considerara a hipótese de uma separação.

Acreditando estar fazendo a coisa certa, disse ao marido:

— Léo, vamos colocar uma pedra em cima disso tudo. Apagar da nossa lembrança o dia de hoje e tentar recomeçar nossa vida a partir de agora.

— Você pensa assim mesmo, de verdade?

— Penso. Gostaria apenas que você analisasse a possibilidade de uma terapia. Creio que se nós dois procurássemos o apoio de um profissional com o intuito de nos conhecer melhor, analisar nossas atitudes diante das situações que nos aborrecem e com as quais geralmente não sabemos lidar, acredito que poderíamos melhorar muito nosso casamento.

Léo silenciou por um longo tempo, dando a impressão, por sua fisionomia, de que sofria e tentava buscar em si mesmo uma solução para o problema.

Por fim, disse, infligindo à própria voz um tom cansado, quase desesperado.

— Cássia, não adianta tentar nada. Sei que não tenho condições de mudar minha maneira de ser. Apesar de amar você, acho que o melhor é realmente a separação.

Cássia tentou argumentar suas conclusões.

— Léo, como pode dizer que me ama e me pedir, ao mesmo tempo, a separação?

— É o melhor caminho, Cássia.

— Não, não é o melhor caminho. É o caminho que você quer seguir. Cansou de mim e usa esses argumentos que, começo a acreditar, foram de caso pensado, para ter um motivo de atingir seu objetivo. Seu arrependimento, seu pedido de desculpas, seu amor é tudo mentira, tudo falso.

Enquanto ouvia a voz da esposa, Léo pensava:

"Como vou pôr um fim a isso? Por mais que eu fale, ela sempre vai encontrar argumentos para continuar uma relação que não quero mais. Cheguei ao extremo e nem assim Cássia percebe que é o fim. Mas preciso me controlar, quero que continue a acreditar que a amo e que estou me sacrificando para o bem-estar dela. Prometi a Selma que hoje poria um fim a esse casamento definitivamente, e é o que vou fazer."

Cássia, incomodada com o silêncio do marido, perguntou-lhe:

— Em que pensa, Léo, está calado! Se você se abrir comigo sobre o que realmente o preocupa, poderemos analisar juntos toda essa situação e chegar a uma conclusão que seja boa para nós dois. Não precisamos nos magoar; vamos confiar um no outro, falar claramente o que pensamos e sentimos. A partir daí, decidimos que rumo deveremos tomar para a felicidade de ambos.

Animado, Léo pensou: "É isso, sem perceber ela me deu a dica de que precisava".

Continuando a ostentar a fisionomia melancólica de quem toma uma decisão apenas com o propósito de não ferir ninguém, Léo continuou com sua apresentação de falsidade.

— Cássia, nunca quis tocar nesse assunto com você, pois sempre soube quanto maltrata sua alma, seus sentimentos, enfim, seu sonho acalentado durante anos.

— Meu Deus, Léo, fale de uma vez. Poupe-me dessa angústia que me consome.

— É simples, sempre tive, como você, o desejo de ser pai, construir uma família de verdade. Nossa união vai completar cinco anos e até agora permanecemos sem o sorriso de uma criança alegrando nossa casa, e isso me faz sofrer.

Indignada, Cássia o interrompeu.

— Por favor, Léo, pare com esse fingimento. Você sempre disse que não queria filhos, que não tinha a menor importância o fato de eu não poder gerar um filho. Quantas e quantas vezes sugeri que adotássemos uma criança e você sempre negou, argumentando que para você bastava a minha companhia e o meu amor. Agora você vem com esse discurso de que sofre com o fato de não conseguir realizar seu sonho de ser pai? Penso que o que realmente quer é me magoar.

— Ao contrário, nunca falei nada para não magoá-la, Cássia.

— E me magoa agora jogando em cima de mim a culpa de suas frustrações, sua grosseria, é isso Léo? Quer me culpar pelo fim do nosso casamento? Por que nunca quis adotar uma criança que poderíamos amar como a um filho?

— Porque queria e quero meu próprio filho, será que não entende? Não estou preparado para amar o filho de outra pessoa.

— Não, não entendo e nunca vou entender. O amor que temos para dar, se for verdadeiro, busca o alvo desse amor maternal no próprio útero ou no coração. Mas você está muito longe de saber o que é isso porque sempre se escondeu atrás de um pseudociúme para dar vazão às suas grosserias, sua violência ao me agredir com palavras ferinas, até chegar ao limite com a agressão física. Agora consigo compreender o porquê de tudo isso e aonde você pretende chegar. Quer a separação, mas não é digno o bastante para assumir sua vontade. Como sempre faz, esconde-se atrás de um amor que não sente, deixando a responsabilidade comigo. Quer sair como vítima, e não como algoz.

Léo estava surpreso com a perspicácia de Cássia. Não entendia como ela chegara à verdade, se planejara tudo com cuidado.

— Cássia! — exclamou.

Dando vazão à sua dor, Cássia continuou:

— Há quanto tempo deixou de me amar, Léo? Por que as declarações mentirosas, as promessas vãs, os carinhos falsos? Por que me enganou por tanto tempo?

—Também não é assim como você fala, Cássia. Está exagerando.

— Realmente não é assim, é bem pior. Pensa que nunca observei a maneira como trata a Sabina ou qualquer outra pessoa que julga erroneamente estar abaixo de você?

— Cássia, eu só quero ter um filho, construir uma família de verdade, e isso você não pode me dar.

— Aí é que você se engana, Léo. Você não quer construir uma família, e sim destruir sua família em nome de um filho que tenho certeza de que você nunca quis ter.

Não conseguindo mais segurar sua irritação, Léo deixou cair a máscara e disse aos gritos:

— Pois muito bem, Cássia, você falou tudo o que quis. Agora é a minha vez e você vai me escutar. Há algum tempo venho dando, propositadamente, motivos para você tomar a iniciativa de terminar o nosso casamento, mas você não o fez. Suportou tudo como uma mártir, achando que era o melhor a fazer. Pois não foi. Tudo para você se relaciona à vida futura, uma utopia sem fundamento, crendice de quem não quer tomar atitude por medo ou sei lá o quê. Eu não acredito em vida futura, Cássia, e me irrita essa sua mania de querer me mostrar uma coisa que para mim não existe. A vida é aqui e agora, Cássia. Viver é aqui, a felicidade existe aqui e é neste mundo que devemos correr em busca do prazer. Para ser sincero, Cássia, cansei. Quero respirar sem ter de ouvir suas crendices.

— Meu Deus, Léo, estou perplexa! Nunca ouvi tantas palavras vazias, perigosas. Responda-me, Léo, você não acredita em Deus?

— Cássia, eu creio no que posso ver. Creio no mundo em que vivo, mundo esse que só dá oportunidade aos mais espertos. É nessa vida que eu creio.

— Tantos anos juntos e mal o conheço! — exclamou Cássia, decepcionada.

Na tentativa de se justificar, Léo voltou a dizer:

— Eu só quero ter um filho, há algum mal nisso?

— Não, Léo, não haveria nenhum mal se fosse verdade, mas o que quer mesmo é se livrar de mim, e é bom mesmo que seja agora.

— Tem certeza?

— Por favor, me poupe do seu cinismo. Sua companhia não me interessa mais. Pode ir embora e faça como quiser no que diz respeito à nossa separação. Só lhe dou um aviso: não tente me enganar, pois não sou tola nem ignorante.

Dizendo isso, afastou-se, deixando Léo sozinho. Passou por Sabina sem lhe dirigir um olhar e, como sempre fazia, foi direto ao seu refúgio dar vazão à dor que lhe consumia a alma.

Quanto tempo ficou entre suas bromélias e orquídeas não pôde precisar. Só se deu conta do tempo quando Léo se aproximou para se despedir.

— Estou indo, Cássia.

— Eu sei — respondeu apenas.

— Qualquer coisa que precisar, entre em contato comigo. Quero ser seu amigo.

— Eu não quero ser sua amiga, Léo. Quero que seja feliz, se puder, e que Deus permita a realização do seu sonho. Quem sabe um filho não o ajuda a enxergar a vida dentro das leis divinas?

— Cássia, eu...

— Chega, Léo. Adeus.

— Até qualquer dia.

Sempre agindo de acordo com sua maneira falsa de ser, despediu-se de Cássia dando a impressão de que também sofria com aquela separação.

Assim que colocou suas malas no carro, olhou para a casa que abandonava e pensou: "Demorou, mas terminou. Valeu a pena fingir tanto tempo. Agora é ir em frente e ser feliz nos braços de Selma. A vida é para ser vivida, e é isso o que vou fazer". Imprudentemente, pensou: "Vida futura! Isso é coisa de gente ignorante. Dei um golpe de mestre. Cássia jamais saberá que, na verdade, eu disse que não queria um filho porque o estéril sou eu, e não ela, como sempre a fiz pensar. Dr. João foi um grande amigo ao trocar o exame de Cássia. Assim, saí por cima, deixando-a se sentir culpada por acreditar que era incapaz de gerar uma criança e ser a causadora da nossa separação. Isso, para qualquer mulher, é um sofrimento. Elas se sentem frustradas e incapazes".

Acreditando-se esperto, saiu cantando os pneus do carro e indo ao encontro de Selma, mergulhado no próprio egoísmo, que cobraria mais tarde o preço de sua leviandade.

Terminava, assim, uma união, deixando lágrimas e sofrimento no coração de Cássia. Não se importava nem se dava conta das marcas que ficariam na vida daquela que um dia jurara amar e respeitar.

Só conseguia enxergar beleza e prazer na vida que teria dali para a frente, esquecendo-se de que a vida responde às nossas agressões. Cada um é herdeiro de si mesmo, e a herança virá sempre com a reação das ações praticadas.

Aquele que vive para satisfazer seus próprios desejos, sem enxergar ninguém ao seu lado, passando por cima das emoções e sentimentos das pessoas, vive como um egoísta, e nenhum egoísta conseguirá lugar feliz no reino de Deus, porque nosso Criador espera e deseja que todos os Seus filhos se entreguem ao amor universal, e não exclusivamente ao amor de si próprio. (A essência da alma, Irmão Ivo.)

Capítulo 2

❧·❧

A visita aos pais

Se acreditamos na vida futura e conhecemos a verdade do amanhã na vida eterna, necessário se faz policiar nossas palavras para que jamais ofendam, machuquem ou humilhem nossos irmãos. As palavras devem ser de alegria, auxílio conforto e incentivo, assim como nossas ações, levando quem nos ouve a confiar mais em si, na própria vida e principalmente em Deus. (A essência da alma, Irmão Ivo.)

Após a saída de Léo, Cássia, como de costume, refugiou-se no único lugar no qual sentia paz e tranquilidade, em meio às flores que tanto amava.

Sabina sofria ao presenciar a dor de Cássia, seus momentos de angústia, de incerteza e até de medo. Ao mesmo tempo em que nutria o mais puro sentimento de afeto por aquela menina que vira crescer, alimentava em seu coração um rancor por Léo.

Na verdade, nunca sentira simpatia por aquele rapaz arrogante, orgulhoso e egoísta pelo qual Cássia se apaixonara. Concordara em deixar a casa de dona Antonieta para ir morar com Cássia, porque, como ela, também acreditava que estando perto poderia ampará-la sempre que fosse necessário. E não se enganara.

Após vários problemas que machucaram sobremaneira o coração de Cássia, Léo chegara ao ápice de sua imprudência e leviandade com relação àquela menina que tanto amava, instalando no coração de Sabina a indignação e a revolta.

A cada lágrima que via descer pelo lindo rosto de Cássia, pensava: "Isso não pode nem vai ficar assim; não posso mais colocar panos quentes tentando amenizar as atitudes levianas de Léo. Mais cedo ou mais tarde, ele vai pagar pelo que já fez e está fazendo. Sei que não vai ficar impune, porque a vida se encarregará dele".

Cássia, alheia aos pensamentos de Sabina, cuidava de suas orquídeas e bromélias, transferindo toda a sua carência afetiva para aquelas flores que tanta beleza e calma lhe proporcionavam.

"Léo por que fez isso comigo?" — pensava enquanto, com mãos delicadas, regava as flores. "Saio desse casamento absolutamente sozinha, sem você, sem filhos e amargando a dor da culpa por não ter sido capaz de lhe dar um filho."

Tão absorta estava em seus pensamentos que se assustou ao ouvir a voz de Sabina.

— Trouxe-lhe um chá, Cássia — disse oferecendo a xícara e completando —, vai lhe fazer bem.

Sem nenhuma reação, como uma criança obediente, Cássia aceitou o oferecimento de Sabina. Sentou-se em seu lugar preferido e, quase automaticamente, sorveu a bebida lentamente. Sabina segurou suas mãos, afagou-as com carinho e lhe disse:

— Cássia, minha menina, não se entregue tanto à melancolia, não vale a pena sofrer desse modo por quem nunca a mereceu.

Com os olhos úmidos, Cássia respondeu:

— Quero me controlar, mas é mais forte do que eu, Sabina. Meu coração está partido em mil pedaços e em cada um deles Léo está presente. Tenho esperança de que ele caia em si e volte para casa, para mim, para continuarmos nossa história.

Sabina, mais experiente e observadora, respondeu:

— Cássia, penso que é melhor você não criar expectativa nem alimentar ilusões para não sofrer ainda mais.

— Por que você diz isso?

Sabina pensou e respondeu:

— Você sabe que sempre coloquei panos quentes em suas desavenças com o Léo, mas devo admitir que o jeito como ele conduziu essa separação parece mais uma coisa pensada, estudada há algum tempo.

— O que você quer dizer com isso?

— Vamos analisar bem a situação — disse Sabina. — Primeiro ele a agride, depois pede perdão e, em seguida, pede a separação alegando o desejo de ser pai. Você não acha estranho?

— Explique-se melhor, Sabina, está me deixando confusa.

— Acompanhe o meu raciocínio — completou a boa Sabina, impulsionada pela experiência de seus anos de vida. — Se o pedido de perdão dele fosse sincero, se o sentimento de amor que dizia sentir por você fosse real, o fato de não terem filhos não seria de forma alguma motivo para desfazer o casamento, pois o verdadeiro amor supera as fragilidades que aparecem em uma união quando ela está alicerçada na verdade e na sinceridade de sentimentos. Penso que deveria ser o contrário, ou seja, ele deveria apoiá-la nessa questão por saber que você não possui nenhuma culpa e se unir a você mais ainda, indo em busca do filho do coração.

— Como assim, Sabina?

— Existem tantas crianças sonhando em ter pais, pessoas que as protejam, eduquem, ensinem a ser criaturas dignas, sem se importar se são pais biológicos ou não. Por que os que sonham em ter filhos, e por um motivo ou outro não podem gerá-los, não as aceitam? O amor não é gerado no útero, e sim no coração. Frequentemente, esse amor se torna mais forte e verdadeiro do que aquele que começou no útero, mas não criou força e se deixou perder na fragilidade do sentimento. Prova disso são as crianças abandonadas entregues a si mesmas.

Cássia surpreendia-se com a maneira lúcida pela qual Sabina expunha suas ideias.

— Como você pode se explicar tão bem, Sabina, se não possui estudo e nenhum conhecimento intelectual? Não estou depreciando o que está me dizendo, ao contrário, estou surpresa ao ouvi-la se expressar tão bem a respeito de assunto tão importante.

Sabina, com a humildade que lhe era peculiar, respondeu:

— Tem toda a razão, minha menina; de fato não possuo cultura alguma. O que sei aprendi observando a vida, as pessoas e suas reações diante das situações que o cotidiano lhes apresenta, e compreendi que raramente elas conseguem enxergar com clareza o que a vida está lhes mostrando.

— Sabe o que acontece com você, Sabina? — disse Cássia, abraçando a fiel amiga. — Você possui sabedoria.

Espantada, Sabina respondeu:

— Sabedoria, eu? Nem sei o que significa isso, na realidade.

— Vou lhe explicar. Existe uma diferença entre conhecimento e sabedoria. O conhecimento é adquirido por meio da leitura, do estudo, da atenção que se dá aos educadores, profissionais de diversas áreas, enfim, pessoas que se prepararam para isso. Chega-se ao conhecimento de diversas formas. Mas sábio é aquele que consegue colocar em prática o conhecimento adquirido ao longo da vida em favor de seu aprimoramento e de seu semelhante. A vida foi sua escola, Sabina, e você chegou a todo esse conhecimento por meio dela.

— Como você fala bonito, Cássia!

— Engano seu, Sabina, bonito fala você. Minhas palavras saem do meu raciocínio, e as suas nascem do seu coração amoroso.

Emocionada e sentindo as fortes pulsações de seu coração, Sabina, na sua simplicidade, abraçou Cássia e disse:

— Minha menina querida! Você vai, com certeza, superar essa angústia; seu coração vai se acalmar e lhe trazer novamente a alegria. Precisa confiar no tempo, pois só ele pode dar a direção certa para nossos conflitos.

— Nunca imaginei que tudo isso pudesse acontecer comigo. Confiei no amor que Léo sempre disse sentir por mim, entretanto, tudo não passou de uma grande farsa.

— Mas quem saiu perdendo foi ele, Cássia, tinha ao seu lado uma mulher maravilhosa, no sentido físico e moral, e imprudentemente desprezou o presente que a vida lhe deu.

Cássia silenciou-se.

Após alguns instantes, voltou a dizer:

— Sabina, tenho pensado em meus pais, preciso contar a eles o que aconteceu. Ficarão muito tristes, mas não dá para esconder.

— Nisso você tem toda a razão. Eles precisam saber, e quanto antes melhor. Como pretende dar a notícia?

— Penso em ir até a casa deles. É longe, eu sei, mas creio ser mais conveniente conversarmos pessoalmente. O que você acha?

— Acho que está certa, mesmo porque o carinho dos pais em uma hora como essa é sempre bom.

— Você vai comigo?

— Evidente que sim, Cássia. Jamais deixaria você viajar sozinha nesse estado, e depois não perco a oportunidade de rever a dona Antonieta e o senhor Orlando. Tem ideia de quando pretende ir?

— O mais rápido possível. Talvez daqui a uns cinco ou seis dias; o tempo de ajeitarmos tudo aqui, porque, se conheço meus pais, vão me segurar por lá um bom tempo.

— O que será ótimo para você, Cássia. Desfrutar da companhia de seus pais a ajudará a superar essa dor. Pode ficar descansada, vou começar a providenciar tudo para deixar as coisas em ordem, assim ficará mais tranquila enquanto estivermos por lá.

— Está bem, Sabina, então está combinado. Agora, se não se importa, gostaria de ficar sozinha cuidando das minhas plantas.

"E do seu coração", disse Sabina a si mesma, afastando-se.

Cássia, olhando a amiga se afastar, pensou: "Que grande ser humano é Sabina! Seus ombros curvados bem demonstram sua luta e sua força durante todos esses anos. Nunca se uniu a ninguém, passando a vida inteira servindo à minha mãe. E após o meu casamento dedicou-se a me servir, cuidando de mim como uma verdadeira mãe. Sua dedicação fez com que conquistasse um lugar especial no seio de nossa família. Merece todo o nosso respeito e reconhecimento".

Voltou sua atenção às flores, tentando esquecer a dor que a consumia.

É necessário viver e ser! É importante tentar e recomeçar a cada dia, cultivando a esperança e a determinação de lutar e vencer as barreiras do sofrimento, o que para Cássia se tornara um gigantesco desafio — vencer a barreira do sofrimento!

Passados sete dias de sua separação de Léo, Cássia e Sabina entravam no ônibus com destino à casa de seus pais. Decidira atender às súplicas de Sabina, ou seja, viajar de ônibus.

— Você não está em condições de dirigir tanto tempo — dissera a Cássia. — São cinco horas de viagem em uma estrada movimentada. Você está abatida, sob o efeito de remédios. É imprudência se aventurar a ir de carro. O ônibus se torna mais seguro em virtude das circunstâncias.

Olhando a paisagem, Cássia deixava seu pensamento divagar.

"Sabina, como sempre, tem razão. Não tenho a menor condição de dirigir. Foi melhor assim."

Sabina observava todas as reações de Cássia. Com a intenção de descontraí-la, comentou:

— Imagino a alegria de seus pais ao vê-la chegar. Não a esperavam tão cedo.

— Tem razão. Infelizmente, vou acabar com essa alegria causando-lhes um grande sofrimento, ou melhor, relatando uma grande decepção. Sabina, não consegui fazer a felicidade de Léo e agora vou destruir a de meus pais. A única filha dando-lhes esse desgosto!

— O que está dizendo, Cássia! Não foi você quem destruiu seu casamento nem vai destruir a felicidade de seus pais. Não se coloque na posição de algoz, porque você é a vítima legítima da inconsequência de um marido orgulhoso, prepotente, falso e mal-educado.

— Sabina! — Cássia exclamou completamente surpresa. — Você está sendo muito dura com o Léo. Ele não é tudo isso, possui muitas qualidades. Acho que você exagera somente para me defender. Aliás, quem é que vivia justificando as atitudes grosseiras do Léo quando brigávamos? Pode me responder?

— Desculpe-me, Cássia, mas o Léo é tudo isso e mais um pouco. Sei que justificava seus modos indelicados, mas era para amenizar sua decepção, e não colocar, como dizem os antigos, mais lenha na fogueira. Você sempre esteve e sempre vai estar em primeiro lugar para mim, e é por isso que nunca lhe contei a maneira como ele me tratava quando estávamos a sós e as grosserias que me dizia. Digo e repito que ele é tudo isso e muito mais; por exemplo, sem caráter.

— Sabina, estou chocada com tudo isso. Passo a imaginar que você deve saber de coisas que eu não sei, ou estou enganada?

— Não, está certa — admitiu Sabina. — Sei, sim, mas não vale a pena falar disso agora. Não quero fomentar mais discórdia nem colocar mais mágoas em seu coração machucado.

— Mas eu gostaria de saber de tudo o que se relaciona a ele, tenho esse direito!

— Cássia, você ficará sabendo no momento oportuno. A vida se encarrega de punir os desavisados. É só aguardar.

Cansada e com a angústia apertando-lhe o peito, Cássia respondeu:

— Está bem, Sabina, seja como você quer. Agora me deixe quieta, vou tentar me acalmar para estar bem quando chegarmos.

— Isso mesmo, descanse.

Enquanto olhava sua menina, que permanecia de olhos fechados amargando toda a sua desilusão, Sabina pensava: "Tão jovem e já enfrentando um problema desses. Que Jesus a proteja e lhe dê forças para superar esse momento".

As dificuldades apenas testam nossa fé em Deus e a perseverança no bem; vencê-las com equilíbrio e sensatez é firmar no nosso coração a certeza de que todos temos possibilidades de vencer. (A essência da alma, Irmão Ivo.)

Sabina, querendo despertar Cássia, bateu levemente em seu ombro.

— Acorde, Cássia, já estamos entrando na rodoviária. Arrume-se um pouco para que seus pais a vejam linda como sempre.

Um pouco assustada, Cássia acomodou-se na poltrona, passou as mãos pelos olhos, pelos cabelos, ajeitou a blusa e, sorrindo, perguntou:

— Pronto, Sabina, estou bem?

— Mais ou menos linda — respondeu Sabina brincando. — Poderia estar melhor, mas para seus pais estará linda. Nunca conseguiram ver nada de errado em sua aparência.

— Olhe, Sabina, eles estão ali, veja — falou Cássia empolgada.

Assim que o ônibus estacionou, Cássia e Sabina foram as primeiras a descer.

— Pai, mãe — gritou Cássia, correndo para abraçá-los.

— Filha! Exclamaram juntos Antonieta e Orlando, emocionados ao abraçarem a filha querida.

— Que saudade — disseram os dois ao mesmo tempo.

— Você continua linda como sempre! — disse dona Antonieta admirando a filha.

— O que foi que eu disse, Cássia? — falou Sabina.

Só nesse momento se deram conta da presença de Sabina; aproximaram-se e lhe deram um forte abraço com muito carinho. Antonieta, mais expansiva do que o marido, disse com alegria:

— Que bom revê-la, minha amiga, quero muito agradecer-lhe pela atenção com a qual tem cuidado de nossa filha. Sabia que podia confiar em você.

Feliz com o carinho recebido, Sabina respondeu:

— Eu também sinto muita alegria em revê-los. Pela aparência dos senhores posso acreditar que estão muito bem, e fico feliz por isso.

— Estamos bem sim, Sabina, com saúde, em paz e agora muito felizes em poder abraçar vocês. Sinta-se em casa, aliás, casa que você conhece muito bem.

— Obrigada, senhor Orlando.

— Mas agora nos diga, filha, por que o Léo não veio com você?

— Ora, Antonieta, que pergunta! Com certeza está trabalhando. Pensa que todo mundo está aposentado como eu, gozando da boa vida? — brincou Orlando.

Cássia olhou para Sabina e, sem saber ainda como colocar seus pais cientes da verdade, respondeu:

— Mãe, tanto eu quanto Sabina estamos cansadas. Não é melhor falarmos disso depois? Quero chegar logo em casa, tomar um banho, comer seus quitutes gostosos, que não como já há algum tempo, e por fim dormir. Muito tempo dentro de um ônibus deixou-me exausta. Além do mais, teremos bastante tempo para colocar as novidades em dia.

— Cássia tem razão, Antonieta, vamos para casa e deixá-las descansar. Amanhã teremos o dia inteiro e poderemos saber de todas as novidades.

— Seu pai tem razão, minha filha, desculpe-me por não conseguir segurar minha saudade e a curiosidade em saber tudo sobre vocês.

— Vamos, então — tornou Orlando a dizer.

Assim que entrou na casa dos pais, Cássia se surpreendeu com a lauta mesa preparada por sua mãe, prova de sua enorme vontade de mimar a filha.

— Mãe! — exclamou eufórica. — O que significa isso? Pensa que sou tão gulosa a ponto de devorar todos esses quitutes ou a cidade inteira vem lanchar conosco? Já sei, pensou que eu estivesse magrinha e resolveu que eu deveria engordar...

Meio sem jeito, Antonieta respondeu:

— Filha, não sabia o que fazer para agradar a você, então resolvi fazer tudo o que eu sei que gosta. Há tanto tempo não faço nada para você que...

— Que quis fazer tudo em um dia só — completou Orlando, provocando a esposa.

Cássia abraçou a mãe.

— Mãe, estou feliz em receber todo esse carinho. Eu amo vocês profundamente.

Ao pronunciar essas palavras, duas lágrimas desceram pelo rosto de Cássia.

— O que significam essas lágrimas, filha? Imaginei que fosse dar gostosas risadas!

Como Cássia ficou em silêncio, Sabina respondeu:

— Não se preocupe, dona Antonieta, Cássia anda muito sensível esses dias, precisa mesmo do carinho de vocês.

Sem chegar ao âmago da questão, Antonieta respondeu:

— Filha, fique tranquila, porque carinho é o que você mais terá aqui na sua casa, ao lado de seus pais.

Imaginando erroneamente o motivo dessa carência afetiva, Orlando disse à filha:

— Sempre ouvi dizer que as mulheres, quando estão grávidas, tornam-se mais sensíveis e choronas. Chego a imaginar que você veio para nos dar a notícia da chegada de um netinho.

Ao ouvir essas palavras, Cássia levantou-se bruscamente e correu para o seu antigo quarto, sem se preocupar em esconder as lágrimas que desciam copiosas por seu rosto.

Sem nada entender do que estava acontecendo, Orlando, meio desconcertado, perguntou à esposa:

— Antonieta, eu disse alguma coisa que pudesse magoá-la?

Mais perspicaz que o marido, Antonieta respondeu:

— Teoricamente não, Orlando, mas pode apostar que a notícia não é essa que imaginou.

Virou-se para Sabina, interrogando-a com o olhar.

Sabina imediatamente percebeu a intenção de dona Antonieta, mas, querendo ser discreta, respondeu:

— Dona Antonieta, Cássia está passando por um momento muito delicado. Deixem-na descansar que amanhã, mais calma, conversará com a senhora e o senhor Orlando. Ela precisa de um tempo, não a pressionem.

— Ela está doente? — perguntou Orlando, preocupado.

— Não, senhor Orlando, não está. Quanto a isso, podem ficar descansados. A questão é outra.

— Então nos diga, Sabina, por favor, o que a está deixando assim tão sensível — exclamou Antonieta angustiada.

— Sinto muito, mas não posso. O assunto em questão pertence a ela, e não quero ser indiscreta. Não tenho esse direito. É melhor terem paciência e aguardar; precisam respeitar seu momento.

— Tudo bem, Sabina. Leve, então, alguma coisa para ela se alimentar.

— Isso eu acho bom. Se a senhora me der licença, vou levar um suco e algumas guloseimas de que ela tanto gosta. Deve estar com fome, pois não se alimentou quase nada durante a viagem.

— Fique à vontade, Sabina, você sabe muito bem do que ela gosta.

Sabina preparou uma bandeja e dirigiu-se ao quarto de Cássia. Encontrou-a jogada sobre a cama e entregue ao pranto. Depositou a bandeja sobre a mesinha ao lado da cama e, passando as mãos sobre seus cabelos, lhe disse:

— Fique calma, minha menina, confie porque tudo dará certo.

Cássia, levantando-se, encostou sua cabeça no peito de Sabina e lhe disse:

— Sei que vou magoá-los muito. Eles estão felizes e vou estragar tudo.

— Cássia, aborte essa ideia de que vai estragar tudo. Você vai apenas lhes contar o que aconteceu, a verdade, uma realidade que você não provocou e da qual é apenas a vítima. Ninguém escolhe o sofrimento. Aconteceu e pronto.

— Você notou a esperança de meu pai imaginando que eu poderia estar grávida? Vou decepcioná-lo.

— O que ele sentiu é normal. O senhor Orlando, assim como a dona Antonieta, devem, sim, querer um neto. Eles não sabem que vocês se separaram, mas a amam o suficiente para entendê-la e ampará-la, auxiliando-a a enfrentar esse momento delicado de sua vida. Confie neles, são seus pais. É óbvio que vão sofrer, mas o sofrimento deles está ligado ao seu sofrimento, ao seu coração dolorido, e não à ida de Léo, que para eles não representa tanto quanto você.

Emocionada com tanto carinho, Cássia abraçou forte aquela amiga que, sem cultura alguma, tinha sempre sábias palavras para dizer.

Enxugou as lágrimas e resolveu:

— Você como sempre tem razão minha amiga, ou melhor, minha segunda mãe. Estou me comportando como uma criança mimada. Preciso enfrentar a situação de frente, com coragem e sem culpa. Além do mais, não devo decepcionar minha mãe, que se preparou tanto para me receber. Por favor, vá até eles e diga-lhes que me esperem, pois vou lanchar com eles.

— Assim é que se fala, Cássia, orgulho-me da minha menina! — exclamou Sabina, retirando-se do quarto e indo ao encontro de Antonieta e Orlando.

Enquanto Orlando permanecia sentado em sua poltrona preferida, Antonieta, com a fisionomia triste, retirava todos os quitutes que fizera com tanto amor para a filha.

— Por favor, dona Antonieta, deixe tudo como está. Cássia virá lanchar com os senhores; aguarde só um instante.

O rosto de Antonieta se iluminou.

— Verdade, Sabina, ela virá mesmo? Já está melhor?

— Ela está melhor e apenas se recompondo.

Não mais do que dez minutos depois Cássia apareceu na sala esforçando-se para apresentar um sorriso no rosto ainda marcado pelas lágrimas.

— Filha, por que está chorando tanto? O que está lhe afligindo? Confie em seus pais — disse-lhe Orlando. — Desculpe-me se a magoei, não imaginei que você ficaria tão triste com o que eu disse.

— Sou eu quem lhe pede desculpas, pai. Confio muito no senhor, muito mesmo. Sua filha é uma tola.

— Não diga isso, Cássia, porque não é verdade, algum motivo há de existir para ter agido assim.

— Vamos saborear o delicioso lanche que mamãe preparou, depois nos sentamos na sala e eu lhes conto tudo.

— Tudo mesmo, sem omitir nada? — perguntou Antonieta no auge da sua ansiedade.

— Tudo mesmo, mãe, sem esconder uma só vírgula.

— Se é assim, vamos fazer nosso lanche em paz e sem lágrimas no rosto, Cássia.

Acomodaram-se à mesa. Sabina discretamente afastou-se, indo em direção à cozinha.

— O que está fazendo, Sabina, por favor, sente-se conosco — disse-lhe Cássia.

Sabina, indecisa, olhou para Antonieta sem saber o que fazer. Ela confirmou o convite da filha.

— Cássia tem razão, Sabina, junte-se á nós. Você faz parte da família.

— Obrigada, dona Antonieta.

— É isso mesmo, Sabina, fazemos muito gosto de tê-la junto a nós.

— Obrigada, senhor Orlando.

Timidamente, Sabina sentou-se ao lado de Cássia, na mesma mesa onde, por tantos anos, servira-os com dedicação.

A refeição, como sugerira Antonieta, transcorreu em paz, com conversas banais, sorrisos e descontração, sem nenhuma menção ao problema vivido por Cássia. Assim que terminaram, Antonieta convidou-os para se acomodarem na sala e, assim feito, disse a Cássia, sem rodeios:

— Agora vamos aos fatos, Cássia. O que está atormentando você? Por favor, coloque-nos cientes de tudo.

Mais uma vez, Sabina fez menção de se retirar, no que foi impedida por Antonieta.

— Fique, Sabina, quero que faça parte desta reunião. Deve saber muito bem desse assunto.

— Fale, Cássia, estamos preocupados.

Ainda meio sem jeito, Cássia iniciou:

— Tenho uma notícia muito desagradável para lhes dar.

— Então dê — disse Antonieta já impaciente.

— Ao contrário do que papai pensou, o que aconteceu foi a nossa separação.

Tomados pela surpresa, seus pais ficaram sem saber o que dizer.

— Vocês... O quê? — repetiu Orlando.

— Nós nos separamos, pai — Cássia repetiu pausadamente.

— Santo Deus, por que tomaram essa decisão com tão pouco tempo de casamento? — perguntou Antonieta.

— É verdade, filha, pareciam tão felizes! O que aconteceu?

— Parece, pai, que a única feliz era eu. Foi ele quem quis se separar de mim.

— Você fez alguma coisa que pudesse induzi-lo a tomar essa decisão?

— Não fiz nada, pai, nada mesmo. Fiquei tão surpresa quanto vocês estão agora.

— Mas deve haver algum motivo, ninguém toma uma decisão tão importante assim sem motivo algum, simplesmente do nada.

— O que ele alegou? — perguntou Antonieta.

— Mãe, o que ele alegou foi que eu não posso lhe dar um filho, impedindo-o de realizar seu sonho de paternidade.

— Você não pode gerar um filho, Cássia, que maluquice é essa? — Antonieta voltou a perguntar, cada vez mais nervosa.

— Não é maluquice alguma, mãe, simplesmente não posso engravidar, e ele não aceitou essa situação.

— Como tomou conhecimento disso?

— Mãe, temos cinco anos de casados, nunca nos preocupamos em evitar a gravidez porque nós dois queríamos muito um filho. O tempo passou e a gravidez não veio. Fomos ao médico, fizemos todos os exames necessários e foi constatado que eu não posso engravidar. O problema está comigo, e não com ele.

— Você viu o resultado do exame, Cássia?

— Na verdade, não. Léo não quis me mostrar, alegando que queria me poupar de maior sofrimento. Disse que era melhor darmos o caso por encerrado, e assim fizemos até o dia em que ele me jogou na cara que não posso realizar seu sonho de ser pai.

Não se contendo, Sabina disse:

— Isso depois de aprontar muito com ela, senhor Orlando.

— Sabina! — exclamou Cássia, nervosa.

Sem se abalar, Sabina disse:

— Não esconda nada de seus pais. Eles têm o direito de saber a verdade. Conte tudo o que aconteceu e acontecia há algum tempo.

— Não estou gostando nada disso, Cássia, o que você está escondendo de nós? — falou Orlando com voz autoritária.

— É melhor falar de uma vez — insistiu Sabina.

Olhando para Sabina, Cássia respondeu:

— Você começou, agora conte tudo, Sabina.

— Perdoe-me, Cássia, mas vou contar tudo como aconteceu realmente. São seus pais e precisam saber.

Sem nada esconder, Sabina relatou aos pais de Cássia tudo o que havia acontecido entre os dois.

— Ele a agredia fisicamente, senhor Orlando. Disso eu não sabia, porque se soubesse já teria avisado o senhor.

— Léo batia nela, é isso? — perguntou Antonieta, pálida.

— Sim, dona Antonieta. Ela mesma me contou há pouco tempo, e eu penso que tudo o que ele fez foi de caso pensado, para justificar uma separação que devia querer havia algum tempo, mas não sabia como fazer.

— Como pôde fazer isso com você, Cássia? Como conseguiu nos enganar dessa maneira?

Mais exaltada, Antonieta falou sem conter seu nervosismo:

— Você errou, não poderia ter escondido isso de nós, Cássia. É muito grave. Nunca encostamos a mão em você. Como Léo ousou fazer isso?

— Sua mãe tem razão, minha filha. Por que escondeu uma coisa tão grave de seus pais? Apanhar do marido! Quem esse moleque pensa que é!

— Desculpem-me, eu sentia muita vergonha e, para ser sincera, ainda o amo.

— Ama um marido que a agride, dando a maior demonstração de total falta de respeito? O que é isso, minha filha, onde está sua autoestima?

— A senhora não entende, sinto-me culpada por não ter podido dar a ele o filho que tanto queria — respondeu Cássia, com lágrimas nos olhos.

— Não importa — respondeu Antonieta. — Se ele realmente a amasse, isso não seria obstáculo para a felicidade de vocês, pois existe outro meio de realizar o sonho da paternidade.

— Foi exatamente isso que eu disse a ela, dona Antonieta.

Orlando, mais comedido, aproximou-se da filha e a abraçou com grande carinho.

— Filha — disse-lhe —, isso agora não importa mais; o que passou não se pode mudar, mas o que se quer para o futuro pode--se construir com mais sabedoria e inteligência. Sei que é cedo ainda para lhe dizer isso, mas acabará esquecendo toda essa situação se der a você mesma a oportunidade para que isso aconteça.

— Diga-me como, pai.

— Não se entregando por tempo prolongado à melancolia e à autopiedade. O tempo agirá em seu favor, é preciso apenas continuar acreditando que um dia conseguirá ser feliz de verdade.

Busque o incentivo dentro de você. Não se esqueça quanto é importante para nós e para Deus. As pessoas erram, Léo errou e sofrerá as consequências desse erro, porque a vida segue seu curso e os efeitos dessa leviandade virão no momento adequado.

Cássia encostou sua cabeça no ombro de seu pai. Confortava-lhe o calor que emanava dos braços protetores desse homem bom e justo. Sentia-se amparada e amada, e essa sensação lhe trazia confiança no amanhã.

Antonieta, ouvindo o marido falar de uma maneira tão sensata, ficou mais calma e admirou ainda mais aquele homem que tinha a seu lado havia tantos anos.

— Desculpe-me, filha, mas senti revolta ao saber que nossa única filha, que amamos e criamos com o maior carinho e cuidado, apanhava de um marido grosseiro e sem princípios. Você sabe que sou mais impulsiva que seu pai, e que às vezes me perco na minha própria impulsividade. Não iremos falar mais sobre isso, a não ser que você mesma demonstre necessidade de falar. Estamos aqui para ouvi-la e auxiliá-la a encontrar o equilíbrio para retomar, como seu pai falou, sua vida.

Chorosa, Cássia manifestou sua insegurança diante de um fato para ela inesperado.

— Eu só preciso de um tempo para aceitar que perdi o Léo. Não se anula assim de uma hora para outra, um sentimento, e eu não quero que o amor que senti todos esses anos e, na verdade ainda sinto, não vou negar, transforme-se em ódio. Por que devo odiar uma pessoa que não me ama mais? Por que querer algo que ele não me pode dar? Ninguém manda no coração, bem sei, e ele obedeceu ao dele e eu devo seguir a passos lentos respeitando o tempo do meu coração. Entendo tudo isso, como já disse, preciso apenas de tempo para esquecer, apagar da minha mente, zerar meu coração e recomeçar.

Sabina olhava para aquela menina com os olhos do coração. Admirava sua conduta digna, seus princípios nobres, enfim, amava-a como a uma filha legítima.

Antonieta e Orlando percebiam o grande afeto que Sabina tinha por Cássia. Sabiam que podiam confiar nessa mulher humilde, que suportava nos ombros o peso de anos vividos sem família, contando apenas com os amigos que conquistava em cada lugar pelo qual passava. Nada pedia para si mesma, mas tudo oferecia àqueles que usufruíam de sua companhia.

Sabina permanecia alheia às palavras que soavam à sua volta, a ela só interessavam as palavras que eram proferidas por Cássia. Prestava atenção em cada detalhe e cada gesto de sua menina, como gostava de chamá-la.

"Ela sofre, meu Deus, e eu não sei o que fazer para aliviar sua dor."

Saiu de seus próprios pensamentos quando ouviu a voz de Antonieta:

— Cássia, acho mesmo que devemos colocar uma pedra em cima disso tudo, mas você não deve se esquecer de que existem medidas importantes e legais que precisam ser levadas em consideração.

— Antonieta, ainda é cedo para falar nisso — repreendeu Orlando.

— Não penso como você, Orlando. Eles possuem bens, e o melhor é resolver tudo de uma vez, assim nada fica se arrastando por longo tempo e dando força ao sofrimento de Cássia.

— Mãe, agora não, por favor. Tudo é muito recente, e o melhor é esperarmos um pouco, pelo menos até que eu me sinta mais segura para enfrentar o Léo de frente, sem me debulhar em lágrimas.

— Cássia tem razão, Antonieta, vamos esperar a poeira baixar para que se possa enxergar as coisas de uma maneira correta e justa, sem agressões nem vinganças.

— Você não está alimentando esperanças de que o Léo possa voltar, está Cássia?

Meio sem jeito, Cássia respondeu a sua mãe denotando na voz sua exaustão em falar desse assunto:

— Não me pergunte mais nada, mãe, e não me pressione. Estou ainda muito confusa e não sei para que lado devo ir. Já disse que preciso de um tempo, não sei se longo ou curto, para aceitar essa ideia. Não tenho condições de resolver absolutamente nada.

— Filha, dói em meu coração vê-la sofrer. Não suporto ver essas lágrimas em seu rosto lindo, quase uma menina ainda e já passando por essa angústia. Você merece ser amada de verdade. Não precisa mendigar amor de ninguém, tem condições de despertar o interesse e o amor de um homem de verdade. Não precisa se humilhar para quem não a merece.

— Mas quem disse que vou me humilhar, mãe? A senhora está exagerando em suas considerações.

Irritado com o rumo da conversa, Orlando pediu à esposa:

— Antonieta, gostaria que parasse, pois não me agrada a maneira como está conduzindo essa situação, que, aliás, só diz respeito a nossa filha. Você ainda não percebeu que Cássia não é uma criança, e sim uma mulher que está vivendo uma separação? Sei que é doloroso, mas sei também que ela tem condição de reverter essa situação de perda transformando-a no início de uma nova etapa de sua vida, que será de alegria e novas conquistas. Acredito que daqui para a frente saberá fazer escolhas melhores.

— Tudo bem — concordou Antonieta. — Mas você sabe, filha, que poderá contar sempre conosco, seja qual for sua decisão. Estaremos sempre aqui torcendo e rogando a Jesus por sua felicidade.

— Obrigada, mãe, sei que posso contar sempre com vocês e com Sabina. Sinto-me amparada, e é isso que me importa neste momento.

Quando o relógio anunciou o avançado da hora, Cássia demonstrou o desejo de se recolher.

— Estou com sono e muito cansada, se me derem licença vou para o meu quarto.

— Claro, filha, deve mesmo estar muito cansada, a viagem, as emoções, enfim, é melhor mesmo ir se deitar. Tenha uma boa noite de descanso — disse Orlando. — Amanhã será outro dia, e com ele virá mais tranquilidade para seu coração.

— Obrigada, pai!

Assim que Cássia se ausentou, Sabina, seguindo seus passos, também se despediu e foi se recolher.

Antonieta e Orlando, vendo-se sozinhos, externaram a surpresa que os atingiu. Antonieta, sempre mais impulsiva, desabafou com o marido a sua indignação.

— Não consigo me conformar, Orlando, não é aceitável a atitude de Léo, enganando nossa filha desse jeito. Culpá-la por não poder lhe dar um filho, como se isso fosse uma opção dela. Não é justo!

Orlando, mais calmo, respondeu:

— O que me intriga, Antonieta, é o fato de ele não ter permitido que Cássia visse o resultado dos exames. Acho isso muito estranho.

— Concordo com você, realmente é muito estranho. O normal seria os dois conversarem sobre essa questão, e não um só decidir agindo como pensa ser o melhor.

— A desculpa que ele usou não é válida, pois ele mesmo lhe disse o resultado. Que diferença faria Cássia ver o que estava escrito no exame?

— Penso que Sabina tem razão. Existe alguma coisa nisso tudo que motivou o desejo de Léo de se separar, e esse foi o meio que ele achou para sair desse casamento como vítima, o coitado que sofre a desilusão de não poder ser pai.

— É verdade, mas o tempo não para e não falha, e com certeza vai mostrar o verdadeiro motivo. Agora é a hora de cercarmos nossa filha de cuidados, atenção e carinho. Dá para perceber a intensidade de seu sofrimento.

— Tem razão, Orlando, é isso que vamos fazer.

Dirigiram-se para o quarto e se entregaram ao sono reparador.

O tempo é criação sublime de Deus. Transcorre lento ou veloz, de acordo com a expectativa e os sonhos de cada um, mas como sempre agasalhando nossas dúvidas, conhecendo nossas angústias e dando-nos, como de costume, no momento certo e oportuno, todas as respostas, oferecendo-nos oportunidade de novamente encontrar a paz. (A essência da alma, Irmão Ivo.)

Capítulo 3

༄ · ༄

A união entre Léo e Selma

Assim que saiu da casa onde vivera com Cássia por cinco anos, Léo foi ao encontro de Selma, feliz e julgando-se vitorioso por haver conseguido conduzir a situação da maneira como planejara por tanto tempo.

Vangloriava-se de um ato leviano que o reduzira à condição de mau-caráter e nem de longe imaginava ser apenas o início de uma série de enganos e inconsequências. Julgava-se esperto e inteligente.

"Por um momento cheguei a me penalizar pela fisionomia triste e decepcionada de Cássia", dizia a si mesmo, "mas, enfim, na vida cada um precisa pensar em si mesmo, promover sua independência financeira, buscar a realização de seus desejos, mesmo que para isso seja necessário deixar alguém sofrendo atrás de si".

— É a vida! — exclamava sem nenhuma consciência do erro cometido.

Nem por breves instantes passou pela cabeça de Léo quanto magoara Cássia. Permanecia insensível ao sofrimento daquela que durante tanto tempo dividira com ele seus sonhos e seus projetos de vida. O egoísmo excessivo impedia-o de ver além de si mesmo — quanto Cássia o amava e confiara nele, entregando-lhe seus mais nobres sentimentos.

"Agora é começar nova vida ao lado de Selma. Não suportava mais esconder meu sentimento por ela. Acredito ser ela a mulher da minha vida, e é ao seu lado que pretendo aproveitar o dinheiro que vou exigir da minha separação de Cássia. Seus pais são ricos e ela é filha única, o que a torna a única herdeira de todo o patrimônio. Como somos casados com comunhão universal de bens, passo a ser herdeiro também."

Com a mesquinhez de seus sentimentos, completou: "Realmente foi um golpe de mestre! O mais bem planejado golpe do baú que alguém já deu."

Acelerando ainda mais o carro, foi em direção ao que imaginava ser a felicidade.

Em seu apartamento, Selma, ansiosa, esperava aquele que por dois anos fora seu amante e finalmente chegara o dia de se tornar sua companheira oficial.

"Estou prestes a solidificar uma situação que espero por tanto tempo", pensava feliz. "Alcancei meu objetivo, tenho certeza de que tudo dará certo. Vou precisar apenas ficar atenta para que Léo não desconfie aonde quero chegar."

Devemos vigiar nossas atitudes, porque o sofrimento dura enquanto durar nossa teimosia e persistência no mal. Deus não nos quer sofrendo, mas respeita a vontade de Seus filhos, porque nos deu o livre-arbítrio. (A essência da alma, Irmão Ivo.)

Antes de chegar ao apartamento de Selma, Léo passou em uma floricultura e comprou um lindo ramalhete de flores vermelhas.

— Estas flores são para dar início à nossa vida de casados — disse assim que Selma abriu a porta. — Irão perfumar para sempre nossa relação, porque eu te amo — completou.

Sem responder com palavras, Selma se atirou nos braços do namorado, dando-lhe um abraço seguido de ardoroso beijo.

— Eu também te amo! — exclamou. — Seremos felizes porque iremos nos esforçar para isso.

Iniciava-se uma relação cujo ingrediente principal eram a dissimulação e a inconsequência.

Trinta dias se passaram.

Cássia e Léo, cada um a seu modo, tentavam reconstruir a vida buscando nova direção. Cássia tivera uma recaída inexplicável para seus pais e Sabina, e novamente entregara-se ao desânimo. Não encontrava ânimo para retornar à sua casa, que, desde a viagem, permanecia fechada. Seus pais insistiam para que fixasse residência com eles, mas Cássia não encontrava forças para argumentar sobre qualquer decisão.

Ela permanecia horas a fio olhando para o céu, entregue aos próprios pensamentos, sem se importar com os conselhos de seus pais ou de Sabina, que não conseguia esconder sua preocupação com a atitude e o silêncio de Léo.

— Dona Antonieta, acho muito estranha essa atitude de Léo; seu silêncio em relação à separação. Enfim, não entendo muito bem disso, mas imaginei que logo ele estaria reivindicando a separação legal.

— Orlando e eu pensamos como você, Sabina. Por tudo o que ficamos sabendo dele, imaginamos que isso fosse acontecer de imediato. É mesmo de estranhar seu silêncio, não ter ainda pedido a Cássia a separação legal.

— E, consequentemente, a posse do que lhe compete com a divisão dos bens. Só a casa deles vale uma pequena fortuna.

— Falou muito bem, Sabina, é estranhar mesmo.

— Vocês têm razão — concordou Orlando, entrando na conversa. — Léo nunca foi uma pessoa paciente e muito menos prudente. O esperado era que logo em seguida quisesse entrar com o pedido de separação.

— É o que estávamos comentando, Orlando — disse Antonieta ao marido. — Devemos ficar bem atentos, pois ele não é uma pessoa confiável.

— O que me preocupa mesmo é o sofrimento que ele poderá causar à nossa filha, maior ainda do que o que ela está passando.

— Falando em sofrimento, Orlando, queria mesmo comentar com você sobre a enorme preocupação que sinto com Cássia.

— Ela está doente?

— Imagino que não, mas poderá ficar se não tomarmos alguma providência.

— O que está querendo dizer, Antonieta?

— Quero dizer que está se prolongando muito essa apatia de Cássia. A impressão que me dá é que perdeu o gosto pela vida, e se for isso é muito ruim e preocupante.

— Explique-se melhor.

— Orlando, no início ela sentia raiva, chorava, questionava, enfim, tinha reações normais para quem está vivendo a dor de uma decepção. Mas agora ela mudou. Há mais ou menos dez dias vive calada, absorta, sem reação alguma, não esboça um sorriso ou uma expressão de raiva. Vive apática, como se nada nem ninguém lhe importasse. E é isso o que me preocupa.

Sabina, que até então ouvia em silêncio, disse:

— Dona Antonieta tem razão, senhor Orlando, eu também tenho observado e percebi seu afastamento de tudo e de todos. Nada parece lhe importar.

Assustado, Orlando exclamou:

— Mas, meu Deus, o que será que aconteceu para machucar ainda mais o coração de nossa filha? Aqui todos a querem bem, tratam-na com carinho e respeito, por que ficou assim? Imagino que deveria ser o contrário. Os dias vão passando e a ferida vai sangrando menos, por que isso não acontece com ela?

— Não sei responder, Orlando, só sei que essa ferida voltou a sangrar com força e não consigo compreender a razão.

— Ela falou com alguém que pudesse causar-lhe essa reação?

— Que eu saiba ou visse, não — respondeu Sabina. — O que percebi foi que por duas vezes atendeu a um telefonema que a deixou transtornada. Perguntei a respeito, mas ela não quis responder, dizendo que estava tudo bem.

— É estranho. Bem, devemos ficar mais atentos, Antonieta. Se nada descobrirmos ou se ela piorar, o prudente é levá-la ao médico.

— Fique tranquilo, Sabina e eu vamos redobrar nossa atenção com Cássia.

— Quem vocês pretendem levar ao médico? — perguntou Cássia, aproximando-se.

Os três olharam assustados.

— Oi, filha, não sabíamos que estava aí!

— Não estava, pai, cheguei neste instante, e pelo que pude observar o centro dessa reunião sou eu.

Antonieta abraçou-a.

— Filha, não existe reunião alguma, estávamos apenas conversando, e se você é o centro da nossa conversa é porque a amamos e estamos muito preocupados com você.

— Posso saber o motivo dessa preocupação?

— Claro. É o seu comportamento, Cássia. De uns dias para cá, temos notado seu silêncio; lágrimas que caem constantemente pelo seu rosto; isola-se de nós, enfim, seu comportamento mudou, e é isso o que nos preocupa.

Orlando interferiu.

— Existe um motivo para isso, Cássia?

— Existe, sim, pai.

— Podemos tomar conhecimento e tentar ajudá-la?

Cássia pensou por alguns instantes e respondeu:

— Claro, pai.

— Então nos fale sobre isso, Cássia — disse Antonieta nervosa.

— Desculpem-me se lhes causei preocupação. O que aconteceu foi o seguinte: recebi um telefonema do Léo, no qual fingia estar interessado em saber como eu estava. Após alguns minutos de conversa, ele afirmou que se sentia muito bem, que se preocupava com o meu bem-estar e que torcia para que eu conseguisse ser feliz como ele estava sendo ao lado de uma pessoa maravilhosa, que o compreendia. Enfim, na realidade, o que ele queria mesmo era que eu soubesse de sua ligação com outra pessoa.

— Por enquanto, não estou interessada em arrumar outra pessoa — respondi.

— Pois devia, Cássia — ele respondeu. — Não quero que alimente a ilusão de um possível retorno, pois não acontecerá. Estou com a pessoa que amo, e há dois anos sonho em estar casado com ela, o que finalmente aconteceu.

Todos ouviam boquiabertos.

Cássia continuou.

— Você quer dizer que me traía havia dois anos? — perguntei surpresa.

— Cássia, fique calma — respondeu ironicamente. — Essas coisas acontecem com qualquer pessoa, é normal.

— Normal para quem não ama, não respeita e vive em função de si mesmo. Se você me ligou para me dar esse recado, já deu. Quanto a um possível retorno, Léo, não me passa pela cabeça voltar a viver com um mau-caráter como você.

— O que é isso, Cássia, onde está a tranquilidade com a qual sempre falava, era falsidade?

Nesse instante, Orlando, não conseguindo segurar, falou exasperado:

— Mas que cafajeste! Quem ele pensa que é para falar assim com você?

— Calma, pai, ele não merece que fique exaltado, que corra o risco de sua pressão subir.

— Continue — disse Antonieta.

Cássia continuou.

— Falso foi você, Léo, que fingiu um sentimento que nunca sentiu por mim; enganou-me, humilhou-me e até me agrediu fisicamente. Só posso deduzir de tudo isso que você deu um grande golpe do baú.

Após soltar sonora gargalhada, Léo respondeu:

— Está ficando esperta, hein? Custou mas percebeu.

Encontrando um resto de força, Cássia respondeu:

— Você é um canalha, Léo, mas pode acreditar que o que é seu a vida vai lhe dar, mais cedo ou mais tarde.

— Tudo bem, mas, para acabar com essa conversa, só quero lembrá-la de que precisamos conversar e resolver a questão da nossa casa. Quero a minha parte, mas falaremos sobre isso mais tarde.

— Tenha um bom dia.

Terminando a narrativa que tanto machucara seu coração, Cássia abraçou sua mãe e chorou.

A indignação tomou conta de seus pais e de Sabina, que durante cinco anos presenciara a irresponsabilidade de Léo e muitas vezes as lágrimas de Cássia, que tudo suportava sempre desculpando a impulsividade do marido.

Sentindo-se envergonhada e humilhada, Cássia, chorosa, disse aos pais:

— Por favor, desculpem-me por lhes trazer tanto desgosto; nunca quis fazê-los sofrer.

— O que é isso, filha, você não é a causadora disso tudo, ao contrário, você é a vítima.

— Obrigada, pai, mas, se eu tivesse tomado uma atitude assim que Léo se mostrou como é na verdade, poderia ser que não chegasse a esse ponto. Mas cada vez que brigávamos, sempre que ele gritava me ofendendo, no momento seguinte pedia desculpas, dizendo que me amava e que agia assim por causa do ciúme que sentia de mim. Eu, boba, acreditava na sinceridade dele sem nunca desconfiar que tudo não passava de uma armação. Sim, porque agora tenho certeza de que foi uma sórdida armação para se dar bem na vida com o dinheiro de vocês. Sinto-me envergonhada.

Antonieta não suportava a dor que lhe ia à alma ao presenciar o sofrimento de sua filha querida.

— Cássia, Léo não merece que sofra tanto por ele, portanto, erga a cabeça, vamos procurar um bom advogado e entrar com a separação judicial.

— Sua mãe tem razão, minha filha, quando tudo isso acabar, a vida voltará a sorrir para você e a alegria estará de novo em seus lindos olhos.

Timidamente, Sabina disse:

— Minha menina, seus pais estão certos, termine com esse casamento desastroso, mas não com a vontade de viver. O sol ainda vai brilhar para você todos os dias do ano; todos os anos da sua vida, porque Deus há de protegê-la.

Emocionada, Cássia respondeu:

— Só posso dizer a vocês que os amo muito.

Léo, entrando em casa, encontrou Selma arrumada com todo o requinte, pronta para sair.

— Posso saber aonde vai tão linda assim? — perguntou Léo, admirado com a beleza da mulher.

Com um sorriso meio irônico, Selma respondeu:

— Léo, você já me conhece há bastante tempo e já deveria saber que nunca fui mulher de dar satisfações; não gosto de ser controlada. Sempre fui assim e nada vai mudar.

— Não há necessidade de ficar irritada, meu amor. Antes eu era casado e não podia exigir muita coisa de você, mas agora é diferente.

— Posso saber por que agora é diferente?

— Porque vivemos juntos, e para mim isso é motivo suficiente. Afinal, estamos casados não pelo papel, por enquanto, mas pelo nosso amor. Acredito que isso me dá o direito de perguntar e obter resposta.

Selma segurou sua irritação.

— Vamos deixar uma coisa bem clara, Léo. Nada mudou no nosso relacionamento, a não ser que passamos a viver juntos, mas esse fato não lhe dá o direito de comandar minha vida.

Desapontado, Léo retrucou:

— Não estou querendo mandar em sua vida, apenas imaginei que poderíamos interagir um com o outro sem segredos, compartilhando todos os momentos alegres. Creio que para você este é um momento alegre, pois está tão bem!

Selma percebeu que nada justificava sua reação. O que Léo perguntara era absolutamente normal em qualquer relacionamento entre duas pessoas.

"Preciso aprender a me dominar", pensou Selma, "não posso pôr tudo a perder. É muito cedo ainda, tenho de agir com calma".

Aproximou-se carinhosa de Léo.

— Desculpe-me, meu amor, não há nenhum motivo para eu me irritar. É claro que pode saber aonde vou, e tenho prazer em lhe contar.

Aconchegou-se nos braços de Léo e, imprimindo à própria voz uma meiguice que estava longe de sentir, disse-lhe:

— Querido, marquei hora com a costureira que confecciona minhas roupas, vou até a casa dela escolher os modelos. Simples, não? Talvez demore um pouco, portanto, não fique preocupado — e completou sorrindo —, não vou fugir.

Alguma coisa que não soube definir incomodou Léo.

— Selma, tenho notado que você anda gastando em excesso. Não possuo tantas posses como você pensa. Semanalmente você diz que vai à costureira e percebo que nunca a vi chegar com nenhum vestido — completou, após pensar um pouco.

Selma, com um raciocínio rápido, respondeu:

— Não percebeu porque não repara em mim, e isso tem me magoado muito. Procuro me arrumar, estar sempre bonita para você e, no final, tenho de ouvir essas palavras que escondem uma dúvida. Saiba que isso me machuca, e muito, Léo.

Apressadamente, Léo deu-lhe um beijo.

— Desculpe-me, Selma, não quero magoá-la de forma alguma; é que sinto muito ciúme de você e tenho medo de perdê-la.

— Você não vai me perder, Léo, pelo menos por enquanto — completou com um olhar maroto.

— O que você está dizendo?

— Nada de importante, seu bobo, estou apenas brincando com você. Pare com essas desconfianças porque eu não mereço. Quanto aos gastos excessivos, você tem razão, vou me controlar mais, está bem?

— Claro, meu amor; por enquanto, apenas, porque assim que me separar de Cássia você irá desfrutar de mais conforto e liberdade financeira. Terá tudo o que deseja, prometo.

Contente com o que acabara de ouvir, Selma afastou-se de Léo, deu-lhe um beijo e saiu.

Entrando em seu carro, pensou: "Sei de tudo isso que você falou, meu querido, e é justamente por isso que estou com você esse tempo todo. Assim como você foi com Cássia, também sou paciente, sei que um dia vou ser recompensada. Os velhos não duram para sempre!" E saiu em alta velocidade rumo ao seu destino, que nada tinha a ver com a costureira.

Vendo-se sozinho, Léo se entregou às suas reflexões. "Alguma coisa em Selma me incomoda. Sempre soube que ela não é mulher de vida caseira, daquelas que se preocupam com casa, marido e filhos. Preciso dar um jeito nisso. Vou conversar com Cássia a respeito da partilha da nossa casa, mas antes quero ouvir meu advogado. Amedronta-me saber que Selma possa se cansar e pôr fim ao nosso relacionamento. Ela é a mulher da minha vida e não vou correr o risco de perdê-la. Por ela faço qualquer coisa, por pior que possa ser."

Enquanto isso, alheia aos conflitos de Léo, Selma chegava feliz e entusiasmada ao seu destino.

— Demorou — disse Armando assim que a viu.

— Desculpe, meu amor, mas Léo teve uma de suas crises de ciúme, coisa que me irrita, você sabe, mas sabe também que precisamos ter paciência.

— Sei, mas tudo tem um limite. Vamos ver quanto tempo aguentamos.

Carinhosa, Selma envolveu o amante em seus braços e o beijou apaixonadamente.

— Você tem consciência de quanto amo você, Armando, e se estou há tanto tempo nessa situação foi porque você mesmo planejou.

— Sei, meu amor, também amo muito você.

— É só uma questão de tempo — disse Selma.

— Não vamos mais falar naquele otário. Ele se julga muito esperto; deu um golpe na mulher e acabou caindo na própria rede.

— Tem razão, vamos pensar em nós; não tenho muito tempo.

Após o envolvimento amoroso ao qual se entregaram com paixão, Armando perguntou:

— Quando nos veremos novamente?
— Não sei, meu amor, preciso ir com mais calma para não alimentar a desconfiança de Léo. Vamos deixar passar alguns dias e depois arranjo outra desculpa, porque a costureira não dá mais. Eu entro em contato com você.
— Mas por que já vai tão cedo? Fique mais um pouco.
— Não posso, preciso passar em alguma loja e comprar um vestido; ele está desconfiado, com certeza vai perguntar sobre a roupa.
— Então está bem, mas me dê outro beijo! — exclamou Armando.

Não é prudente fazer da nossa vida apenas um acontecimento casual, onde mergulhamos nos prazeres da utopia desfrutando do que imprudentemente chamamos de aproveitar a vida. (A essência da alma, Irmão Ivo.)

Selma caminhava a passos lentos pelas ruas da cidade sem prestar muita atenção no que ocorria à sua volta. Seu pensamento permanecia entregue às horas que passara ao lado de Armando.
"Não sei se aguento por muito mais tempo essa ligação com Léo. Há dois anos estou com ele e praticamente nada mudou. Sonhei em ficarmos juntos acreditando que em pouco tempo se concretizaria o que Armando planejou, mas pelo visto isso vai demorar ainda. Não sei o que Léo está esperando para resolver a situação com Cássia. Acho que vou ter de pressioná-lo quanto a isso."
Parou em frente a uma vitrine, olhando com atenção, e deparou com um vestido que satisfez sua vaidade pelo corte e pela beleza do tecido.
— É esse — decidiu —, vou levá-lo. Léo não quer comprovar minha ida à costureira? Então que pague pelo vestido! Não imaginei

que fosse assim tão caro — disse à vendedora ao experimentar a roupa.

— Mas esse é um vestido fino, alta-costura. Veja a caída perfeita em seu corpo — respondeu a moça.

Selma pensou um pouco e decidiu.

— Você tem razão, ele é perfeito. Afinal, por que não? Vou levá-lo.

Ao sair da loja carregando a sofisticada caixa com o produto de sua compra, Selma ostentava em seu rosto a satisfação do desejo realizado.

"Agora você vai acreditar em mim, Léo, principalmente quando eu apresentar a conta, que a bem da verdade é bem alta."

Entrou em seu carro e retornou para casa.

Encontrou Léo sentado na sala, com um copo de bebida na mão. Assim que a viu entrar, perguntou:

— Por que demorou tanto, Selma?

Ignorando a pergunta, Selma aproximou-se de Léo e lhe deu um beijo, dizendo:

— Oi, meu amor, sentiu a minha falta?

— Senti — respondeu Léo secamente.

— Se sentiu, por que está assim com essa fisionomia tão brava? Não seria mais coerente me dar um beijo?

— Você não respondeu à minha pergunta, Selma. Por que demorou tanto? Não ia somente à costureira?

Selma sentou-se junto a ele e, segurando suas mãos, lhe disse:

— Você tem razão, Léo, demorei mais que o previsto, mas você nem imagina o que aconteceu.

— E o que foi que aconteceu? — perguntou Léo nervoso.

— Calma, Léo, nada de mais; apenas que a costureira estragou meu vestido de maneira irreparável.

— Como assim?

— Estragou, simplesmente estragou.

— E o que você fez?

— O óbvio. Recusei o vestido, disse que não ia pagar e saí sem dar satisfações.
— E foi isso que ocasionou sua demora?
— Claro, Léo! Fui até a cidade comprar outro vestido e, até achar o que queria, demorei.
— Selma, e a compra desse vestido era importante? Precisava mesmo?
— Você está me ofendendo com tantas perguntas. É claro que era importante. Se eu estava contando com o que mandei fazer e não deu certo, é evidente que fui procurar outro, no que, aliás, fiz muito bem, porque achei exatamente como eu queria. Vou lhe mostrar.

Dizendo isso com a finalidade de acabar com o assunto, Selma abriu a caixa e, dando ênfase à sua alegria, mostrou o produto de sua compra para o marido.
— Veja que lindo, Léo! — exclamou com um insinuante sorriso nos lábios. — Gostou?
— Aparentemente, sim — respondeu Léo com o mínimo de entusiasmo.

Expressando surpresa, Selma retrucou:
— Como aparentemente?
— Claro que aparentemente. Assim não quer dizer nada, quero ver como fica nesse corpo lindo e provocante! — exclamou se aproximando de Selma e a abraçando com paixão.

Sentindo-se segura quanto ao sentimento que Léo nutria por ela e ao desejo que sempre conseguia despertar nele, Selma entregou-se às carícias de Léo.

Algumas horas mais tarde, perguntou ao companheiro:
— Léo, quando pretende se encontrar com Cássia para negociar a partilha da casa onde moravam?
— Tenho pensado nisso. Preciso me encontrar com meu advogado, doutor Pedro, e me informar sobre como devo proceder.

— Faça isso logo. Com tanto dinheiro para receber, não é justo vivermos contando os centavos, enquanto sua ex-mulher usufrui de tudo.

— Você tem razão, vou tomar providências logo.

Selma ausentou-se da sala onde estavam e dirigiu-se ao seu quarto.

"Preciso agilizar isso, mal posso esperar o momento de estar com Armando todas as horas do dia sem precisar sustentar essa vida dupla que não me agrada."

Entregue aos seus pensamentos, rememorava os últimos meses de sua vida. Conhecera Léo quando saía de um mercado, cheia de sacolas, e ele, atrevidamente, aproximara-se oferecendo ajuda, o que ela aceitara de pronto. Desse encontro nasceu um relacionamento mais íntimo.

Embora Selma não sentisse por ele uma paixão avassaladora, um amor verdadeiro, prosseguiu com a união mesmo sabendo ser Léo um homem casado. Sentia-se segura e amparada financeiramente, e isso lhe bastava, pois vinha de uma família sem posses e alcançava seus desejos de consumo por intermédio de Léo, que, apaixonado, não colocava limites em suas pretensões.

As coisas entre eles transcorriam tranquilas, de acordo com a imprudência de cada um, que apenas queria satisfazer a si mesmo.

Após algum tempo, Selma conheceu Armando, por quem se apaixonou perdidamente.

Homem ambicioso e sem escrúpulos, logo que tomou conhecimento da situação de Selma com Léo, induziu a namorada a exigir que ele se separasse da mulher e que fosse morar com ela.

Sem entender a razão de tal atitude, Selma questionou:

— Por que, Armando? O certo seria me separar dele e ficarmos juntos.

— Você não entende que ele é a sua mina de ouro?

— Como assim?

— Não é possível que seja tão ingênua!

— Explique isso melhor, Armando, não consigo acompanhar seu raciocínio.

A intenção de Armando era conseguir, por intermédio de Selma, uma boa quantia de dinheiro quando se resolvesse a separação entre Léo e Cássia.

"Eles têm muitos bens", pensava, "e Selma pode se beneficiar disso se for esperta, e consequentemente eu também ganho com isso".

— Meu amor, pense comigo. Léo e Cássia, pelo que você já me contou, possuem muitos bens. Os pais dela são muito ricos. Em vista disso, quando houver a partilha dos bens, Léo ficará melhor ainda. É a nossa chance de nos posicionar na vida. No momento certo, daremos o golpe de mestre, rechearemos nossa conta e viajaremos para o exterior. Começaremos bem longe daqui uma nova vida, juntos e felizes, sem o fantasma da pobreza e sem sentir a dor da necessidade. Até isso acontecer, exija cada vez mais dele, vamos guardando para alcançarmos nossa independência financeira. Entendeu agora?

Selma, de início, relutou em aceitar o plano de Armando, mas, apaixonada, acabou concordando com o homem que amava, com receio de perdê-lo. De maneira imprudente, entregou-se à leviandade e à falta de caráter de Armando, e tudo corria conforme o plano estabelecido por ele.

Selma não sabia que tudo tem um preço e que a vida, de uma maneira ou de outra, cobra a inconsequência cometida. E ela já começava a sentir o peso de sua irresponsabilidade pela frustração de viver com um homem que não amava.

"Não sei o que fazer para acabar com esse vazio dentro do meu peito. Essa insatisfação de viver ao lado de uma pessoa que não amo e querendo, desesperadamente, estar com aquele a quem entreguei meu coração. Vivo insatisfeita, não suporto mais fingir, me entregar, representar o tempo todo. Mas sei que Armando não vai desistir, e eu não quero perdê-lo."

Devemos ter consciência de que, quando os instintos nos dominam, estamos mais próximos do ponto de partida do que do objetivo. O amor é a primeira palavra do alfabeto divino, e a tarefa do amor é longa e difícil, mas se cumprirá, porque assim Deus o quer. (A essência da alma, Irmão Ivo.)

Selma voltou à realidade ao ouvir a voz de Léo.

— Estou aqui — respondeu —, pode entrar.

Assim que entrou, Léo lhe disse entusiasmado:

— Acabei de falar com o doutor Pedro, marcamos um encontro. Vamos conversar a respeito da separação.

— Que bom, Léo! — exclamou.

— Só isso tem a dizer, não mereço um beijo?

— Claro, quantos quiser — Selma respondeu sem muito entusiasmo.

Dois dias se passaram.

Léo, entregue à paixão que sentia por Selma, não se lembrava de Cássia, não se importava nem procurava saber como a antiga companheira vivia. Sua única preocupação era agradar a Selma, pois tinha receio de que ela o abandonasse. Em sua cabeça não passava a hipótese de ser alvo do mesmo golpe que aplicara cruelmente na ex-esposa.

— Tenho de resolver essa questão da divisão dos bens o quanto antes. Selma gosta de gastar, é uma consumidora, e não posso correr nenhum risco. Tenho de me preparar financeiramente para não decepcioná-la.

O castigo tão temido somos nós mesmos que o criamos quando nutrimos sentimentos menores e praticamos atitudes levianas. Ao desprezar as leis de Deus, fatalmente sofreremos as consequências. É necessário refletir e operar mudanças para que a evolução se faça. (A essência da alma, Irmão Ivo.)

Em sua mente nasceu uma pergunta.

"Por que será que Selma desaparece uma ou duas vezes por semana; sai sem dizer para onde vai, ou melhor, diz, mas suas explicações parecem tão frágeis? Preciso conversar com ela sobre isso, ou então observar mais atentamente seu comportamento."

— Oi, Léo — escutou Selma dizer. Sorrindo, aproximou-se dele e perguntou: — Não é hoje que vai se encontrar com seu advogado?

— Sim, Selma, é hoje.

— E a que horas pretende ir?

— Logo após o almoço — respondeu Léo.

— Após o almoço é muito vago, estou perguntando a que horas.

Ligeiramente irritado, Léo respondeu:

— Que importância tem saber a hora exata, já disse que é logo após o almoço. — Refletiu um pouco e completou: — Por que é tão importante saber a hora exata?

— Ora, Léo, importância nenhuma, apenas para saber. Existe algum mal nisso?

— Você vai sair?

— Não estou pensando em sair, a não ser que precise ir até o mercado fazer compras para casa.

Irritado, Léo respondeu:

— Então me espere que iremos juntos.

Selma sentiu que era melhor concordar.

— Ótimo, querido, vamos juntos então. Será bem melhor do que ir sozinha. Gostaria apenas de saber a hora para estar pronta assim que você chegar.

— Por volta das cinco horas está bom?

— Claro, estarei esperando.

— Bem, vou indo — disse Léo. — Vou ainda resolver algumas coisas do trabalho antes de me encontrar com o doutor Pedro.

— Tudo bem, amor, vou aproveitar e arrumar os armários, que estão muito desorganizados. Aliás, Léo, você precisa ser mais cuidadoso, deixa tudo fora do lugar!

— Desculpe, amor, vou tentar! — exclamou Léo. Deu um beijo em Selma e saiu.

Selma, assim que o viu entrar em seu carro e partir, correu para o quarto, trocou de roupa e, sentindo-se feliz, disse para si mesma em voz alta:

— Vou correndo me encontrar com Armando, tenho tempo suficiente antes de ele voltar.

Sem pensar nem se importar com nada, foi ao encontro do seu desejo.

Léo, entrando na sala do doutor Pedro, abraçou o advogado com entusiasmo.

— Quero sair daqui com boas perspectivas — disse animado.

— Vamos ver, Léo — respondeu simplesmente o advogado.

Horas mais tarde, Léo entrava em casa com a preocupação estampada no rosto.

Selma o esperava lendo uma revista, como se nada tivesse acontecido entre ela e Armando. Sua futilidade, seu forte desejo em agradar a si mesma a impedia de perceber a via inconsequente na qual caminhava.

Assim que o viu, exclamou:

— Que bom que chegou, querido. Boas notícias?

Desanimado, Léo sentou ao seu lado, segurou suas mãos e respondeu:

— Mais ou menos.

— Como mais ou menos? Ou a notícia é boa ou ruim.

— Preste atenção. O doutor Pedro me explicou que, se eu entrar com a separação legal, a partilha será apenas dos bens que pertencem a mim e Cássia, ou seja, a casa e os dois carros.

— Léo, por que a preocupação? Não é isso que queremos?

— Mas se eu fizer isso estarei excluído da herança dos pais dela, não terei mais direito algum sobre os bens de seus pais, que são inúmeros, Selma. Eles são muito ricos, e Cássia é a única herdeira. Interessa-me muito mais a herança dos velhos do que apenas uma casa.

— O que o advogado aconselhou?

— Que devo tentar um acordo com Cássia, ou seja, vender a casa e dividir o produto da venda sem entrar com a separação legal. Entendeu? Desse modo, permaneceria com direito à herança dos velhos.

— Entendi. Você continuaria casado com ela e, consequentemente, herdeiro legal. É isso?

— É isso — respondeu Léo.

— Mas, então, qual o problema? Faça isso, meu bem.

Léo fitou Selma admirado.

— Selma, você acha que Cássia vai concordar com isso?

— Você acha que não?

— Evidente que não. Ela vai querer a separação legal e me excluir de ser beneficiado com os bens de seus pais.

— Será? — perguntou Selma.

— Será não. É assim, com certeza, Selma.

— Então o jeito é não se separar.

— E fico a ver navio até os velhos morrerem? — perguntou Léo irônico. — Não dei esse golpe de mestre para continuar na pior, Selma, quero o dinheiro agora.

— Então não fique se lamentando. Vá se encontrar com Cássia. Tudo pode acontecer. Pelo que você sempre falou dela, não me parece que seja uma pessoa vingativa.

— E não é mesmo, mas também não é tola e agora tem ao seu lado os pais e a insuportável Sabina para a aconselharem.

— Se isso acontecer, você diz que não quer.

— Selma, não seja ingênua, ela pode pedir a separação litigiosa.

— Nossa, Léo, então não sei como você vai resolver isso.

— Eu também não sei. Preciso de tempo para pensar como agir, tentar encontrar uma maneira de convencê-la a fazer um acordo com a casa.

Voltando a ser a criatura ambiciosa que sempre fora, Selma respondeu:

— Pois então pense, e é melhor que resolva logo essa questão, porque não tenho vocação para passar minha vida inteira economizando centavos, mesmo que seja ao seu lado.

Surpreso e decepcionado, Léo respondeu:

— Pensei que me amasse.

Para consertar o que dissera na impulsividade, respondeu, tentando ser mais carinhosa:

— Querido, eu amo você e você sabe disso; apenas não quero viver na mediocridade.

— Selma, não sou tão pobre assim. Ganho bem, vivemos com conforto e nada nos falta. Podemos esperar.

— Esperar? Até quando?

— Eu vou me encontrar com Cássia e tentar resolver isso da melhor maneira possível. Fique tranquila, pois tudo vai dar certo.

— Confio em você e espero que dê certo mesmo.

Levantando-se e puxando Selma pelas mãos, Léo disse a ela:

— Chega desse assunto. Vamos ao mercado, já está ficando tarde.

— Não quero ir mais — respondeu secamente.

— Posso saber por quê? Não precisava fazer compras?

— Porque perdi a vontade, e as compras eu faço amanhã à tarde enquanto você está no trabalho. Agora prefiro ficar em casa.

Estranhando o repentino mau humor de Selma, Léo respondeu incomodado:

— Vamos ficar em casa, se é isso o que você quer.

— É isso que eu quero — disse Selma, afastando-se de maneira grosseira.

Pensamentos contraditórios povoaram a mente de Léo. "Cada vez entendo menos as reações de Selma. Não havia prestado atenção em como seu gênio é difícil."

Enquanto Léo começava a experimentar os primeiros indícios da dissimulação de Selma, Cássia, por sua vez, ia aos poucos encontrando seu equilíbrio, firmando-se na certeza de que era preciso permitir a renovação em sua vida. Para isso, contava sempre com o auxílio e a dedicação de seus pais e de Sabina.

"O que seria de mim se não fosse o amor dessas pessoas tão especiais que Jesus colocou em meu caminho? Percebo que minha força nasce na proporção do carinho e dos sábios conselhos que recebo de meus pais, que, apesar do sofrimento, são incansáveis na luta contra o meu desânimo e a minha melancolia. Sem falar de Sabina, que parece tão ignorante, mas que se torna sábia quando a questão é o amor. Seu coração generoso se torna gigante na arte de entender o sofrimento alheio."

Nessas horas, Cássia sentia-se confiante e certa de que tudo voltaria ao normal; que seus dias poderiam ostentar a paz e a tranquilidade se ela permitisse que isso acontecesse, e estava disposta a investir na sua vida aproveitando com entusiasmo a bênção que Deus lhe concedia de permanecer no mundo físico.

Lembrava que, por várias vezes, Sabina lhe dissera:

— Cássia, quando sofremos uma desilusão, temos dois caminhos a seguir: um é se entregando ao desânimo, à tristeza, à fraqueza de não lutar e às lágrimas constantes, caminho esse que só nos traz mais sofrimento. O outro é perceber que a desilusão, na realidade, é uma porta que se abre para que busquemos com mais inteligência um novo recomeço. É a oportunidade que Deus nos concede para pensarmos em uma nova maneira de agir; mais sensata, mais lúcida e mais coerente com a própria realidade.

— Explique melhor — Cássia pedia-lhe.

— Você se desiludiu com Léo. Se você permitir, isso vai lhe trazer mais atenção em suas escolhas. Léo deu indícios de seu caráter, mas você não percebeu porque estava muito envolvida com os galanteios de um homem sedutor que agregava seus carinhos a uma conduta dissimulada. Agora é hora de acordar e direcionar seus sentimentos futuros para alguém que, como você, tem como finalidade construir um lar de verdade, uma família dentro do princípio do amor verdadeiro.

"Sabina é sábia. Preciso mesmo reavaliar minha vida e dar a ela a direção que me fará feliz."

A vida testa cada um de nós. É preciso persistir, não desanimar diante dos problemas que surgem, tentar sempre mais uma vez, continuar a investir no próprio aprimoramento moral e espiritual; quem assim o faz com certeza alcançará êxito.

Devemos sempre ocupar nosso tempo, nossa mente, com o trabalho edificante; nossos pensamentos com o amor e a harmonia, evitando trazer à tona fatos desagradáveis que poderão nos levar ao desequilíbrio.

Cássia, totalmente envolvida, elevou seu pensamento ao Criador e orou:

"Senhor,
Não me deixe naufragar no desespero.
Salve-me!
Ajude-me a percebê-Lo e senti-Lo presente em minha vida.

Que eu saiba colocá-Lo em meu coração,
Que eu tenha condições de perceber a grandiosidade do amor divino
E possa compreender que a luz que ilumina meus pensamentos,
Mostrando-me a direção a seguir,
Vem de Jesus... Que é fonte inesgotável do amor."

Sentindo-se em paz, Cássia levantou-se e foi ao encontro de seus pais.

Capítulo 4

❧ · ☙

Diante da verdade

Encontrou-os na varanda da casa conversando com Sabina. Assim que a viram Orlando disse:
— Filha, que bom que veio, chegue-se a nós — falou ele, apoiado por Antonieta e Sabina.
— Isso mesmo, filha, sente-se aqui! — exclamou Antonieta, indicando com as mãos o lugar próximo a ela.
— Atrapalho? — perguntou Cássia.
— De forma alguma, só nos dá alegria tê-la conosco.
— Algum problema? — perguntou Orlando, percebendo um ar de preocupação no rosto de Cássia.
— Nada de grave pai, gostaria apenas de me orientar com o senhor.
— Sobre o que, filha, o que a está preocupando?
— A respeito do que fazer com minha vida daqui para a frente. Não posso ficar nessa inércia para sempre. Gostaria de me direcionar, mas não sei ainda o que devo fazer.
— Não acha que ainda é cedo para tomar decisões, Cássia? — perguntou Antonieta.

— Acredito que não, mãe. Quanto mais cedo, melhor. Estive pensando muito em algumas coisas que Sabina tão sabiamente me disse dias atrás, e acho que ela tem razão. Preciso tomar uma postura, uma direção na vida.

— Podemos saber o que ela lhe disse que a marcou tanto assim?

— Claro! Ela me explicou sobre o que devemos fazer quando somos atingidos pela desilusão.

— Como assim, Cássia? — perguntou Antonieta bem interessada.

— Quem pode explicar melhor é a própria Sabina. — Dirigindo-se a ela, pediu: — Por favor, Sabina, diga a eles o que você me falou com tanta propriedade.

Sentindo-se um pouco inibida, Sabina respondeu:

— Não falei nada de mais, dona Antonieta, apenas mostrei-lhe o caminho mais seguro, a direção mais acertada para encontrar a paz, o equilíbrio e voltar a ser feliz, ou seja, não cair na autocompaixão e recomeçar a vida com mais atenção.

Cássia, percebendo a timidez de Sabina, completou:

— Ela me explicou, mãe, que a desilusão pode ser também uma porta que se abre para agirmos com mais inteligência, que é o momento de repensar, reavaliar e agir com mais prudência.

— Muito bem, Sabina, admiro essa capacidade de entender as coisas e explicar tão claramente e de maneira sábia suas conclusões acertadas — disse Orlando, realmente impressionado com a lucidez de Sabina, uma pessoa simples e sem estudo, mas que possuía a sabedoria dos que se entregam às leis de Deus e as exercitam para entender a vida.

— Orlando tem razão, Sabina, surpreende a mim também essa sua capacidade de raciocinar e tirar da dor o verdadeiro significado dela — completou Antonieta. — Você é realmente uma pessoa especial.

Com a humildade que lhe era peculiar, Sabina respondeu:
— Não sou especial, dona Antonieta, sou apenas uma pessoa que presta atenção nos recados que Deus nos envia.
— O que você está dizendo, Sabina?
— Estou dizendo, senhor Orlando, que nosso Pai que está no céu observa cada um de nós. Ele sabe do que precisamos, em determinados momentos da vida, para promover o próprio crescimento como criaturas de Deus, e envia as situações que nos ajudam a reconsiderar as posturas, os conceitos ou os comodismos. Essas situações abrem novos espaços e oportunidades para que possamos recomeçar com mais inteligência, mais coragem e mais fé.

Sem conseguir se conter, Orlando disse a Sabina:
— Antonieta tem razão, impressiona-me sua lucidez e tamanha compreensão da vida. De onde você tira todos esses ensinamentos? Sim, porque o que você fala são ensinamentos profundos, edificantes.

Sem entender a razão de estar causando tanta surpresa, Sabina respondeu:
— Vou buscar minhas respostas dentro do meu coração, senhor Orlando, porque aprendi com os ensinamentos de Jesus que é no coração que encontramos as respostas de Deus.

Cássia, que até então apenas observava, abraçou a querida e leal amiga e falou:
— Entenderam agora por que preciso ter coragem e recomeçar minha vida? Sabina me fez entender essa necessidade. Não quero e não vou me fazer de vítima; não quero ser alvo do fracasso.
— Gostei de ouvi-la falar assim — disse sua mãe, abraçando-a.
— Eu também, minha filha, e deixo claro que pode contar conosco para o que quiser ou precisar.
— Obrigada, vocês são os melhores pais do mundo! — exclamou Cássia.

Olhou para Sabina e completou:

— E você é a melhor amiga que poderia estar ao nosso lado.
— Concordamos com você — disse Antonieta.
— Você já sabe o que pretende fazer? — perguntou Orlando.
— É sobre isso que quero me aconselhar com o senhor, não sei ainda por onde começar.
— Em primeiro lugar, é necessário que decida onde quer morar, se vai continuar em sua casa ou se fixará residência aqui com seus pais.
— Gostaríamos muito que ficasse conosco — disse Antonieta, enfatizando seu desejo de tê-la junto a si.
— Disso eu tenho certeza, mãe, mas não acho justo voltar a morar com vocês, trazer-lhes preocupações, na minha idade — disse Cássia, meio sem jeito.
— Mas o que é isso, Cássia? — interferiu Orlando. — Esta é a sua casa e nós somos seus pais. Se houver outro motivo que a impeça de morar conosco, eu respeito, mas se for esse eu não aceito.
— Seu pai tem razão, Cássia — falou Sabina, sentindo-se à vontade, pois sabia que sua opinião seria respeitada. — Sua presença aqui só traria alegria para eles. Qual o verdadeiro motivo da sua indecisão?

Diante do silêncio de Cássia, Antonieta perguntou à filha:
— Será que alimenta ainda alguma esperança em relação ao Léo? É esse o motivo, minha filha?
— Não sei, mãe, não sei. Estou muito confusa — com isso, pediu licença e saiu dizendo que ia descansar em seu quarto.

Os três se entreolharam e pensaram a mesma coisa: "Ela ainda o ama!"

Antonieta aproximou-se de Sabina e pediu-lhe:
— Por favor, vá conversar com ela, ela sempre ouviu seus conselhos, pois confia e acredita em você.
— Eu vou, dona Antonieta — respondeu Sabina, feliz com a incumbência.

Encontrou Cássia sentada diante da janela admirando o maravilhoso pôr do sol. Tão absorta estava que não se deu conta da presença de Sabina, só percebendo quando ela tocou seu ombro delicadamente e lhe disse:

— Minha menina, dê tempo ao seu coração, aos poucos ele perceberá que poderá bater novamente com a mesma intensidade e mudará o alvo do seu sentimento, quando se der conta das diferentes formas de amar.

Como uma criança, Cássia perguntou:

— Você acha mesmo, Sabina?

— Claro! É só você se permitir olhar ao seu redor, perceber as belezas que a rodeiam, quantas alternativas e direções existem que podem nos trazer felicidade.

— A minha força e a minha fraqueza se alternam, Sabina. Em questão de segundos vou da esperança ao desânimo. Acho difícil controlar isso.

Sabina sentia grande carinho por aquela "menina" que vira crescer e que amava como a uma filha. Ternamente lhe disse:

— Cássia, nós não podemos colocar todas as nossas expectativas de felicidade nas mãos de uma pessoa, é imprudência, pois ela pode não corresponder, como é o seu caso. Não devemos querer ter ao nosso lado uma pessoa que seja a fonte da felicidade, mas entender que, como nós, essa pessoa também está em busca do mesmo objetivo, ou seja, ser feliz. A felicidade, como já lhe disse, é um estado de alma, é uma sensação muito mais profunda que as alegrias momentâneas que sentimos. Nós escolhemos nossos companheiros de jornada. Nem sempre acertamos, mas de alguma forma ou por algum motivo eles deveriam estar do nosso lado naqueles momentos. Quando a corrente se quebra, é hora de silenciar, repensar e iniciar nova caminhada, porque provavelmente, ao longo do caminho, poderemos encontrar outras pessoas que também estão à procura de parceiros que pensam como nós.

— Se você está se referindo a casar novamente, Sabina, saiba que jamais farei isso!

— Não acha cedo para essa afirmação? O tempo é nosso maior aliado para todas as nossas incertezas, Cássia. — Mudando o rumo da conversa, Sabina disse: — Quero que me diga agora o real motivo de não querer viver aqui com seus pais.

— Não quero me desfazer de minha casa, onde passei dias de...

— Sofrimento — completou Sabina.

— Sabina, nem tudo foi sofrimento, tive momentos de muita alegria.

— Cássia, desculpe-me, mas estou com você desde o primeiro dia de seu casamento e posso afirmar que suas alegrias foram falsas. Você nunca quis enxergar a realidade, enganou-se o tempo todo e permitiu que Léo, a cada dia, se mostrasse mais dissimulado e falso em seus sentimentos. Você se enganava tentando esconder de si mesma a realidade.

— Você está sendo cruel, Sabina, está exagerando.

— Penso que estou sendo realista e tento fazê-la enxergar a realidade do que foi sua vida de casada desde o início. Pode ser cruel, mas a minha intenção é evitar que você se afunde em águas rasas. Agora é o momento de refletir e tomar decisões acertadas.

Com humildade, Sabina completou:

— Perdoe-me se estou me excedendo, sei que minha condição aqui nesta casa não me dá o direito de me intrometer tanto, mas a quero como a uma filha e sofro com o seu sofrimento. Perdoe-me — repetiu.

Cássia, sensibilizada com tanto carinho vindo de uma pessoa simples, mas ao mesmo tempo tão sábia e verdadeira, respondeu abraçando-a:

— O que é isso, Sabina, você sabe que sua opinião importa a todos nós. Sua posição aqui nesta casa é de uma pessoa da família, estimada e respeitada. Sei que seus conselhos são para o meu bem.

Meus pais também sabem disso e ficam felizes quando a veem me orientando, porque não duvidam que sejam orientações para o fortalecimento da minha autoestima.

— Sou muito grata a vocês todos pelo carinho com o qual sempre me trataram. Vocês são minha família! — exclamou Sabina emocionada.

Quinze dias se passaram desde esse acontecimento.
Cássia, aos poucos, ia recuperando seu equilíbrio e encontrando a paz em seu coração.
Conseguia sorrir e brincar com o cãozinho de sua mãe, que crescera correndo pelo gramado da casa de seus pais.
Nunca mais tocara no assunto do rumo que queria dar à vida, e seu pai esperava que a iniciativa partisse dela.
Todos notaram que Cássia parecia mais segura e confiante. Trazia no rosto uma expressão de tranquilidade, o que deixava seus pais e Sabina mais felizes.
Certa tarde, Cássia estava entretida com a leitura quando Sabina a chamou:

— Cássia, telefone para você.
— Pode me dizer quem é, Sabina?
— Conheci a voz, mas prefiro que você mesma confirme.
— Nossa, quanto suspense — brincou Cássia, sem imaginar quem seria.

Depositou o livro sobre a mesinha e, curiosa, foi atender.
Assim que ouviu o alô do outro lado da linha, seu coração sofreu um impacto, pois reconheceu de imediato a voz de Léo.
Recompondo-se, respondeu secamente.

— O que você quer?
— Calma, Cássia, não precisa me responder com tanta agressividade.

Sem paciência, Cássia continuou:

— Fale de uma vez o que quer, não perco tempo com você.
— Você mudou muito, meu amor.
Irritada, Cássia revidou:
— Não sou seu amor e não lhe dou o direito de me chamar assim. Fale de uma vez o que quer, senão vou desligar o telefone.
— Meu Deus, como você mudou! Tudo bem, vou direto ao assunto.
— Fale!
— Precisamos nos encontrar para resolver o assunto da nossa casa.
— Para resolver isso não precisamos nos encontrar — respondeu Cássia. — Nossos advogados tratarão disso por meio da separação legal.
Léo pensou: "Preciso ir com calma".
— Cássia, não estou falando de separação.
— Mas eu estou, Léo, é a ordem natural das coisas.
— Para mim, não. Quero apenas vender a nossa casa e dividir com você o fruto dessa venda, o restante fica para depois.
Completamente nervosa, Cássia respondeu quase aos gritos:
— O que quer dizer com o restante, o que temos é somente aquela casa e os dois carros, que ficou um para você e o outro para mim. Não existe restante algum.
Com sarcasmo, Léo respondeu:
— Aí é que você se engana, Cássia, sou herdeiro de seus pais, lembra?
— O quê? — perguntou Cássia perplexa.
— É isso o que você ouviu, meu bem. Esqueceu que com o nosso casamento me tornei herdeiro de seus pais? Casamos com comunhão universal de bens, lembra? E disso eu não vou abrir mão, é muito dinheiro para desprezar.
Cássia mal podia acreditar no que ouvia.
— Você é muito canalha, Léo!

— Pode ser, mas é melhor ser um canalha rico do que pobre, concorda?

Completamente chocada, Cássia respondeu sem conter sua indignação:

— É por isso que quer vender nossa casa sem entrar com a separação legal, não é, Léo?

Percebendo que não adiantaria esconder, Léo respondeu:

— É melhor mesmo jogar às claras; é por causa disso, sim. Não vou jogar fora um direito meu de receber a herança dos velhos.

Cássia pensou: "Não posso acreditar no que estou ouvindo. Ele é pior do imaginava. Sabina tem razão, esse homem não presta, não tem nenhum escrúpulo".

Sentindo o silêncio de Cássia, Léo voltou a dizer:

— Ficou muda, não vai dizer nada?

— Não tenho nada a dizer, a não ser que você é um canalha e eu não posso me perdoar por ter amado você um dia.

— Ter amado ou ainda amar? — perguntou Léo com ironia.

— Pode ter certeza de que esse sentimento faz parte do passado. No presente, a única coisa que sinto por você é desprezo. Fique sabendo que não vou concordar em vender casa nenhuma, e que tudo vai ser feito legalmente, com nossa separação, e o mais rápido possível.

— Cássia, vamos conversar de maneira civilizada. Eu não vou aceitar a separação — tentou convencê-la.

— Chega, Léo, não quero ouvir mais nada. O que tiver de dizer fale com meu advogado, que vai procurá-lo brevemente. Por favor, não me procure mais porque não vou atendê-lo.

Léo ainda tentou dizer alguma coisa, mais foi impedido por Cássia, que bruscamente desligou o telefone.

Irritado, pensou: "O que vou fazer agora? Selma não vai me perdoar. Se Cássia pensa que vou aceitar tudo numa boa, está muito enganada, pois vou brigar feio por essa herança".

Pensou mais um pouco e concluiu: "Essa mudança de Cássia só pode ser influência dos velhos e da insuportável Sabina, mas podem me aguardar, pois vou lhes dar muita dor de cabeça".

Assim que Cássia desligou o telefone, dirigiu-se para junto de seus pais. Orlando lia o jornal enquanto Antonieta molhava suas plantas, tarefa que fazia com felicidade, pois amava os lindos vasos que ela mesma plantara.

Percebendo a presença da filha, Orlando sorriu e lhe disse:

— Sente-se ao meu lado, filha — pedido que Cássia prontamente atendeu. — Vejo um ar de preocupação nesses lindos olhos. Algum problema, filha?

— Sim, pai, e acredito que o senhor não vai gostar.

— Diga-me do que se trata e deixe que eu resolva se gosto ou não.

— Acabei de falar com Léo pelo telefone.

— Aquele moleque! — exclamou Orlando mostrando irritação. — O que ele queria?

— Queria que nos encontrássemos para tratar da venda da nossa casa.

— Da venda da casa de vocês? — repetiu Orlando surpreso. — Mas ele não comentou nada sobre o processo de separação?

— Pai, o senhor não vai acreditar na proposta que ele me fez.

— Diga-me, filha, que proposta é essa?

— Ele não quer a separação, quer apenas vender a casa e dividir o dinheiro.

— Não compreendo porque ainda não deu entrada nos papéis da separação.

— Pai, o senhor não está entendendo. Ele não quer se separar de mim porque não abre mão de sua fortuna, quer continuar sendo seu herdeiro. Entendeu agora?

— Que canalha! — exclamou Orlando.

— Eu não sei o que fazer, pai.

— Mas eu sei, filha, vamos amanhã mesmo falar com o doutor Maciel. Ele é um ótimo advogado, tenho certeza de que vai nos orientar sobre como agir com um canalha desses.

Antonieta, que tudo ouvia sem emitir opinião, segurou as mãos da filha e lhe disse:

— Cássia, desculpe-me pelo que vou lhe dizer, mas peço-lhe que não sofra mais por esse homem sem caráter, ele não é digno de você, nunca a mereceu. E quanto a continuar a ser nosso herdeiro, vamos deixar que a lei decida. Os juízes estão aí para resolver questões como essa.

— Sua mãe tem razão, minha filha. Você deve pensar agora no que quer fazer, onde quer morar, enfim, dar uma direção à sua vida, pensar no seu futuro daqui para a frente, arrumar um emprego digno dentro da sua área profissional.

— Isso mesmo, Cássia, mesmo sabendo que você não precisa, o trabalho faz bem para a mente, eleva a autoestima pela realização pessoal que sentimos quando nos movimentamos, quando contribuímos de alguma forma para a sociedade como um todo, porque fazemos parte dessa sociedade.

— Mas o Léo...

Interrompendo a filha, Orlando disse:

— O Léo, minha filha, vai viver a vida que escolheu, e nada podemos fazer para mudar isso por uma simples razão: ele não quer. Ele tem o direito de escolher seu caminho, fazer sua opção mesmo que não seja a mais prudente. Isso se chama livre-arbítrio. Todos nós temos o direito de fazer nossas escolhas, mas é certo que sofreremos as consequências dos nossos enganos.

Cássia ficou pensativa.

Percebendo a indecisão da filha, Antonieta voltou a dizer:

— Percebo em seu rosto uma expressão melancólica. Sugiro que desabafe conosco tudo o que ainda a perturba, minha filha. Confie em nós, somos seus pais e a amamos acima de tudo.

— É verdade, Cássia, sua mãe está certa. É preciso colocar para fora tudo o que a angustia para ter a chance de organizar suas emoções, compreender o porquê das coisas, enfim, traçar nova direção para sua vida e começar a escrever outra história, que poderá ser mais bonita do que aquela que ficou para trás.

Emocionada, Cássia deixou que duas lágrimas descessem discretas pelo seu rosto.

Antonieta e Orlando perceberam que a filha ainda sofria muito por sua separação.

Criando coragem, Cássia disse a seus pais:

— Peço que perdoem a minha fraqueza, mas por mais que eu diga quanto desprezo o Léo, por mais que minha consciência me mostre que ele é um canalha, que nunca me amou e só casou comigo por causa do meu dinheiro, sofro muito com essa separação. Não sei, na verdade, se é amor ou frustração por tudo ter dado errado, por não ter conseguido fazer com que nosso casamento desse certo. Ele disse que eu era culpada por não ter lhe dado filhos e me magoa saber que nem mãe consegui ser e nunca serei. Entristece-me muito não ter podido cumprir o juramento que fiz quando nos casamos.

Orlando e Antonieta ouviam o desabafo com o coração apertado. Sofriam com a dor que sentia sua única filha e tentavam levar esperança e paz para seu coração magoado.

Sentada em um canto, Sabina ouvia toda a conversa sem emitir nenhuma opinião. Enquanto a conversa se desenrolava entre os três, Sabina ia se lembrando dos acontecimentos e brigas mais importantes que presenciara na casa dos dois, e percebeu que em todas as vezes que discutiam Léo jogava na cara de Cássia o fato de não poder lhe dar um herdeiro, mas jamais permitira que Cássia visse o resultado do exame que fizera.

Ela dizia para si mesma: "Sempre achei muito estranho esse fato. A conversa de que era para protegê-la não tinha nenhum sentido, pois ele mesmo fazia questão de lembrá-la a todo instante".

Uma desconfiança bateu forte em seu coração: "Será que realmente ele dizia a verdade? Meu Deus, por que não pensei nisso antes? Por que só agora, ouvindo-a tocar nesse assunto, me veio essa suspeita? Suspeita essa perfeitamente viável!"

— O que você pensa de tudo isso, Sabina? — perguntou Antonieta.

— É mesmo, Sabina, está tão quieta. Imagino que deva ter muita coisa a nos dizer, pois viveu sempre ao lado dela após o casamento — completou Orlando.

— Desculpem-me, enquanto conversavam, algumas coisas vieram à minha cabeça.

— Podemos saber que coisas?

— Claro, senhor Orlando.

— Então nos diga.

— É sobre a questão de Cássia nunca ter engravidado.

— O que está querendo dizer?

— Estou me lembrando de que Léo jamais permitiu que Cássia visse o resultado do exame que fizeram; dizia que era para protegê-la, mas vivia lembrando-a desse fato. Penso que deveria ser ao contrário; se realmente ele quisesse protegê-la, deveria ser o primeiro a esquecer o assunto e não colocá-la como a culpada do casamento ter acabado como sempre fazia. Só agora me dei conta disso.

— Isso é verdade, Cássia, você nunca viu esse exame?

Envergonhada, Cássia respondeu:

— Ele nunca permitiu que eu visse, dizendo que era para eu não sofrer.

— Mas isso é uma incoerência! — exclamou Orlando. — Sabina tem razão. A impressão que dá é que ele escondeu a verdade.

— Mas com que intenção, pai?
— Com a intenção de tê-la presa a um sentimento de culpa, e pelo visto conseguiu.
— Calma, senhor Orlando, é apenas uma suspeita. Não tenho certeza de nada, e posso estar enganada.
— Pode ser, Sabina, mas o que disse faz sentido.
— Só temos uma maneira de saber — disse Antonieta.
— O que a senhora quer dizer, mãe?
— Quero dizer o óbvio, minha filha, você vai ao médico e vai fazer novo exame. Desse modo teremos conhecimento da verdade.
— Para que isso, mãe, vamos deixar tudo como está. Não quero sofrer mais uma desilusão.
— Não, Cássia, você vai correr o risco. Existe uma chance de tirar de você essa mágoa, e você não deve descartá-la.
— E se for confirmado que realmente sou estéril, a senhora tem noção do tamanho do meu sofrimento?
Antonieta respondeu com outra pergunta:
— E se for confirmado que você não é, que pode, sim, gerar um filho, você já pensou no tamanho da sua alegria? De qualquer maneira, você elimina a dúvida e passa a viver com a verdade. Você é muito nova, filha, e não deve colocar sua esperança, seu sonho, na palavra de alguém que já sabemos não merecer confiança.
— Sua mãe tem razão, Cássia, é preferível a verdade, por mais que doa, a viver na dúvida e perder, talvez, a oportunidade de sonhar com a maternidade.
— O que você acha, Sabina?
— Concordo com a senhora, dona Antonieta.
— Então está combinado. Vamos marcar o médico e resolver essa situação o mais rápido possível, assim sairemos dessa incerteza. Se tudo der certo como esperamos, você vai tirar da cabeça a culpa que sente e saberá que, em vez de culpada, você foi a vítima

de uma pessoa sem escrúpulos, que não possui outro propósito a não ser se dar bem por intermédio dos outros.

— Está bem, mãe, vamos fazer o que a senhora quer.

Antonieta abraçou a filha e lhe disse amorosa:

— Cássia, meu coração está me dizendo que você terá uma grande surpresa.

Sem muita convicção, Cássia respondeu:

— Deus a ouça, mãe! — levantou-se e foi em direção ao seu quarto.

Seus pais e Sabina ficaram observando Cássia se afastar.

— Ela ainda sofre — disse Antonieta.

— É isso que não entendo, dona Antonieta, como pode uma pessoa sofrer tanto por alguém que não a quer, que nada fez para sua felicidade, ao contrário, apenas contribuiu para que seus sonhos ruíssem?

— Sabina, você nunca ouviu dizer que o coração tem razões que a própria razão desconhece? — perguntou Orlando.

— Ela vai superar — disse Antonieta. — Pode apostar que sim. É só uma questão de tempo.

— Vou rezar muito para que isso aconteça — concluiu Sabina.

— Não suporto ver minha menina sofrendo. — E, mudando completamente o rumo da conversa, Sabina perguntou: — Os senhores querem um café?

— Achamos uma boa ideia, Sabina, aceitamos sim.

— É só um instante — disse Sabina, indo em direção à cozinha.

Vendo-se a sós com a esposa, Orlando lhe disse:

— Antonieta, estou preocupado com Cássia, ela anda muito abatida, parece-me que se recusa a viver.

— Tranquilize-se, Orlando, hoje Sabina me deu uma nova esperança e vou me apegar a ela por enquanto. Se tudo acontecer como espero, nossa filha vai criar alma nova, pode acreditar.

— Você crê mesmo nisso?

— Creio, Orlando, firmemente. Para uma mulher sensível como Cássia, a maternidade exerce grande fascínio. O desejo de ser mãe é inerente a quase todas as mulheres, e Cássia não é diferente. Se o que pensamos se confirmar, ela vai preencher o vazio do seu coração com a esperança de poder construir no futuro uma família de verdade, com crianças correndo pela casa.

— Que a verdade venha à tona, seja ela qual for — concluiu Orlando.

Selma, assim que soube do resultado da conversa que Léo tivera com Cássia, deixou que sua ira caísse sobre a cabeça do companheiro.

— Você está me surpreendendo, Léo, mas de maneira negativa.

— Posso saber por quê? — perguntou a Selma.

— Já deveria saber, mas, se não tem capacidade para isso, eu respondo. Em vez de você intimidar sua ex-mulher, permitiu que ela o intimidasse. Onde está aquele homem valente, impetuoso, sempre sabendo o que quer e lutando para conseguir seus objetivos, sem se importar em atropelar quem cruzasse seu caminho? Foi com esse homem que eu resolvi viver, e não com o que eu vejo agora, amedrontado, deixando escapulir por entre os dedos a nossa independência financeira. Enfim, pensei que pudesse confiar em você, mas vejo que me enganei.

— Calma, Selma, eu apenas conversei com Cássia, não deixei nada resolvido. Ela não aceitou minha proposta, mas isso não quer dizer que eu aceitei a dela, entende?

— Entendo, e quero que entenda também que não vou passar o resto da minha vida contando tostões ao seu lado.

— O que quer dizer?

— Quero dizer que é tudo ou nada, compreendeu agora?

Léo sentiu a raiva invadir-lhe a alma.

Aproximou-se de Selma e, segurando fortemente seu braço, lhe disse:

— Escute e preste muita atenção no que vou lhe dizer. Não vou admitir ser passado para trás, ouviu bem? Portanto, aconselho-a a ir se contentando com o que posso lhe dar por enquanto, o que, aliás, não é pouco.

Selma estremeceu com a súbita violência de Léo e pensou: "Acho melhor me calar, posso pôr tudo a perder".

— Não precisa se exaltar, Léo, falei por falar. Você sabe que gosto do conforto que o dinheiro pode dar, mas jamais vou querer magoar você.

Soltando o braço da companheira, Léo respondeu:

— Tudo bem. É melhor que seja assim.

Deve-se ter muito cuidado com as aparências, pois nem sempre elas dizem o que realmente habita o coração do ser humano. O mel da doçura precisa estar na alma, na essência, e não na máscara que o homem ostenta. (A essência da alma, Irmão Ivo.)

Armando, indignado, assustava Selma com as palavras grosseiras que lhe dirigia assim que tomou conhecimento do teor da conversa que Léo tivera com a ex-mulher:

— Esse Léo é o quê? — perguntava com desprezo. — Um idiota que não consegue se impor ou um alienado que não percebe que é a grande oportunidade de se dar bem na vida? O homem precisa se posicionar, correr atrás do que quer sem se importar com quem se coloca na sua frente, somente assim conseguirá seus objetivos. O mundo é dos espertos, Selma, quem se retrai é passado para trás sem dó nem piedade.

Tentando acalmar o amante, Selma respondia:

— Calma, Armando, não vejo motivo para tanta raiva. Dessa maneira você me faz acreditar que não se importa nem um pouco comigo, que para você sou apenas a ponte para ganhar um dinheiro ao qual, a bem da verdade, não temos direito algum.

Percebendo que se exaltara mais do que deveria e temendo pôr tudo a perder, Armando baixou o tom de voz, segurou as mãos de Selma e lhe disse carinhosamente:

— Desculpe, meu amor, não queria causar essa impressão a você, porque não é verdadeira. Apenas fiquei surpreso com a atitude de Léo. Sendo ele um homem decidido, sempre sabendo o quer e correndo atrás dos seus interesses, deixar se levar pelas palavras de Cássia...

— Mas nada ficou decidido ainda. Ele vai se encontrar com ela e exigir o que lhe pertence de direito.

Não querendo assustar a namorada, Armando encerrou o assunto.

— Tudo bem, vamos deixar que ele resolva seus problemas; para nós só interessa o final, o que vamos levar de tudo isso. — Puxou Selma para junto de si e lhe sussurrou no ouvido: — Vem cá, meu amor, não vamos estragar este momento que é só nosso falando dos problemas do Léo.

Beijando-a com ardor e sendo correspondido, entregaram-se aos delírios da paixão.

Léo olhava para o relógio com ansiedade.

"Onde será que Selma se meteu? Essas saídas repentinas dela já estão me deixando preocupado, para não dizer desconfiado. Só quero ver a desculpa que dará desta vez."

Nervoso, andava de um lado para outro tentando se acalmar, mas ficando cada vez mais agitado e ansioso. Quando percebeu o barulho indicando a chegada de Selma, sentou-se apressadamente em uma poltrona e, pegando um jornal, fingiu que estava lendo.

— Oi, amor faz tempo que chegou? — perguntou Selma, carinhosa, tentando agradar-lhe.

— Tempo suficiente para perceber sua demora e constatar que são estranhas essas suas saídas constantes e demoradas. — Com irritação, perguntou: — Posso saber onde estava?

Com a dissimulação que lhe era peculiar, Selma respondeu:

— Claro que sim, meu amor. Saí com a intenção de ir ao cabeleireiro...

— Pelo visto não foi — adiantou-se Léo impaciente.

— Calma, meu bem, me deixe terminar de falar. Não fui por uma única razão: eu me senti mal e fui até o posto de saúde passar pelo médico, o que foi ótimo.

— Por quê?

— Olhe! — exclamou Selma esticando o braço e mostrando na parte interna do cotovelo uma pequena atadura.

— O que é isso, meu amor? — perguntou Léo realmente preocupado.

— O médico achou melhor receitar uma medicação injetável, e tive, então, de ficar tomando o medicamento pelo soro.

— Mas o que você teve foi coisa séria?

— Não, meu bem, não foi coisa séria, apenas uma queda de pressão que já foi resolvida. Esse foi o motivo da minha demora, você compreende?

— Mas claro que compreendo, Selma, e fico preocupado com você. Não seria melhor você descansar? Deixe que eu preparo alguma coisa para comermos.

Selma pensou: "Meu Deus, como pode ser tão ingênuo! Nem percebeu que fui eu mesma que coloquei essa atadura no braço! Melhor assim, será mais fácil arrumar justificativas quando acontecer de novo. Não conhecia esse lado de Léo, sempre achei que fosse mais perspicaz, entretanto, não passa de um distraído, para não dizer bobo. Era tão valente e autoritário com Cássia, e comigo parece um cordeirinho".

— Tudo bem, amor, vou descansar. Assim que o jantar estiver pronto pode me chamar.

— Vai, meu amor, descanse e não se preocupe, porque sei como fazer.

Deu um beijo em Selma, que se dirigiu em seguida ao quarto, enquanto Léo foi até a cozinha preparar alguma coisa para os dois.

Enquanto se entregava ao preparo do jantar, Léo pensava: "Não sei o que acontece comigo quando estou perto de Selma. Aceito tudo o que ela fala mesmo desconfiando que possa ser mentira. Ao lado de Cássia, ficava impaciente, autoritário, sempre impondo minhas vontades, enquanto com Selma parece que perco minha personalidade e submeto-me a seus caprichos, seus gastos absurdos".

Lembrou-se de como Selma era diferente no início do relacionamento; carinhosa, gentil, sempre cordata, e fora isso que o levara a se apaixonar tão intensamente. Entretanto, agora se mostrava caprichosa, exigindo cada vez mais, parecia não ter limites.

Pensava consigo mesmo: "Cada vez que ela desaparece, suas explicações são sempre suspeitas. E por que será que aceito todas elas?" Balançou a cabeça tentando afastar seus pensamentos.

Selma, por sua vez, aconchegada na maciez da sua cama, sonhava com o dia em que poderia andar livremente de mãos dadas com Armando, sem medo e sem culpa: "Ele é e sempre será meu grande amor. Só aceitei esse jogo porque tenho medo de perdê-lo. Se ele não fizesse tanta questão do dinheiro, jogava tudo para o alto, corria para seus braços e nem olhava para trás, mas, enfim, vamos aguardar para ver o que acontece". Continuou em seus devaneios até que ouviu a voz de Léo, chamando-a para jantar.

Capítulo 5

☙ · ❧

O apoio dos benfeitores espirituais

Léo, em seu escritório, fazia planos para ir ao encontro de Cássia. Não podia negar que o pensamento de novamente estar próximo daquela que por cinco anos fora sua esposa, dividira com ele momentos de paz e de angústia, incutia em seu coração certa ansiedade.

"Não a amo mais e, a bem da verdade, nunca a amei, mas devo reconhecer que Cássia me proporcionou dias de muita alegria e muito conforto, mesmo sofrendo as agressões verbais e, algumas vezes, físicas que eu praticava contra ela."

Lembrava das manhãs em que Cássia se dedicava ao tratamento de suas belas flores, passando horas a fio perdida nas suas ilusões e sonhos.

"Devo reconhecer que Cássia é uma bela mulher, sincera, confiável e de uma dignidade espantosa. Muito diferente de Selma, que me dá a impressão de estar comigo apenas para conseguir algum benefício — sendo bem realista, da mesma maneira que fiz com Cássia. Por que será que o ser humano age dessa maneira, prejudica alguém tão especial e se une a alguém que declaradamente só pretende tirar vantagem e explorar seus sentimentos?"

O orgulho é o terrível adversário da humanidade. Quando o orgulho e a ambição atingem o seu extremo, é indício de uma próxima queda. Por que tendes em tão grande estima o que brilha e encanta os vossos olhos, em lugar do que vos toca o coração? As riquezas são por acaso eternas? (O Evangelho segundo o espiritismo)

Léo surpreendia-se ao se entregar a essas considerações. Perguntava-se: "O que está acontecendo comigo? Não sou homem de me entregar a arrependimentos. O que fiz está feito e não se pode mudar, mesmo porque não quero mudanças, quero apenas o que me pertence por direito. Se for dinheiro que Selma quer, é dinheiro que ela vai ter".

Decidido, pegou o telefone e ligou para Cássia.

Do outro lado, ouviu a voz conhecida de sua ex-mulher.

— Alô?

— Sou eu, Cássia, Léo.

O coração de Cássia ainda sofria impacto sempre que deparava com Léo.

— O que você quer, Léo, não temos mais nada a dizer um ao outro.

— Você se engana, Cássia, temos muito o que nos dizer.

— O que é dessa vez?

— O mesmo assunto que conversamos na vez passada, ou seja, a venda da nossa casa.

— Não ficou acertado que seria resolvido por meu advogado?

— Não, nada ficou acertado. Não quero conversar com advogado, quero conversar com você.

— Mas o que você quer de verdade? Temos pouco o que dividir, somente a casa e os móveis. Você quer algum?

— Não seja boba, Cássia, os móveis não me interessam. O que quero, na verdade, é a minha parte na venda da casa. Já lhe disse isso.

— Léo, já estou tratando da nossa separação legal. Não tenho a intenção de prejudicá-lo, você não vai perder nada. Meu advogado vai procurá-lo.

Demonstrando grande irritação, Léo respondeu, já meio alterado:

— Cássia, eu já lhe disse que não vou me separar de você legalmente; quero apenas vender a nossa casa e dividir o fruto dessa venda com você, só isso.

— Não estou entendendo essa sua obstinação, Léo — disse Cássia, fingindo não saber qual era a verdadeira intenção de Léo.

Querendo pôr um fim à conversa, Léo disse autoritário e sem esperar que Cássia argumentasse:

— Amanhã estou indo ao seu encontro a fim de conversarmos sobre isso e acertarmos tudo. Assim que chegar à cidade, telefono para nos encontrarmos. Quero apenas dizer que vou conversar somente com você, nada de levar papai, mamãe ou mesmo o advogado.

Sem se importar com a reação de Cássia, Léo desligou o telefone.

E disse para si mesmo: "Amanhã vou lhe mostrar quem dita as regras do jogo, Cássia. Não vou ceder. Se ela e aqueles velhos pensam que vão me dobrar, estão redondamente enganados. Dessa oportunidade de ficar rico, de usufruir com Selma as delícias que o dinheiro proporciona, não vou abrir mão. Não foi à toa que aguentei *esse* casamento por cinco anos. Se eu não tivesse conhecido Selma, poderia ser que durasse mais tempo, eu era dono da situação. Mas agora não vou arriscar perder o meu amor, a única mulher que realmente amei, por causa de uma dignidade boba e sem sentido".

Dando por encerrado seu expediente, levantou-se e foi ao encontro de sua amada.

Cássia, imediatamente após Léo desligar o telefone, correu a contar para seu pai o que iria acontecer no dia seguinte.

— Mas esse Léo é mesmo sem caráter — exclamou Orlando com revolta.

— Calma, Orlando, em certos momentos o mais importante é manter a calma.

— Como você pode me pedir calma, Antonieta, se um mau--caráter inferniza a vida de nossa única filha e, como se isso não bastasse, ainda quer ter direito à herança dela?

Cássia apenas chorava.

— Desculpe-me, pai, se estou fazendo o senhor sofrer! — exclamou Cássia.

Orlando e Antonieta olharam para a filha sem entender o motivo de tal colocação.

— Você não está nos fazendo sofrer! — disseram seus pais, quase ao mesmo tempo. — O que você está dizendo, minha filha?

— Estou dizendo, meu pai, que se eu tivesse tido um pouco mais de perspicácia teria percebido quem é o Léo realmente. Talvez não tivesse casado e hoje não estaria vivendo essa aflição nem fazendo vocês sofrer com tanta preocupação.

Antonieta, abraçando-a, disse:

— Minha filha, parece-me que já conversamos sobre isso, mas percebo que você ainda agasalha em seu coração essa sensação de culpa, e isso não é bom.

— Sua mãe tem razão, Cássia, as coisas às vezes acontecem sem que possamos fazer nada para mudar nem impedir, e isso não quer dizer que somos os culpados. O sentimento de culpa ou de autocompaixão pode ser eliminado se analisarmos friamente a situação que os provocou.

Intrigada, Cássia disse a seu pai:

— Como assim, pai, o que o senhor quer dizer?

— Pense comigo, minha filha. Quando nos sentimos culpados por ter provocado alguma situação que afetou seriamente nosso semelhante, o melhor a fazer é procurar o alvo atingido e se desculpar, colocando-se à disposição para ajudar de alguma forma a anular a situação constrangedora que criamos. Isso se comprovadamente fomos nós que a criamos. Você não criou nenhuma situação em relação ao Léo, ao seu casamento, à separação de vocês. Portanto, não vejo onde possa estar sua culpa. Você não pode se culpar pelos atos levianos e imprudentes do seu marido. Entretanto, pode, a partir do entendimento da realidade, eliminar a culpa do seu coração.

— O senhor falou em autocompaixão!

— Falei sim, minha filha.

— Pode falar sobre isso?

— Posso. Nós devemos sempre optar pela felicidade. Ela é subordinada ao que fazemos dela, ou seja, se quisermos ser felizes, é preciso superar a tendência humana de se sentir vítima dos outros e da vida. A autocompaixão nos machuca com uma visão pessimista e desajustada da existência, nos impele a cultivar a mágoa, e ninguém consegue ser feliz com o coração cheio de rancor e melancolia.

Orlando percebeu que sua filha estava fragilizada. Usando todo o seu carinho paternal, lhe disse:

— Minha filha, a nossa força deve ser usada no momento certo, nas horas em que tudo parece se desmoronar à nossa frente; quando não conseguimos enxergar alternativas que também nos fariam felizes. É essa força interna que nos situa na vida e nos faz caminhar para a frente. Essa força nasce da fé e da confiança no Criador; na certeza de que Ele jamais abandona seus filhos e, se sofremos, algum motivo há de existir em algum lugar do presente ou do passado. Cabe-nos prestar atenção na hora de fazer nossas escolhas, sejam elas quais forem.

Antonieta olhava para o marido com admiração. Entendia agora por que era tão feliz em seu casamento. Tinha a seu lado um grande homem, digno, sábio e realmente em paz com as leis divinas.

— Obrigada, pai, o senhor tem razão, já está na hora de crescer e enfrentar a vida com a coragem que o senhor falou.

— Gosto de ouvi-la falar assim, minha filha — disse Antonieta.

— Amanhã seu pai vai com você ao encontro com Léo.

Cássia pensou um pouco e respondeu em seguida:

— Não quero que se ofendam, mas prefiro ir sozinha. Se quero crescer e enfrentar meus problemas; que eu comece de uma vez. Não sou mais criança, e papai me fez entender isso. Como ele mesmo disse, realmente não tenho culpa alguma e não vou me prender às lágrimas constantes nem à autocompaixão. Vou enfrentar o Léo com seriedade e transparência, e não vou permitir que ele me domine.

Feliz em ouvir a filha, Orlando lhe disse:

— Muito bem, minha filha, concordo com tudo o que disse. Confio em você, na sua capacidade de discernimento e no seu caráter. Ouça tudo o que ele tem a dizer, depois consultaremos nosso advogado e resolveremos da melhor forma possível. Só tome o cuidado de não assinar nada que ele, porventura, venha a pedir. Eu disse absolutamente nada.

— Pode confiar em mim, pai. O senhor me acordou e, a partir de agora, quero viver acordada para o mundo, vivendo cada dia com equilíbrio e sem perder a esperança no amanhã.

— Nossa, filha, estou gostando de ouvi-la falar assim.

— Mãe, sinto-me como se um enorme peso fosse tirado de cima da minha cabeça. Já estava cansada, mas não sabia como recomeçar. Obrigada, pai.

Antonieta e Orlando trocaram olhares de alegria, querendo dizer um ao outro que a partir daquele momento tudo seria diferente.

Naquela noite, Cássia, após tomar uma xícara de chá trazida amorosamente por Sabina, dormiu tranquilamente.

Seu espírito, liberto parcialmente pelo sono físico, afastou-se de seu corpo e logo foi atraído para o enorme gramado que circundava a casa de seus pais. Olhava à sua volta, sem compreender muito bem o porquê de estar ali, quando viu se aproximar uma linda figura de mulher envolta em brilhante luz.

— Aproxime-se — disse Eneida sorrindo.

Meio atordoada, Cássia atendeu ao pedido do espírito e ficou mais próxima.

— Quem é você? — perguntou.

— Meu nome é Eneida, sou seu espírito protetor, responsável por sua caminhada terrena.

— Eu a conheço?

— Nesta encarnação, não, mas no pretérito fomos muito próximas uma da outra e nasceu entre nós um afeto sólido e sincero. Por ocasião do seu retorno ao plano físico, solicitamos do Mais Alto a permissão para que eu a acompanhasse nesta nova experiência, inspirando-a sempre para que não se desviasse do caminho do bem e do equilíbrio, o que foi permitido por Jesus.

Cássia experimentou uma sensação de muita paz em seu espírito. Com humildade, dirigiu-se a Eneida:

— Agradeço ao Criador por tê-la por perto, ser alvo da sua atenção e do seu carinho.

— Você é um espírito bom, Cássia, e sempre foi sensível às minhas inspirações. Por essa razão, nunca me afastei de você. Cumpro minha missão com alegria.

— Mas por que só agora você se mostrou? Tenho sofrido tanto!

— Todos nós sabemos do seu sofrimento, Cássia. Na verdade, você foi informada do que iria acontecer nesta sua encarnação e aceitou com valentia.

— Mas por que essas coisas fazem parte da minha história? Eu não consigo entender. Perdi o amor de Léo e, pior, por não ter sido capaz de lhe dar um filho. Sofro muito por isso.

— Cássia, devo lembrá-la de que ninguém sofre injustamente. A vida segue seu curso, e nele vamos colocando as marcas de nossas sucessivas encarnações. Mas nem sempre marcamos nossos passos com atitudes sensatas e equilibradas. Acertamos muitas vezes e erramos outras tantas. Entretanto, Deus dá a todos os seus filhos condições de aprender, perceber os enganos e poder recomeçar quantas vezes forem necessárias. Essa é a grande alegria de todos nós: poder sempre recomeçar, até o momento em que realizamos nossa tarefa com maestria.

— Você quer me dizer, então, que estou certa em me culpar por tudo o que aconteceu?

— Não! Não carregue culpa nem se entregue à frustração. Neste reencontro com Léo, você agiu com prudência nas situações mais conflitantes. A tarefa prevista para você nesta encarnação está sendo cumprida com equilíbrio. Por enquanto não contraiu mais débitos. Ao contrário de Léo, que, infelizmente, está caindo nos mesmos enganos de outrora.

Sem entender direito o que Eneida falava, Cássia perguntou:

— Por que disse "meu reencontro" com Léo?

— Porque vocês já viveram uma história juntos em algum momento do pretérito, e essa deveria ser a reconciliação. Mas Léo se perde na mesma armadilha da ambição.

Continuando, Eneida completou:

— Cássia, vim para alertá-la sobre o início de muito sofrimento para você. Não esmoreça, não se afaste de Jesus, acredite no Divino Amigo. Terá a seu lado pessoas que a amam e, não importa o que vier a acontecer, lute contra a melancolia e o desespero. Mantenha a esperança e a certeza de que nenhum sofrimento dura para sempre. O importante é não se afogar em águas rasas.

Triste, Cássia pediu:

— Eneida, ajude-me, dê-me forças, não quero me comprometer com as leis divinas.

— Tranquilize-se. Estarei sempre por perto. Você possui amigos espirituais que a ajudarão.

— Se meu coração quiser me trair, acalme-o para que ele possa suportar o que está por vir.

Eneida, colocando suas mãos sobre a cabeça de Cássia, emitiu raios de energia salutar. Despediu-se dizendo:

— Agora volte para seu corpo físico e que Jesus a abençoe!

— Posso fazer uma última pergunta?

— Faça!

— Vou me lembrar de tudo o que me disse?

— Não, Cássia, terá a vaga lembrança de um sonho bom, se sentirá mais leve, fortalecida e esperançosa. É assim que agimos com os encarnados, dando-lhes condições de descobrir em seu íntimo a coragem e a fé dos que acreditam em Deus, superando a si mesmos, vencendo seus medos e se conscientizando de que tudo acontece para a própria evolução do ser.

Em segundos, o espírito de Cássia retomou seu corpo físico, dando a seu rosto a fisionomia de tranquilidade.

Passados mais ou menos trinta minutos, Antonieta entrou em seu quarto e, abrindo as cortinas, acordou-a dizendo:

— Acorde, Cássia, esqueceu que combinamos de sair agora bem cedo?

Espreguiçando-se gostosamente, Cássia abriu os olhos e disse à sua mãe:

— Que noite gostosa, mãe, nunca dormi tão bem.

Feliz, Antonieta respondeu:

— Que bom, filha, alegra-me vê-la assim tão disposta.

— Disposta e faminta, dona Antonieta.

— Por isso não — disse Sabina, entrando com uma lauta bandeja de café. — Aqui está seu desjejum, com tudo o que você gosta.

— Meu Deus, desse jeito vou virar uma baleia.

— Tudo bem — Sabina retrucou. — Mas que seja uma baleia feliz!

Em um canto do quarto, Eneida agradecia ao Pai pela bênção de poder auxiliar sua amiga querida. Assim que todas saíram, Eneida partiu em direção à Colônia em que residia a fim de cumprir suas tarefas.

Enquanto Cássia experimentava a sensação de leveza e bem-estar, na casa de Léo tudo parecia estar de pernas para o ar. O casal não se entendia e cada um parecia querer falar mais alto que o outro.

— Não adianta reclamar, Selma, não vou levá-la comigo. Esse é um assunto que diz respeito a mim e a Cássia, você não tem que se meter.

— Aí é que você se engana — rebatia Selma, tentando fazer valer sua intenção de acompanhar Léo em seu encontro com a ex-mulher. — Tenho que me meter, sim; agora você é meu marido e tudo o que diz respeito a você diz respeito a mim.

Tentando acalmar os ânimos, Léo respondeu:

— Selma, não fica bem você me acompanhar, pode parecer provocação e eu não quero me indispor com Cássia. Ao contrário, quero parecer seu amigo para conseguir o que, na verdade, eu quero: a venda da nossa casa sem a separação legal. — E, de maneira cínica, complementou: — Vai me dizer que não gosta do conforto que o dinheiro compra?

Selma pensou um instante e disse, concordando:

— Tudo bem, vendo por esse lado você tem razão. Desisto. Mas vou lhe dizendo que seu encontro com ela deve ser apenas de negócios, deu para entender?

Feliz por perceber uma ponta de ciúmes em Selma, Léo respondeu:

— Querida, é claro que nosso encontro será apenas para resolver a pendência da nossa casa, pode ficar tranquila. Agora, não posso negar que fiquei orgulhoso em sentir que você tem ciúmes de mim.

Selma pensou: "Como homem pode ser tão bobo... engana-se facilmente, acredita em tudo o que uma mulher diz com voz melosa. É melhor ele pensar que sinto ciúmes mesmo, assim fica mais tranquilo e eu fico mais à vontade para me encontrar com Armando".

Mostrando interesse e ansiosa para saber se ele dormiria por lá, Selma perguntou-lhe:

— Meu bem, você pretende dormir lá mesmo ou volta hoje?

Indeciso, Léo respondeu:

— Ainda não sei, querida, o que você acha?

— Acho o que você achar, meu bem, só não quero que viaje cansado. Tenho medo de que por qualquer motivo fique nervoso e ponha em risco sua vida. Faça o que for melhor para você.

Selma disse isso, mas no seu íntimo pensava: "Tomara que você fique por lá, Léo, assim poderei me encontrar com Armando sem pressa, ficando o tempo que quiser sem pensar no adiantado da hora, enfim, me sentir livre".

Léo silenciou por alguns instantes e, por fim, disse a Selma:

— Então está bem, Selma, se você não se importa realmente que eu fique por lá, acho que é o melhor a fazer. Assim, se alguma coisa não sair como pretendo, ainda terei outro dia para tentar de novo.

Escondendo a alegria que sentiu, Selma respondeu:

— Fique tranquilo, meu amor, ficarei bem, apenas com saudade, mas tenho certeza de que quando voltar vai me recompensar.

— Pode esperar que sim — respondeu Léo feliz.

Nenhum dos dois registrava a presença de entidades que se comprziam e incentivavam pensamentos menores de falsidade de um para o outro. A dissimulação e o desejo de obter vantagens em todas as situações, sem se importarem com as marcas de dor que pudessem deixar atrás de si, ainda os levariam ao sofrimento e ao comprometimento cada vez maior com as leis divinas.

Todos temem o 'castigo' de Deus, mas se esquecem que o castigo tão temido somos nós mesmos que o criamos quando nutrimos sentimentos menores e praticamos atitudes levianas. Ao desprezar as leis de Deus, fatalmente sofreremos as consequências. É necessário refletir e operar mudanças para que a evolução se faça. (A essência da alma, Irmão Ivo.)

Capítulo 6

☙ · ❧

A traição de Selma

Animado, Léo se despediu da mulher e pegou a estrada rumo à cidade onde Cássia morava com os pais. Pelo caminho ia pensando e fazendo planos para comover Cássia, acreditando que se fizesse uma chantagem emocional com a ex-mulher seria fácil manipulá-la e conseguir seu intento.

"Cássia sempre foi muito ingênua. Com sua crença em vida após a morte, acabava fazendo papel de boba perante as pessoas. Ainda bem que nunca me envolvi com isso, para mim o que conta é o aqui e agora, depois de amanhã é sempre uma incerteza, principalmente se for no além, como ela acredita. Enquanto ela deixava de fazer as coisas mais interessantes da vida porque não estavam em acordo com as leis divinas, como ela sempre dizia, eu fui aproveitando tudo o que a vida me oferecia."

Léo, com seus pensamentos levianos, atraía sem perceber companhias espirituais que se afinavam com sua maneira de ser e pensar. A sua imprudência mais e mais o levava a compactuar com os desejos nocivos de seus acompanhantes.

O carro cortava velozmente a estrada acompanhando a ansiedade de Léo em chegar o quanto antes.

"Só espero que a tola da Cássia não me apareça com os velhos. Aquele seu Orlando é muito esperto, preciso ter muito cuidado para não pôr tudo a perder."

Chegando à pequena cidade que ficava a cinco horas de viagem da capital, Léo, com o intuito de se acalmar, entrou no primeiro restaurante que encontrou para almoçar.

"Bem, agora é telefonar para Cássia e marcar o lugar para nos encontrar."

E foi o que fez.

Ouvia com ansiedade o som do toque do telefone. Sua expectativa era enorme. Não revelava nem para si mesmo, mas ainda sentia seu coração bater um pouco mais forte sempre que ouvia a voz de Cássia. Não que a amasse ainda, mas a lembrança daquela mulher linda, meiga e sempre cordata com que convivera por cinco anos provocava-lhe uma inquietação.

— Alô! — ouviu do outro lado.
— Cássia?
— Sou eu, Léo.
— Pode falar, estou ouvindo.
— Como vai você, está bem?

Educada, mas firme, Cássia respondeu:
— Sem comentários desnecessários, por favor, diga logo o que quer.
— Bem, como havia combinado, estou aqui na cidade e gostaria de me encontrar com você para resolver nossas questões. Já estamos separados há algum tempo e acho que está na hora de conversar.

Cássia se limitava a responder de maneira objetiva.
— Diga onde está e irei me encontrar com você.

Léo, sentindo-se aliviado e acreditando que tudo sairia conforme o planejado, respondeu com uma alegria que Cássia estava longe de sentir:

— Estou sentado na sorveteria aqui da praça, aquela onde tomávamos sorvetes sempre que estávamos aqui na casa de seus pais, lembra?

— Em quinze minutos estarei aí.

Antes de ouvir qualquer comentário de Léo, Cássia desligou o telefone.

— Era o Léo? — perguntou Orlando.

— Sim, pai, vamos nos encontrar na sorveteria.

Orlando, cauteloso, segurou as mãos de sua filha e lhe disse:

— Cássia, não se esqueça do que lhe falei, não assine absolutamente nada que porventura ele venha a lhe pedir, sob nenhum pretexto. Lembre-se do que nos orientou o doutor Nicolas. Repito, não assine nada.

— Pode ficar tranquilo, pai. Não sou mais aquela moça boba, medrosa e insegura que se escondia na culpa que julgava ter. Não me pergunte por que, não saberia responder, mas sinto em mim uma força que nunca julguei possuir; coragem para lutar por mim mesma, com dignidade, justiça e dentro dos padrões morais cristãos, sem querer passar por cima de ninguém, mas defendendo o que me pertence por direito. Pode ficar calmo, confie em mim porque não vou decepcioná-lo.

Entre feliz e surpreso com a postura de sua filha, Orlando lhe disse:

— Filha, nunca a ouvi falando desse jeito. A quem devemos agradecer por essa mudança?

— Não sei, pai, nem eu mesma sei. O fato é que sinto dentro de mim muita paz e esperança de que tudo vai dar certo.

— Que bom, minha filha — disse Antonieta, antes mesmo que Orlando respondesse. — Vê-la tão animada enche meu coração de felicidade.

— É mesmo, minha menina — foi a vez de Sabina se expressar.

— Seus olhos se iluminaram novamente e todos nós estamos felizes.

Orlando abraçou a filha, dizendo:
— Vá com Deus, minha filha. Não perca essa força, porque é nosso Pai quem a está abençoando.

Após beijar aquelas três pessoas que tanto amava, Cássia foi se encontrar com Léo. Levava o coração em paz na certeza de que não caminhava sozinha.

Assim que a viu, Léo se levantou e fez menção de beijar-lhe o rosto. Instintivamente, Cássia desviou, oferecendo a mão para cumprimentá-lo.

Sem jeito, Léo a convidou para se sentar, oferecendo-lhe uma cadeira, a qual Cássia aceitou.

— Como você está bonita, Cássia! Parece que o tempo sempre a favorece, pois cada vez sua beleza fica mais notória.

Delicadamente, Cássia respondeu:
— Por favor, Léo, não viemos aqui para falar da minha beleza. Gostaria que fosse direto ao assunto.

— Calma, Cássia, você está muito tensa. Relaxe, afinal não somos inimigos.

— Mas também não somos amigos, Léo, e gostaria de conversar com você apenas o que interessa realmente.

— Aceita um sorvete?

— Não, obrigada, parece que você não entendeu. Não quero nada a não ser acabar logo com esse encontro sem propósito.

— Como sem propósito, Cássia? Vamos tentar resolver nossa vida e você fala que é sem propósito?

— Léo, você sabe tanto quanto eu que poderíamos resolver tudo com nossos advogados. Não entendi sua insistência em vir até aqui.

Imprimindo à sua fisionomia uma expressão amargurada, Léo respondeu:

— Insisti porque precisava vê-la, sei que a única pessoa que me compreende é você, Cássia.

— Compreender o que, Léo? O que você fez comigo durante todos esses anos? Se for isso, não se preocupe, porque já compreendi. E lhe digo mais, não vou ficar presa a essas lembranças que não trazem nada de bom para a minha vida, pois, a bem da verdade, será muito diferente daqui para a frente.

Surpreso com a resposta de Cássia, Léo argumentou:

— Você me surpreende, Cássia! Onde está aquela pessoa meiga com a qual convivi por cinco anos?

— Aquela pessoa meiga, como você diz, deu lugar a essa pessoa lúcida, segura e certa do que quer para sua vida.

Irritado e temendo não conseguir o seu intento, Léo mudou a maneira de se comportar.

— Muito bem, Cássia, vou direto ao ponto.

— É o que gostaria.

— Estou precisando muito de dinheiro. A minha vida está complicada, tudo está muito difícil, enfim...

— Enfim, o que eu tenho a ver com sua vida agora, Léo?

— Calma, Cássia, você está muito na defensiva.

— Tudo bem, desculpe-me, pode continuar.

— Como ia dizendo — retomou Léo —, estou passando por uma fase complicada e gostaria de resolver a venda da nossa casa para que eu possa endireitar minha vida.

— Sua vida ou a vida da mulher que mora com você?

Cada vez mais surpreso com a reação da ex-mulher, Léo lhe disse nervoso:

— De onde você tirou essa ideia, Cássia? Moro sozinho.

— Léo, esqueceu do que você mesmo me disse ao telefone, que ama outra pessoa? Eu já lhe disse que a Cássia que você conhecia não existe mais, pode abrir o jogo. Estou apenas supondo porque conheço você muito bem.

— Você está enganada! — exclamou.

— Tudo bem, Léo, vamos dizer que sim, mesmo porque isso não vem ao caso. Não tenho nada a ver com sua vida. Vamos falar sobre o que na verdade interessa.

— O que me interessa eu já lhe disse.

Retirou da pasta uma folha em branco, entregou à Cássia e lhe disse:

— Quero que assine aqui, é apenas para eu poder dar início à venda da casa. Como você mora distante, eu mesmo cuidarei de tudo. Pode ficar tranquila que a manterei informada de todos os passos.

Cássia sorriu e respondeu:

— Você pensa mesmo que vou assinar uma folha em branco e entregar para você, Léo? Não subestime minha inteligência.

— O que você está pensando, Cássia, está duvidando de mim? Pensa que faria alguma coisa para prejudicá-la?

— Não só penso como tenho certeza, Léo! Não vou assinar folha alguma, documento nenhum. Só farei isso na presença do meu advogado.

Pela firmeza com a qual Cássia falou, Léo sentiu que não adiantaria insistir. Cássia estava bem consciente do que expunha. E pensou: "Preciso mudar de tática".

— Cássia, até agora tentei ser gentil e conversar numa boa, mas você me obriga a mudar minha postura, então vamos lá. Eu quero minha parte da casa e não me importo com o que você pensa, e quero agora, para ontem, como se diz por aí. Portanto, vamos tratar disso agora, porque, caso você não saiba, tenho o mesmo direito que você.

Cássia sorriu.

— Agora sim! — disse. — Agora você se revelou como realmente é.

— Que bom que me conhece! Sabe que não brinco quando quero algo. Quero e preciso de dinheiro para dar o que há de melhor para a pessoa que amo e que vive comigo, como você mesma disse.

Sem que esperasse, Cássia sentiu um mal-estar com a confirmação de Léo de que realmente vivia com outra pessoa.

— Você sempre esteve com ela, mesmo quando éramos casados, não é verdade, Léo?

Sabendo que não havia mais nada a perder, Léo admitiu:

— Sim, Cássia, sempre estive com ela. É a mulher que realmente amo.

— Não vou lhe perguntar por que agiu assim comigo, Léo, a resposta está muito clara, você é ambicioso e mau-caráter. Pena que não percebi há mais tempo.

— Já que não percebeu, agora não adianta lamentar. O que tem a fazer, se não quiser se arrepender, é concordar comigo e providenciar rapidamente o que eu quero.

— Léo, meu pai já está bem instruído por nosso advogado e vamos fazer a partilha da casa somente com a separação legal, e é o que vai acontecer, você querendo ou não.

A face de Léo se ruborizou de raiva.

— Eu sabia que aquele velho estava por trás dessa sua valentia toda. Diga a ele que não vou assinar separação nenhuma, Cássia, sou herdeiro de seus pais. Esqueceu que casamos com comunhão universal de bens?

— E você está se esquecendo de que existe a separação litigiosa? Ora, Léo, você não está tratando com pessoas ignorantes, nosso advogado é um dos melhores e meu pai, apesar de não ser advogado, conhece um pouco de leis e sempre posicionou sua vida de acordo com elas.

A irritação de Léo chegou ao limite.

Dando à própria voz um tom ameaçador, disse:

— É melhor não brincar comigo, Cássia, pois não sou de brincadeira. Luto pelo que quero sem me importar com as consequências, sejam elas quais forem.

— E nem com as pessoas que atropela, não é mesmo, Léo?

— É isso mesmo, Cássia, portanto é melhor não brincar comigo e aceitar minhas condições, porque eu piso em quem estiver na minha frente, como se fosse um inseto no chão.

Cássia sentiu uma raiva muito grande invadir seu coração, e, antes que reagisse à ameaça de Léo, Eneida aproximou-se e a inspirou para que se aquietasse e não entrasse no jogo leviano de Léo.

— Cuidado, Cássia, nunca tome nenhuma atitude movida pela raiva que cega e sempre impede de ver as coisas como são na realidade. Deixe a raiva passar para que possa agir com prudência. Confie em seu pai, que tudo fará para defendê-la com justiça.

Cássia silenciou e Léo, na sua prepotência, interpretou seu silêncio como medo que sentia de enfrentá-lo.

Arrogante, continuou:

— Agora que tudo ficou bem esclarecido, pegue a caneta e assine este documento, ou melhor, esta folha em branco.

Estendeu a caneta para Cássia que, movida pelo amparo que recebia de Eneida, levantou-se.

— Onde pensa que vai? Sente-se e faça o que estou mandando.

Cássia olhou-o firmemente e respondeu:

— A partir de agora só nos falamos por intermédio do doutor Nicolas, e tenha certeza de que não será do seu jeito, mas conforme a lei e a justiça. — Antes que Léo pudesse dizer qualquer coisa, completou: — Passe muito bem!

Afastando-se com passos firmes, Cássia ainda pôde ouvir a ameaça de Léo.

— Foi você quem pediu, pode aguardar que o que é seu está guardado.

— Meu Pai, proteja-me da ira do Léo. Confio em Ti e nos bons espíritos que, por vossa permissão, inspiram-me, mostrando o caminho a seguir. Não me deixe fraquejar nem perder a fé.

Léo, vendo-a se afastar sem olhar para trás, pensou: "Sua tola, não sabe com quem está lidando".

Lembrou-se de Selma e pensou: "E agora, o que vou dizer para Selma? Ela não vai gostar nem um pouco e vai pensar que foi incompetência minha. Preciso pensar com calma no que vou fazer. A Cássia me paga, vou passar feito um trator em cima dela e daquele velho insuportável".

Pediu à garçonete um doce e, enquanto saboreava, pensava: "É melhor ficar aqui e ver o que acontece. Se Cássia não mudar de opinião, telefono para o velho e o ameaço".

Pensando ter tomado a medida certa, continuou tranquilamente a saborear o doce bem preparado.

— Então, filha, como foi seu encontro? — perguntou Orlando, assim que viu a filha entrar.

Não suportando mais a tensão, Cássia abraçou o pai e chorou copiosamente.

Espantado, Orlando indagou o motivo do choro.

— É verdade, filha, o que aconteceu para ficar assim tão nervosa? — perguntou Antonieta.

— Mãe, pai, o Léo é pior do que eu podia imaginar. É mau--caráter e perigoso. Como pude conviver cinco anos com ele e não o conhecer! Eu sou uma tola!

— Não, filha, você era uma mulher apaixonada, e a paixão, na maioria das vezes, nos cega a ponto de não conseguirmos enxergar a realidade que está à nossa frente. Mas conte-nos o que aconteceu que a deixou desse jeito.

— Pai, ele me apresentou uma folha em branco e queria que eu assinasse, dizendo que era para dar entrada na venda da nossa casa. Tentou me intimidar, mas eu encontrei força e o enfrentei.

— Pelo amor de Deus, filha, você não assinou nada, conforme eu lhe pedi, certo?
— Calma, pai, não assinei nada e já disse que o enfrentei. Ele me ameaçou dizendo que eu iria me arrepender.
— Que canalha!
— E tem ainda uma novidade.
— Qual?
— Sabina estava certa quando desconfiava de que ele tinha uma amante.

Espantada, Antonieta perguntou:
— E tem?
— Não só tem como mora com ela. Disse-me que já estavam juntos desde o tempo em que éramos casados.
— Filha, realmente esse rapaz não possui moral alguma! — exclamou novamente Antonieta.
— Ele nem sabe o que é moral, mãe.
— Mas, afinal, qual é a intenção dele? — perguntou Orlando.
— Ele quer vender a nossa casa, mas não quer se separar para não perder a herança de vocês, o que aconteceria se houvesse a separação legal.
— Mas ele é um canalha!
— Não tenha dúvidas disso, pai, ele é um canalha — concordou Cássia.
— Precisamos nos encontrar com o doutor Nicolas. Vou marcar um encontro para amanhã.
— Faça o que o senhor achar melhor.

Demonstrando cansaço, Cássia pediu licença e se retirou para seu quarto, dizendo precisar tomar um banho.

Com displicência, jogou-se na cama dando vazão ao cansaço emocional que sentia.

"Meu Deus, por que as pessoas são tão diferentes do que aparentam? Por que não respeitam os sentimentos dos outros e focam sua atenção somente em seus desejos nem sempre louváveis? Como pude me enganar a esse ponto com Léo? Convivemos durante cinco anos, dormimos na mesma cama, reparti com ele meus sonhos, meu desejo de felicidade e minha angústia por não conseguir ser mãe, dar-lhe um filho para levar seu nome; entretanto, nada disso tinha a menor importância para ele, que me traía sem nenhum pudor. Carinhos falsos, abraços sem nenhum afeto, beijos que satisfaziam somente desejos carnais e eu, tola, acreditava e tentava compreender seus ataques de violência e agressões, aos quais me submetia.

As guerras nascem nas mentes doentias, orgulhosas, egoístas e sedentas de poder. A fome de adquirir, de conquistar a qualquer preço, faz o homem perder a razão e o equilíbrio. Deve-se propagar ao mundo que, enquanto a guerra mata, o amor transforma o homem. (A essência da alma, Irmão Ivo.)

O coração sofrido de Cássia permitiu que sentidas lágrimas descessem pelo seu rosto contraído de dor — e, abatida, adormeceu.

Eneida, orando ao Pai, emitiu energia salutar acalmando aquele coração que ainda teria muito de sofrer.

Enquanto Cássia se refazia com o sono reparador, Léo perdia-se na raiva que sentia. Seus pensamentos se confundiam em sua própria insanidade.

"Tenho de usar uma estratégia para intimidar aquele velho idiota, pois é ele quem está por trás da valentia de Cássia. Se assim não fosse, ela jamais teria coragem de me enfrentar." Dizia como se quisesse dar a si mesmo uma ordem: "Não posso perder essa parada. Selma não vai entender nem aceitar, e eu não posso perdê-la. O que vou fazer?"

Como acontece com todos aqueles que vivem distraídos, entregues ao desamor, às conquistas fúteis, sem se importar com os rastros de maldade e sofrimentos que deixam atrás de si, Léo atraiu companhias que, como ele, se entregavam ao prazer de interferir na vida dos encarnados de maneira leviana, violenta e com requinte de crueldade.

Os pensamentos iam povoando sua mente e tomando as formas mais agressivas. O que Léo não sabia é que todos nós somos herdeiros de nós mesmos, e que um dia iremos nos deparar com os atos insanos e inconsequentes que realizamos nos nossos momentos de total cegueira espiritual.

Quando Jesus orientou a humanidade ao dizer "Orai e vigiai", deixou clara a importância do cuidado que se deve ter com os pensamentos que povoam nossa mente: vigiar a nós mesmos e procurar força na prece sincera. Mas os homens preferem se aliar aos próprios desejos de consumo, ambição e poder e se negam a prestar atenção nas orientações claras e sábias que Jesus, no Seu infinito amor, nos deixou... Eles estão surdos... Estão cegos!

Orlando, Antonieta e Sabina conversavam a respeito do encontro de Cássia com Léo.

— Revolta-me tanta insensatez de Léo — dizia Orlando. — Será que em nenhum momento sentiu afeto por Cássia?

— Desculpe o que vou dizer, senhor Orlando — comentou Sabina —, mas sempre fiquei muito atenta às atitudes de Léo com Cássia. Posso lhe dizer que a única que não percebia o extremo egoísmo desse rapaz era a própria Cássia. Por mais que tentasse, de forma sutil, abrir-lhe os olhos, ela sempre encontrava desculpas para a maneira como ele a tratava, sempre fingindo ciúmes e demonstrando um amor que, quem estava de fora, percebia claramente ser falso.

— Ele a agredia fisicamente, Sabina? — perguntou Antonieta.

— A senhora já sabe que algumas vezes, sim, mas as agressões piores eram as verbais.

— Como assim?

— Humilhava-a por conta da sua impossibilidade de engravidar, coisa que sempre coloquei em dúvida.

Antonieta, lembrando-se do fato, disse ansiosa:

— É mesmo, precisamos marcar o exame para tirar essa história a limpo.

— Faça isso, Antonieta — falou Orlando. — É melhor resolver essa questão de uma vez por todas.

Léo, desistindo de se comunicar com Orlando, achou melhor retornar. Sabia que enfrentaria a ira de Selma e tentava inventar uma desculpa para nada ter dado certo entre ele e Cássia.

"Talvez a minha volta antecipada possa deixá-la mais calma, afinal, não precisará dormir sozinha. Sei que ela nunca gostou de ficar só. Provavelmente, irei encontrá-la dormindo devido ao adiantado da hora, mas usarei isso a meu favor. Vou acordá-la com beijos, é disso que ela gosta."

Esses pensamentos o acalmaram e ele continuou a viagem com tranquilidade.

Como é possível ter tranquilidade quando deixamos rastros de dor por onde passamos? A tranquilidade é uma sensação de dever cumprido, de amor exercitado, de consciência de que ninguém é dono do mundo e muito menos o centro do Universo. Necessário se faz combater a ira, dominar os impulsos e se esforçar para estar acima de si mesmo, vencer as paixões inferiores e tentar corrigir com sabedoria e prudência as imperfeições que podem levar à perdição da alma.

Às 23 horas, Léo entrava em seu apartamento.

Notando a escuridão, imaginou que Selma estivesse dormindo.

Tentando não fazer barulho, Léo caminhou lentamente até chegar ao seu quarto.

Querendo acordá-la com beijos, como imaginara, sentou à beira da cama e procurou o rosto de sua mulher para realizar o que planejara. Não o encontrando, tateou toda a cama e, sentindo-a vazia, acendeu a luz com o coração pulsando acelerado. Realmente não havia ninguém ali. A surpresa deu lugar à desconfiança.

Perguntava-se: "Onde será que Selma está? A essa hora da noite não pode estar em nenhuma loja ou coisa parecida. Vou esperá-la, desta vez a explicação terá de ser bem convincente".

Tomou banho e se preparou para comer alguma coisa. Após o lanche, sentindo-se cansado, deitou no sofá da sala e fechou os olhos. Em poucos minutos dormia profundamente.

O primeiro raio de sol entrando pela vidraça acordou Léo, que se levantou assustado.

"Por que será que Selma não me acordou, deixou que eu passasse a noite mal acomodado? Vou acordá-la sem me importar se é cedo ou não."

Levantou-se e, a passos rápidos, foi para o quarto.

Não conseguiu esconder o espanto e a raiva ao perceber que a cama estava arrumada, dando testemunho de que Selma não voltara para casa. Completamente irritado, Léo não sabia que atitude deveria tomar — sair à procura dela ou esperar que chegasse e inventasse mais uma de suas mentiras?

Andando de um lado para outro, alimentava as mais diferentes hipóteses, enquanto uma raiva avassaladora tomava conta de todo o seu ser.

Mais uma vez tornava-se presa fácil de mentes doentias e cruéis.

— Hoje eu acabo com ela — dizia sem parar.

Lembrando-se de como Selma e ele foram felizes enquanto era casado com Cássia, comparou a antiga situação com a atual, na qual pressentia que Selma o estava enganando e que, na realidade, estava a fim do dinheiro que podia receber.

"Parece que a vida está cobrando minha conduta em relação a Cássia. Hoje sofro a mesma incerteza com a mulher que amo. Mas dessa vez a explicação terá de ser muito convincente para que eu a aceite."

Enquanto em sua aflição Léo aguardava a chegada de Selma, ela e Armando, entregues à paixão que os dominava, nem se davam conta da hora.

— Amor — disse Selma —, preciso ir. Não sei a que horas Léo vai chegar e preciso estar em casa.

Novamente a envolvendo em seus braços, Armando argumentava:

— Fique mais um pouco, não sabemos quando poderemos ficar novamente juntos durante tanto tempo...

— Você tem razão, a viagem de Léo foi providencial. Sempre sonhei em passar uma noite inteira com você. Sabia que um dia isso iria acontecer, e foi mais cedo do que eu esperava.

— Tomara que ele arranje outra viagem — falou Armando, dando risada.

— Como será que foi o encontro dele com Cássia? Tomara que tudo tenha dado certo, não aguento mais essa vida dupla, dissimulada. Quero mostrar para todo mundo que você é o homem que eu amo e com quem quero passar toda a minha vida.

— Calma, meu amor, isso vai acontecer mais cedo do que esperamos. Vamos ser felizes juntos e, o melhor, com dinheiro.

— É o que espero e sonho — disse Selma abraçando-o, beijando-o com paixão e se afastando com o intuito de ir embora.

Diante da insistência de Armando para que ficasse até a tarde, Selma argumentou:

— Você não quer pôr tudo a perder, quer? Sabe que gostaria de ficar, mas preciso ir. Léo pode chegar a qualquer momento e vai ser difícil explicar minha ausência.

— Você tem razão — concordou Armando.

Beijaram-se novamente e Selma tomou a direção de sua casa. Ia feliz e realizada por haver passado a noite em companhia de seu amor.

"Vou levar algumas guloseimas para Léo, assim faço um agrado e demonstro ter sentido muito a sua falta."

Foi o que fez.

Qual não foi a sua surpresa ao abrir a porta de seu apartamento e deparar com Léo sentado à sua frente.

— Querido! — exclamou correndo para abraçá-lo.

Empurrando-a, Léo disse secamente:

— Posso saber onde você esteve?

Com todo o cinismo, Selma respondeu:

— Meu amor, não imaginei que fosse chegar tão cedo! Como não conseguia dormir, você sabe que não gosto de dormir sozinha, levantei logo de manhã e fui comprar essas guloseimas para você. Veja, trouxe tudo o que você gosta. Isso é para você ver como sinto a sua falta.

Movido pela raiva e pela desilusão, Léo agressivamente respondeu:

— Sua mentirosa! Você não saiu hoje cedo, você não dormiu em casa.

— O que você está dizendo, Léo — Selma fingiu indignação. — Você está me ofendendo. Por que desconfia de mim?

— Porque você não dormiu em casa!

— De onde você tirou essa ideia?

— Não é uma ideia, Selma, é uma certeza. Eu sei porque vi.

Com voz trêmula, Selma falou:

— Você viu o que, Léo, pode me explicar?

— Posso sim, Selma.

— Eu não cheguei hoje.

— Não?

— Não. Cheguei ontem à noite e você não estava em casa. Esperei até tarde e acabei pegando no sono. Hoje acordei com o primeiro raio de sol e estranhei você não ter me acordado. Fui até nosso quarto e a cama estava absolutamente arrumada. Isso é prova mais do que suficiente de que você não dormiu em casa.

Selma pensou rápido e disse:

— Meu amor, calma, vou lhe explicar por que não dormi em casa e tenho certeza de que não só irá entender como ficará feliz com o motivo.

Léo pensou: "Que mentira ela vai inventar desta vez..."

Virou-se para Selma e lhe disse:

— Pode explicar, estou ouvindo.

— Amor, não era dessa maneira que imaginei dar essa notícia a você, mas vejo que não tenho alternativa.

Cada vez mais irritado e nervoso, Léo falou alto:

— Fale de uma vez, Selma.

— Léo, ontem, depois que você saiu, fui buscar o resultado de um exame que fiz e, depois de tomar conhecimento da resposta, fiquei tão feliz que não consegui ficar sozinha aqui em casa, precisava falar com alguém, repartir minha alegria. Enfim, era muito bom para ficar só comigo, e decidi, então, ir à casa da Martinha, aquela minha amiga que você conhece. Ficamos conversando até tarde e, diante da insistência dela, resolvi dormir em sua casa.

— Posso saber que notícia é essa tão maravilhosa que a levou a dormir fora de casa?

— Claro, meu amor.

Selma se aproximou dele, beijou-lhe a boca e disse:

— Estou grávida!

Léo quase caiu para trás ao ouvir a revelação. Meio tonto pediu:

— Por favor, diga outra vez com todas as letras.

Satisfeita por achar que mais uma vez havia enganado o companheiro, Selma repetiu:

— Eu disse que estou grávida.

Sem que ela entendesse, Léo, com violência, deu um forte tapa em seu rosto. Selma se desequilibrou e caiu sentada na poltrona que estava às suas costas. Quase sem voz, conseguiu dizer:

— Léo, o que é isso?

Agressivo, Léo novamente esbofeteou seu rosto.

Selma, com as mãos cobrindo o rosto vermelho e inchado por conta da agressão de Léo, disse gritando:

— Pare, Léo, pelo amor de Deus, você ficou louco?

— Não, Selma, não fiquei louco, apenas estou indignado, enraivecido com sua traição da qual, aliás, eu já desconfiava.

— Que traição, do que você está falando? Venho te dar uma notícia maravilhosa e você me trata desse jeito completamente agressivo. Só posso concluir que você está louco!

Mais irritado ainda com o cinismo de Selma, Léo gritou:

— Pare com essa farsa, Selma, antes que eu mate você!

Selma sentiu que não adiantava mais negar. Ela errara em dormir com Armando e colocara tudo a perder. Tentando mais uma vez acalmá-lo, disse a Léo:

— Meu amor, desculpe-me. Eu errei em dormir na casa da Martinha, mas não tinha com quem falar ou dividir a alegria de estar grávida de você.

Ao ouvir novamente a palavra grávida, Léo não se conteve e mais uma vez esbofeteou o rosto de Selma.

Sem entender o porquê de tanta agressão pelo simples fato de estar grávida, ela perguntou aos prantos:

— Tudo isso é porque não quer um filho, Léo? Se for, eu faço o aborto, mas, por favor, pare de me agredir.

Um pouco mais calmo, Léo respondeu:

— Não, Selma, o que eu mais quis na vida, sempre, foi ter um filho.
— Meu Deus, por que então tanta agressão quando isso acontece?
— Porque essa notícia é a confirmação da sua traição.
— O que está dizendo?
— Selma, eu sou irreversivelmente estéril. Não posso e nunca poderei engravidar uma mulher.

Atônita, Selma percebeu que foi vítima de sua própria armadilha.
— O que você está me dizendo, Léo, repita, por favor.
— Repito, sim, se é o que você quer ouvir novamente. Eu sou estéril e nunca vou viver a felicidade de ter um filho meu.

Com um fio de voz, Selma, acuada, disse ao marido:
— Mas você sempre afirmou que era Cássia quem não podia engravidar, que ela jamais daria a você a alegria da paternidade. Por que mentiu?
— Porque a minha vaidade masculina me induziu a essa mentira. Além disso, se alguma mulher me traísse e quisesse aplicar o golpe da barriga, eu tinha como saber. E, pelo visto, acertei. É exatamente isso o que você está fazendo.

Sentindo que tudo estava perdido, Selma chorou copiosamente, tentando, com esse gesto, comover Léo. Entretanto, ele, impassível, ferido em seu orgulho e decepcionado com a única mulher que amou de verdade, disse-lhe:
— Arrume suas coisas e deixe este apartamento hoje mesmo. Não quero vê-la mais.
— Léo, para onde vou?
— Volte para o lugar onde morava.
— Você sabe que aquele apartamento não era meu, e não está mais vago. Peço-lhe que me perdoe, Léo.
— Pedido negado, Selma, jamais a perdoarei. Quanto ao lugar para onde vai, não é problema meu. Vá para a casa do seu amante,

ele não é o pai do seu filho? A não ser que exista um terceiro — completou Léo, com apenas o intuito de ofendê-la.
— Você está me ofendendo, Léo.
— Estou — confirmou. — A partir de agora sua vida é problema seu. — Virou as costas e, saindo, lhe disse: — Vou até o escritório e, quando voltar, não quero encontrar nenhuma marca sua, nada que me lembre que um dia moramos juntos.

Batendo a porta, deixou Selma entregue a si mesma. Assim que Léo saiu, Selma, vendo que tudo estava perdido, levantou-se, lavou seu rosto e disse para si mesma: "Foi melhor assim, não suportava mais essa vida dupla, agora finalmente posso viver com quem realmente amo". Pegou sua bolsa e foi procurar Armando.

— Você ficou louca, Selma? — disse Armando assim que soube da notícia.

— Espera aí, Armando, a ideia da gravidez foi sua. Disse que era o único jeito de ter o dinheiro do Léo para sempre. Eu não queria, foi você quem forçou essa situação.

— Tudo bem, eu não podia imaginar que aquele calhorda era estéril.

— E agora, o que vamos fazer? Não tenho para onde ir.

Com o cinismo que acompanha sempre o mau-caráter, Armando disse, sem nenhuma consideração pelo sentimento de Selma:

— Eu não sei onde você vai ficar. Aqui pode apostar que não é. Não vou assumir essa criança e nosso caso termina aqui e agora.

Selma não acreditava no que estava ouvindo. Sua cabeça rodava e sentia faltar-lhe o chão.

— Armando, você está se esquecendo das suas juras de amor, de tudo o que vivemos juntos, do plano que elaborou para conseguirmos o dinheiro do Léo? Plano que custei a aceitar e só o fiz por amor a você?

— Selma, juras o vento leva, elas só valem quando vêm acompanhadas de um dote, entende?

— Não, Armando, não entendo. O que sei é que fui o tempo todo sincera com você. Traí o Léo, que me ama de verdade, e agora vejo que troquei uma posição certa por uma aventura sem consequências, por alguém que me usou o tempo todo, me enganou, que viu em mim uma possibilidade de se dar bem na vida.

— Selma, chega de lamentação e cai na real. Sim, eu usei você, mas você se deixou usar. E se deixou é porque também pensava como eu. Ninguém usa ninguém se esse alguém não permite, se é firme em suas convicções. O que não é o seu caso.

Selma chorava sem parar. Não acreditava no que estava acontecendo, depois de passar horas vivendo o que acreditava ser um grande amor.

Irritado, Armando lhe disse sem dó:

— Agora chega, Selma, siga seu caminho, cuide bem do seu filho e nem tente me achar, porque amanhã mesmo estou indo embora sem nenhuma intenção de voltar.

Tudo o que brilha nos atrai, e é para ele que quase sempre nos dirigimos. É preciso distinguir o brilho real do ilusório; as promessas eloquentes mas vazias, as palavras e os sentimentos pobres de conteúdo que jamais saem do coração, mas sim da falsidade, da ganância e do egoísmo do próprio homem. Em todos os momentos, um Grande Aliado nos acompanha. Muitas vezes não O ouvimos; nem sempre O entendemos, mas sempre O sentimos. Ele é chamado de Jesus... O Filho de Deus.

Selma não conseguia acreditar que estava vivendo situação tão angustiante. Ainda tentou convencer Armando de que poderiam viver felizes juntos ao lado do filho, vendo-o crescer, levando a vida longe de tudo que lembrasse os atos insanos e imprudentes que praticaram, mas Armando parecia irredutível.

— É possível recomeçar, Armando, não jogue fora tudo o que vivemos de bom, nosso amor, os momentos felizes que vivemos juntos. Pare e pense um pouco, meu amor, não é possível que não sinta nada por mim.

Friamente Armando respondeu:

— Eu amo você, Selma, mas o meu amor está ligado à posição social que poderíamos desfrutar. Ele não é forte o suficiente para suportar uma vida medíocre ao seu lado. Não tenho maturidade para criar um filho, sou jovem ainda e preciso construir meu futuro antes de assumir essa responsabilidade.

— E você pensa que eu tenho força para criar sozinha um filho que também é seu? Não pensa em mim, em como estou me sentindo por ter de arcar com as consequências de atos que você planejou? Envolveu-me nesta situação usando o amor que sinto por você e agora que as coisas não saíram conforme o esperado se esquece das nossas entregas apaixonadas e me lança na rua da amargura?

— Você acabará me esquecendo, Selma, e encontrará alguém que a ame e assuma seu filho.

Selma olhou firmemente para Armando e não o reconheceu. Entre lágrimas, disse-lhe:

— Hoje você está se mostrando como realmente é, frio, desumano e egoísta. Não vou implorar por nada, vou assumir minha vida com meu filho. Mas uma certeza você pode ter — disse com voz firme e segura —, jamais permitirei que se aproxime do seu filho. Essa dor você viverá um dia.

Levantou-se e, sem dizer mais uma palavra, saiu para sempre da vida de Armando.

Caminhando a passos lentos pelas ruas, Selma pensava: "O que vou fazer agora? Estou sem emprego, sem ter para onde ir e sem saber o que fazer".

Um pensamento veio a galope em sua mente: "Dizem que a vida nos cobra por todos os nossos atos, e creio que deva ser verdade. O que fiz com Cássia recebo agora. O sofrimento e a dor que a fiz sofrer machuca agora meu coração tão fortemente que posso entender o que ela sentiu quando roubei seu marido".

"Como pude acreditar tão cegamente em Armando? Agora sei o quanto é falso e interesseiro. Por causa dele desprezei o amor de Léo, e hoje sou a desprezada. Tenho apenas uma alternativa: voltar para minha terra natal e morar com minha mãe, que não visito há seis anos. Vou até a casa de Léo arrumar minhas coisas. Espero que ele não tenha voltado do escritório, assim faço tudo com calma e sem constrangimento."

Foi até a rodoviária comprar a passagem para embarcar no mesmo dia. Segurando em suas mãos o bilhete que a levaria de volta à sua cidade natal, pensou: "Como a vida dá voltas, retorno para a casa de minha mãe para viver a vida que desprezei anos atrás. Como fui tola! Agora sofro as consequências por ter sido tão inconsequente. Volto humilhada, grávida, sem emprego e sem saber como minha mãe vai me receber".

Ao abrir a porta do apartamento, deparou com Léo sentado, tendo à sua frente copo e garrafas vazias de bebida. Pela aparência desleixada, Selma logo percebeu que ele voltara do escritório assim que ela saíra e se entregara ao desespero. Tentou ainda, mais uma vez, uma reaproximação com ele.

— Léo — disse suavemente —, vamos conversar. Ainda podemos retomar nossa vida. O que aconteceu foi uma bobagem minha e estou profundamente arrependida.

— Uma bobagem que gerou um filho. Deixe de ser cínica, Selma! — exclamou Léo.

Sentindo-se acuada, Selma respondeu:

— Você tem toda a razão de estar magoado comigo, mas eu peço que me perdoe. Não sei onde estava com a cabeça. Foi apenas um momento, nada importante, ele não significa nada para mim. É de você que gosto, você sabe disso.

Irritado, Léo respondeu agressivo:

— Pare de mentir, Selma, não sou bobo. Eu já estava desconfiado da sua traição. Não foi somente um momento, mas uma relação que já dura muito tempo.

— Perdoe-me — ainda tentou Selma.

— Não vou perdoá-la nunca, Selma. Agora você vai sentir toda a dor de ser desprezada, porque tenho certeza de que seu amante não a quis. Tanto você quanto eu estamos pagando na mesma moeda o que fizemos Cássia sofrer. Agora desapareça da minha vida e seja muito infeliz. É o que desejo a você.

— Posso pegar minhas coisas?

— Somente suas coisas pessoais, nada mais.

Selma tentou dizer a Léo para onde ia, mas ele não deixou que terminasse a frase, dizendo:

— Selma, poupe-me dos detalhes da sua vida daqui para a frente. Não me interessa o lugar para onde vai, com quem vai e muito menos como vai viver. A responsabilidade de sua vida é somente sua. Quando você sair por aquela porta, vou considerá-la morta. Você escolheu seu destino. O único motivo de você ter ficado comigo foi conquistar uma vida de riqueza. Não a culpo, porque também sonho com isso. Mas você não quis esperar, traiu-me e isso não desculpo nem esquecerei. — Silenciou por uns instantes e prosseguiu: — Foi melhor assim. Tudo o que conquistar daqui para a frente será só meu. Agora saia, por favor, não suporto olhar para você, meu amor se transformou em ódio.

Selma, que até então tentara reverter a situação para continuar com Léo, percebeu que nada mais conseguiria com ele e deixou cair sua máscara:

— Muito me admira você, Léo, estar tão magoado. Justo você que fez muito pior com Cássia, humilhou-a, agrediu-a física e moralmente sem nenhum sentimento de culpa. E o que é pior, agora eu sei, culpou-a pelo fato de não terem filhos. Você é mais cafajeste do que eu. Traí você, sim, mas o fiz por amor a outro homem. Não o agredi, não o humilhei e muito menos o feri enquanto estivemos juntos.

Completamente fora de si, Léo respondeu:

— Isso não a faz melhor do que eu, Selma. Você me usou para ganhar dinheiro. Eu a desprezo e não quero vê-la nunca mais na minha frente. Para ser sincero, quero que morra você e esse seu filho.

Selma empalideceu. Nervosa, com medo, arrumou as poucas roupas e, sem se despedir, foi embora.

Ao vê-la partir, Léo sentiu a dor de ser desprezado.

"Eu a amo, meu Deus, por que tudo isso tinha de acontecer? O que será da minha vida agora, só, sem a Selma, sem a Cássia?"

Após pensar um pouco, chegou à pior das conclusões: "Vou atormentar Cássia e tirar dela a maior quantia possível, não importa a que preço, pelo menos financeiramente me sairei bem".

Léo não podia ver nem sentir as companhias espirituais que colavam nele, instigando pensamentos de violência que o levariam à decadência moral.

Devemos nos esforçar para estar acima de nós mesmos, vencendo nossas paixões inferiores e corrigindo com sabedoria os defeitos que poderão nos levar à perdição de nossa alma.

Sentindo-se cansado, Léo tomou um banho e, enquanto se preparava para jantar, pensava: "Vou ligar para o pai de Cássia e ameaçá-lo. Tenho certeza de que está por trás da valentia dela. Agora nada mais me importa, vou entrar nessa briga para ganhar".

Tomada a decisão e completamente fora de si, em virtude dos últimos acontecimentos, Léo, de maneira imprudente, pegou o telefone e discou para a casa dos pais de Cássia. Ao ouvir a voz do sogro, Léo, sem se intimidar, foi logo dizendo sem sequer disfarçar o tom agressivo de sua voz:

— Senhor Orlando, sou eu, o Léo. Preciso muito falar com o senhor.

Sem nenhum entusiasmo e muito a contragosto, Orlando respondeu:

— O que deseja? Que eu saiba não temos nenhum assunto a tratar.

— O senhor se engana, temos muitos assuntos a tratar. E acho bom o senhor prestar muita atenção e não subestimar a minha inteligência.

— O que você está querendo, Léo? Já não basta o que fez minha filha sofrer?

— Não vou discutir isso com o senhor, o caso é outro.

— Seja breve, por favor.

— Não sei se Cássia comentou que desejo vender a nossa casa, mas que não pretendo entrar com a separação legal. Quero apenas a minha parte do imóvel. Afinal, preciso sobreviver. O senhor não concorda comigo?

Completamente impaciente e demonstrando nervosismo, Orlando respondeu:

— Você se engana, Léo. Não concordo com você e não vou deixar Cássia fazer o que você quer. Aliás, ela vai entrar com o pedido de separação e, com certeza, você será notificado. Qualquer dúvida, entre em contato com nosso advogado. Peço-lhe que não nos incomode mais, porque não obterá nada além do que for decidido pelo juiz.

Antes que Léo pudesse dizer uma palavra sequer, Orlando concluiu:

— Passe muito bem!

Desligou o aparelho, deixando Léo completamente sem ação.

Ele exclamou de maneira imprudente:

— Eu mato esse velho! Quem ele pensa que é? O dono do mundo só porque tem dinheiro? Pois muito bem, vou mostrar a ele quem sou eu e garanto que vai se arrepender.

Léo absorvia os pensamentos de seus acompanhantes, que o usavam para interferir desastrosamente no caminho dos encarnados com a única intenção de praticar o mal. Perceberam nele um futuro companheiro no mundo espiritual, que os ajudaria na trajetória trevosa. Colaram-se mais a ele, que se entregava sem receio às sugestões por eles emitidas.

"Mate-o. Somente assim conseguirá seu intento e será respeitado por seu dinheiro, sua posição no mundo, pois aí onde vive o que conta é o poder."

Léo, completamente entregue à sua irresponsabilidade espiritual e imprudência, acreditou ter tido uma excelente ideia.

"O que pensei faz sentido. Se esse velho não concordar com minha exigência, eu o mato! É só fazer tudo bem feito. Todos sabem que moro longe, e isso vai me fornecer um excelente álibi. Preciso amadurecer essa ideia."

Diz o Cristo: provavelmente nesta noite pedirão tua alma e o que amontoaste para quem será?

Obsessão é também problema de sintonia.

O ouvido que escuta reflete a boca que fala.

O olho que algo vê assemelha-se, de algum modo, à coisa vista.

Não precisa, assim, sofrer longas hesitações nas horas de tempestade.

Se realmente procuras caminho justo, ouçamos o Cristo, e a palavra Dele, por bússola infalível, traçar-nos-á o rumo certo. (Emmanuel.)

Antonieta entrou ofegante no quarto de Cássia.

— Filha, acorde, não pode perder a hora! — exclamou.
Espreguiçando-se gostosamente, Cássia respondeu:
— Mãe, é muito cedo.
— Não, Cássia, está na hora. Estou ansiosa para você fazer esse exame, e não quero correr nenhum risco.
— A senhora acha mesmo necessário? — perguntou Cássia preguiçosamente.
— Por favor, minha filha, já conversamos muito sobre isso, já ficou tudo decidido. Não vai querer agora mudar de opinião. Você sabe o quanto é importante para mim tirar essa dúvida, e para você deve ser mais ainda. Portanto, levante-se e se arrume, estarei esperando na cozinha para tomarmos o café. — Passou a mão nos cabelos da filha e completou: — Você não sabe o que Sabina fez para você!
Como uma criança, Cássia respondeu:
— Biscoito de polvilho!
— Exatamente, biscoito de polvilho que você tanto gosta. Agora chega de conversa e se apronte, estou esperando.

Durante o café, que tomavam com prazer, Antonieta e Sabina tentaram acalmar o coração de Cássia, pois sabiam quanto ela estava ansiosa em relação ao resultado do exame. Sabina, fazendo um carinho naquela que considerava sua menina, disse-lhe:

— Cássia, acalme seu coração. A verdade é sempre melhor que a dúvida e a mentira. Se tudo der certo, como sua mãe e eu esperamos, agradeça a Deus. Mas, se o resultado for o que já sabemos, aceite sem mágoa ou revolta a vontade de nosso Pai, porque, com certeza, essa situação faz parte da sua evolução. Sempre existe um filho à procura de uma mãe.

— Sabina tem razão, minha filha. Nas leis de Deus sempre estão presentes a justiça e a oportunidade de nos renovar por meio do que julgamos ser um castigo. Deus, na sua infinita sabedoria, não castiga ninguém, mas oferece às suas criaturas a chance de recomeçar com mais prudência e sensatez.

— Eu entendo — respondeu Cássia. — Se o que sei hoje for realmente verdade, não vou me desesperar, porque já convivo com essa realidade há muito tempo. — Com seu belo sorriso, completou: — Mas não posso negar que se o resultado for outro vou experimentar uma felicidade que nem sei como descrever.

— Então vamos, não quero que chegue atrasada.

Mãe e filha saíram juntas, cada uma levando a esperança dentro do coração. Assim que saíram, Orlando entrou na cozinha:

— Sabina onde elas estão?

— Acabaram de sair, senhor Orlando.

— Que pena — exclamou —, pensava em acompanhá-las. Como estava Cássia, muito nervosa?

— Parece que não, experimentava a ansiedade natural em um caso como esse, mas nada preocupante. Dona Antonieta e eu conversamos com ela, pode ficar tranquilo, senhor Orlando, ela está bem.

Tentando desabafar um pouco com aquela em que tinha total confiança, Orlando disse:

— Sabina, você sabe que tanto eu quanto Antonieta temos a mais absoluta confiança em você.

— Eu agradeço por isso e faço tudo para não decepcioná-los — respondeu Sabina.

— Ando muito preocupado com a intenção de Léo. Temo que ele possa tentar alguma coisa contra Cássia. Pressioná-la, sei lá, alguma coisa desse tipo.

— Mas existe algum motivo real para essa preocupação?

— Acredito que sim. Ele quer que Cássia concorde em vender a casa que lhes pertence, mas quer fazer isso sem entrar com o pedido de separação legal, para não perder a condição de meu herdeiro.

— Perdoe o que vou dizer, mas sempre o achei uma pessoa sem caráter, disposto a tudo para conseguir o que quer. Isso é bem próprio dele.

— É isso o que me preocupa, ele conseguir envolver Cássia em sua lábia. Você acha que ela ainda corre esse risco?

Sabina pensou um pouco e respondeu:

— Sinceramente, acho que não. Cássia já tomou uma postura, a mais acertada, creio eu, e está convicta do que quer. O sofrimento a amadureceu, senhor Orlando. Hoje ela fala com firmeza sobre o que deseja de verdade. Aliás, não sei se o senhor sabe, mas ela comentou comigo que anda sonhando com a figura de uma mulher que lhe fala coisas importantes. Ela diz que não se lembra de nada ao acordar, mas cada vez que isso acontece se sente mais fortalecida e corajosa.

Surpreso, Orlando respondeu:

— Ela não comentou nada comigo, Sabina. Você, que entende disso, acha que é uma coisa boa?

Tentando encontrar as palavras certas, Sabina respondeu:

— Senhor Orlando, quando somos bons, a partir do momento em que levamos nossa vida dentro das leis de Deus, conquistamos amigos espirituais que se afinam com nosso pensamento e nossa maneira de agir. Ou seja, são espíritos bondosos que trabalham em nome de Jesus e que têm como objetivo o bem-estar da humanidade. Inspiram sempre o bem, o caminho seguro para promovermos nossa evolução.

— Como fazem isso e como sabemos que podemos confiar?

— No caso de Cássia, o fazem pelo sono, quando o espírito se liberta e pode se encontrar com os amigos com os quais se afina. Sabemos que podemos confiar passando as inspirações que recebemos pelo crivo da verdade. O bem sempre aquieta nosso coração e o faz desejar praticar a fraternidade com o semelhante. As boas inspirações sempre nos acalmam e nos trazem paz, porque são sempre de amor e prudência. Veja o caso de Cássia: sua postura mudou, está mais calma, com o sofrimento mais equilibrado e mais confiante. Suas lágrimas diminuíram porque entendeu que nada acontece por acaso e que nada podemos amaldiçoar, porque não sabemos a importância das coisas para nossa evolução espiritual.

Orlando ficou pensativo. Após alguns instantes, disse a Sabina:
— Gostaria muito de um dia me aprofundar um pouco mais nessa sua Doutrina.

Feliz, Sabina respondeu:
— Isso só irá me trazer alegria, senhor Orlando. Estou a seu dispor; no dia em que sentir vontade conversaremos.

— Agora, se me der licença Sabina, vou até o escritório do doutor Nicolas, preciso colocá-lo ciente das intenções de Léo.

— Fique à vontade, senhor Orlando, vou prepar o almoço.

Orlando saiu deixando Sabina entregue aos próprios pensamentos: "Meu Deus, por que as pessoas complicam tanto a própria vida? Por que se esquecem que um dia fatalmente retornaremos à nossa Pátria verdadeira e iremos deparar com nossos erros, enganos e leviandades? Tenho medo do que Léo possa fazer, ele sempre foi muito violento, agressivo e nunca desiste do que quer".

Com pureza de alma, orou ao Senhor pedindo auxílio para as pessoas que ela tanto amava e para o próprio Léo, que de maneira tão leviana se afundava no lamaçal das trevas.

Antonieta e Cássia entraram sorrindo.

Cássia correu para abraçar Sabina, dizendo:
— Pronto, querida segunda mãe, o exame foi feito e logo saberemos o resultado. — Deu-lhe um gostoso beijo no rosto e completou: — Satisfeita?

— Muito. Primeiro pelo abraço e beijo, segundo porque iremos dissipar as nossas dúvidas de uma vez por todas. Que seja como Deus quiser!

— Com certeza, será como Ele quer, Sabina — disse Antonieta.
— E, seja o que for, aceitaremos com humildade.

— Se me derem licença, vou subir para tomar uma ducha e desço em um instante para o almoço. Espero que esteja bem gostoso, Sabina, estou morrendo de fome!

— Nossa, nunca a vi com tanta fome assim!

Dirigindo seu belo sorriso às duas mulheres que amava, Cássia subiu as escadas cantarolando. Tanto Antonieta quanto Sabina estranharam tanta alegria.

— Parece até que viu um passarinho verde — disse Sabina.

— Também fiquei surpresa com a alegria de Cássia. Quando fomos, achei-a tensa, preocupada, disse poucas palavras. De repente ficou falante, sorridente... achei mesmo muito esquisito.

Enquanto isso, em seu quarto, Cássia se entregava à oração.

"Senhor, não sei explicar o que sinto. De repente, uma grande esperança nasceu em meu íntimo, uma certeza de que tudo sairá a meu favor, uma sensação de que posso gerar um filho. Não sei explicar ao certo, mas é como se alguém falasse dentro de mim. E, mesmo sem entender, eu Vos agradeço, meu Pai, porque sei que vossa vontade prevalecerá e, se me sinto forte, isso é reflexo da energia de amor que cobre meu coração e sustenta minha mente. Entretanto, se me engano e o sofrimento bater forte em meu peito, mesmo assim, Senhor, Vos agradeço porque sei que jamais permitiria o sofrimento se não houvesse causa justa, aprendizado e aprimoramento da nossa alma."

Eneida acompanhava a prece de Cássia e se sentia feliz por ver que suas inspirações encontravam abrigo no coração de sua protegida. Aproximou-se mais e lhe disse:

— Um dia você sentirá a alegria de ser mãe, porque o Senhor assim o quer.

Cássia experimentou uma sensação de paz. Levantou-se e tomou uma ducha refrescante. Ao ouvir a voz de sua mãe chamando-a, dizendo que seu pai já chegara, respondeu:

— Já estou indo, mãe, um minuto só.

— Nossa, que fisionomia mais linda — disse Orlando, assim que a viu entrar.
— Estou feliz pai, muito feliz!
— Posso saber a razão de tanta felicidade?
— Claro, é que tenho a sensação de que o resultado desse exame vai me deixar muito, mais muito feliz mesmo.
— O que quer dizer, minha filha?
— Quero dizer que tenho a impressão de que um dia poderei lhe dar netos, senhor Orlando.
Orlando, Antonieta e Sabina olharam-se espantados.
— Pode repetir o que disse? — perguntou Antonieta.
— Eu disse que tenho a impressão de que um dia vou poder dar netos para a senhora e papai.
— O que a faz pensar assim?
— Intuição, papai, pura intuição.
Orlando olhou para Sabina e ela, balançando a cabeça em sinal afirmativo, disse-lhe:
— Acontece, senhor Orlando. É como estava lhe dizendo, acontece!

Alguns dias se passaram sem que Léo colocasse a cabeça no lugar. Por mais que tentasse, não conseguia esquecer tudo o que tinha acontecido em sua vida. A separação de Selma; a conversa que tivera com Orlando; seu escritório, que, devido às suas constantes ausências, ia de mal a pior. Enfim, tudo contribuía para que se enchesse de revolta. Permitia que o ódio se infiltrasse mais e mais em seu coração e, impulsionado pelos desejos malévolos de seus acompanhantes espirituais, cada vez mais se afundava no desejo de vingança. A imprudência era sua constante aliada. Sabia que nada conseguiria com Cássia e muito menos com Orlando, que entregara a causa ao advogado confiando em sua competência e honestidade.

Nunca mais se falaram. No silêncio de seu apartamento, passava as horas arquitetando planos para concretizar com sucesso seu intento de eliminar Orlando sem deixar pistas, acreditando, assim, que receberia sua parte da herança, resolvendo com isso os problemas financeiros. Enquanto ele vivia enclausurado nas próprias teias de maldade, Cássia vivia a esperança da tão esperada e sonhada felicidade de ser mãe.

O resultado do exame confirmou sua fertilidade, e Cássia, feliz, esquecera por completo as tramas de Léo. Nada mais lhe importava a não ser a certeza de que um dia construiria novamente sua vida, e inseridas nela estavam as crianças que correriam alegres por sua casa chamando-a de mãe.

— Vou realizar meu sonho! — dizia entusiasmada para seus pais e para Sabina, que mais do que ninguém se alegrava por ver caída a máscara de Léo.

— Ninguém consegue enganar durante muito tempo — dizia. — Um dia a verdade vem à tona, não importa quanto demore. Mas ela sempre aparece, porque se opõe à mentira.

Orlando, surpreso e ao mesmo tempo encantado com a intuição de sua filha, procurou conhecer, por intermédio de Sabina, um pouco mais sobre a Doutrina que sustentava Cássia, tornando-a mais equilibrada e confiante de que um dia a felicidade se instalaria em sua vida de maneira definitiva. Queria explicação para tudo. E Sabina, em sua simplicidade, respondia:

— Senhor Orlando, não sei tudo, ou melhor, sei muito pouco, quase nada. Na realidade, aprendi com a vida, observando as pessoas, pedindo auxílio ao Senhor e prestando atenção nas inspirações dos bons espíritos.

— Mas o que faz você ter tanta certeza de que tudo isso é a verdade eterna e absoluta? Não poderia estar enganada?

Sabina calou-se por alguns instantes.

— Não sei lhe responder, senhor Orlando, não tenho sabedoria para fazê-lo e não me atreveria a falar em nome da Doutrina sem ter condições para isso.

— E como faço para aprender mais sobre esse assunto?

— Lendo os livros que falam sobre o tema, que explicam com exatidão e fornecem todas as respostas às suas perguntas. Eu sou apenas uma humilde aprendiz do Evangelho que tenta viver de acordo com as leis de Deus.

— Pode ser, Sabina, mas também possui a sabedoria adquirida ao longo dos seus anos vividos, sabedoria que só os corações bons possuem.

A verdade eterna, como a lei que a confirma, não depende da aceitação dos homens para existir. Ela é. E governa o universo a despeito dos que fecham os olhos para não vê-la.

Focaliza-se sob dois aspectos: absoluto e relativo.

A verdade absoluta — afirma Kardec — só é do conhecimento dos espíritos da mais elevada categoria, e a humanidade terrena não pode pretendê-la, pois que não lhe é dado saber tudo, e ela só pode aspirar a uma verdade relativa, proporcional ao seu adiantamento. (Revista Espírita Allan Kardec, trad. Julio Abreu Filho, Edicel.)

Cássia, olhando para seu pai conversando com Sabina, sentiu um misto de alegria e, sem entender a razão, uma angústia que julgou sem sentido. Seu coração se apertou e, sem saber por que, correu para abraçá-lo. Orlando retribuiu com enorme satisfação aquela demonstração de afeto.

Capítulo 7

O envolvimento com as trevas

Léo retomou suas atividades, mas em nenhum momento deixou de lado sua intenção cruel de eliminar Orlando — o que, para ele, era a coisa mais natural do mundo. Não percebia o quanto era instigado pelos espíritos das sombras, que encontraram nele a presa fácil para executar suas maldades entre os encarnados.

Para Léo tudo parecia normal. Recebera o convite do advogado de Cássia para comparecer ao seu escritório a fim de conversarem a respeito da separação. O intuito do doutor Nicolas era entrar em um acordo para que houvesse a separação amigável, evitando, assim, um sofrimento maior. Mas Léo ignorara e, na sua inconsequência, respondera rispidamente ao convite.

— Não existe acordo — respondera ao advogado. — Não me importa nem um pouco se vai haver ou não sofrimento, porque se houver será, com certeza, de Cássia. A mim interessam apenas os bens a que tenho direito, ou seja, os do senhor Orlando, que, diga-se de passagem, não são poucos.

Essa declaração leviana causara mais dor ao já sofrido coração de Cássia. Orlando cada vez mais se irritava com a ousadia de Léo.

— Não é possível existir alguém tão inescrupuloso assim — dizia à sua esposa. Não posso entender como fomos nos enganar dessa maneira com esse rapaz a ponto de permitir sua união com nossa filha!

— Não adianta agora questionarmos a maneira como agimos, Orlando. O que está feito não se pode mudar. Ele nos enganou, e isso é um fato. Só nos resta tentar agir da melhor forma possível, evitando mais sofrimento para nossa filha.

— Desculpe-me, senhor Orlando, mas concordo com dona Antonieta. Léo sempre foi um mau-caráter. É especialista na arte de enganar as pessoas. Ludibria quantos se aproximem dele. Por que somente os senhores não se enganariam? Agora só nos resta nos unir e proteger Cássia dos possíveis aborrecimentos que fatalmente virão.

Cássia, que tudo ouvia, quebrou o silêncio e disse ao pai:

— Pai, não se culpe, porque ninguém tem culpa de nada. Quem deveria ter percebido quem ele era, na verdade, era eu e ninguém mais. Entretanto, estava tão apaixonada que não vi os sinais de egoísmo que ele deixava por todo lado, da sua falta de caráter até nas questões mais banais, sinais esses que ficavam gravados por onde passava. Já senti muita culpa, pai, mas hoje sei que não devo me culpar, porque não posso assumir a responsabilidade dos atos inconsequentes de Léo. Ele optou por nortear sua vida para o lado mais obscuro, mas com certeza colherá os frutos da insensatez.

Orlando e Antonieta, nessas horas, admiravam a transformação de sua filha. Tranquilizava-os saber que Cássia se empenhava novamente na construção de uma nova vida. Ostentava sempre um sorriso nos lábios e demonstrava a paz que lhe ia na alma.

— Orlando, você percebeu que desde que Cássia soube do resultado do exame que comprovou sua capacidade de engravidar vive como se houvesse retirado um grande peso das costas?

— Percebi, Antonieta. Ela devia sofrer muito com aquela situação. Foi muita maldade de Léo deixá-la acreditar que era ela a estéril. Agora sabemos que era ele.

— É melhor deixarmos esse assunto de lado, Orlando. Tudo já está devidamente resolvido. Cássia está feliz e é melhor não comentarmos mais sobre isso.

— Você tem razão — concordou Orlando. — São águas passadas. Agora é iniciar tudo de novo, com mais inteligência. Tudo serve como aprendizado.

Irritado, Léo entrou em casa batendo a porta.

— Não é possível que esse advogado não desista! — exclamava. — Quem ele pensa que é para querer resolver minha vida? E, de maneira imprudente, continuou: Ter a ousadia de se intrometer no que me diz respeito; achar que sou tolo o bastante para abrir mão de uma herança considerável! Ele não sabe com quem está lidando!

Amassou a carta que tinha em mãos e jogou-a no lixo com toda a raiva que podia sentir. Mais uma vez, abriu as portas para a obsessão, e os obsessores não demoraram mais que um segundo para se colarem em Léo. Em vista dessa união, a ira de Léo aumentava cada vez mais, tomando uma proporção gigantesca e levando-o a uma decisão drástica, violenta e com o único intuito de praticar o mal.

A obsessão é a ação persistente que um mau espírito exerce sobre o indivíduo. (A Gênese, XIV, 45.)

O ódio é violento e duradouro. Quando é muito intenso, leva uma pessoa a desejar a morte de outra. Algumas vezes, o ódio nasce do amor desvirtuado, sufocado nos corações que não conhecem o Evangelho, que se perdem no brilho da matéria, no egoísmo de si mesmo e no orgulho de se sentirem desprezados.

Esse ódio se infiltrou no coração de Léo ao ser traído por Selma. Culpava Cássia por ser filha de Orlando e sua herdeira; Orlando por possuir bens suficientes para obter o que desejasse no momento que mais lhe aprouvesse; e Selma por ter-lhe traído de uma forma vil, sem se importar com seus sentimentos, jogando-o na desilusão do desprezo.

Nem por pequenos instantes lembrava-se do que fizera à Cássia — o mesmo desprezo aliado às agressões morais e físicas. Entregava-se à autocompaixão e, com esse sentimento, julgava-se no direito de se vingar a qualquer preço. Apenas seu sofrimento e sua dor contavam naquele momento. Julgava-se injustiçado, pois entregara todo o seu amor à Selma e ela o fizera sofrer.

Jesus nos deu meios de renovar e reerguer nossa própria vida; não se deve cair na autopiedade, ela nos leva a crer que somos os únicos sofredores e que nada mais importa, a não ser a nossa dor, e corremos, assim, o risco de querer saná-la a qualquer preço. As leis de Deus não nos enlaçam com sofrimento sem causa justa. (A essência da alma, Irmão Ivo.)

A ideia de eliminar Orlando cada vez mais tomava forma na mente doentia de Léo, que sem se dar conta aliava-se sempre mais aos espíritos trevosos. Chegando ao ápice da sua loucura, decidiu: "Vou matar Orlando. É isso o que tenho de fazer. Com sua morte, torno-me seu herdeiro e ninguém vai poder questionar isso, nem Cássia nem a velha sua mãe. Recebo minha parte da herança e, com minha conta bancária bem cheia, posso bancar quem eu quiser e fazer a Selma se arrepender".

Como ninguém fica sem auxílio e completamente só, Léo recebeu a visita de Eneida e Tomás, que, com carinho fraternal, lhe disseram por meio da consciência dele:

— Léo, pense melhor, reavalie seu posicionamento e elimine esse ódio que o atormenta. Deixe Orlando seguir sua trajetória aqui na Terra e evite cometer esse crime que o lançará no lamaçal da dor. Nada se resolve com agressões e muito menos com ódio. Peça auxílio divino! Ainda é tempo de retroceder e retomar as rédeas de sua vida com segurança. Coloque pensamentos nobres em seu coração e o entregue a Jesus, confiando no Divino Amigo. Retorne para a prudência e a sabedoria que sustentam aqueles que têm fé no Criador!

Eneida sentiu que por poucos segundos Léo foi sensível às suas inspirações, mas, assim que se afastou, percebeu os trevosos se aproximarem e envolverem Léo de maneira possessiva. E ele pensou: "Puxa vida, por uns breves instantes cheguei a pensar que seria bobagem me envolver em um crime, mas ainda bem que minha lucidez voltou. Tenho mesmo de acabar com ele, pois, para mim, é uma questão de honra. Homem que é homem precisa ter coragem para tudo, principalmente para defender seus princípios".

Envolvido pelas sombras por completo, Léo se perdia totalmente nas trevas. Não poderia imaginar o que começava a escrever no livro de sua vida. Não poderia imaginar o que viria após um ato tão escabroso e que pagaria caro por tamanha insensatez. Entregue à sua loucura, começou a elaborar o plano para atingir irremediavelmente Orlando.

Eneida disse a Tomás:

— Que Jesus o proteja, Tomás! A consumação desse plano diabólico será o início de terríveis sofrimentos.

Afastaram-se, deixando Léo entregue à própria estupidez.

Enquanto Léo era atingido pelo próprio veneno, na casa de Cássia tudo voltava ao normal. Orlando e Antonieta, assim como Sabina, passavam os dias com tranquilidade em razão da mudança de Cássia. Ela procurara alguma atividade para preencher o vazio de sua vida, e a alegria parecia voltar ao seu coração. Identificara-se com um projeto da prefeitura local, que consistia em agrupar os menos favorecidos em uma grande área na qual eram cultivadas flores e uma considerável horta com a intenção de suprir a mesa daqueles tão sofridos irmãos com as verduras e legumes que eles mesmos plantavam. As flores fornecidas para as feiras e floriculturas retornavam em forma de subsídio que mantinha a continuidade do projeto e auxiliava os trabalhadores com pequena ajuda em dinheiro.

Cássia se inscrevera como voluntária no cultivo das flores, coisa que sempre fizera em sua casa, e esse retorno à sua atividade trouxera-lhe paz interior e uma grande alegria.

Tudo na residência de Orlando corria bem e tranquilamente até o dia em que recebeu um telefonema de Léo. Com voz ameaçadora e agressiva, ele intimou Orlando a se encontrar com ele.

— Já se passaram muitos dias — disse — e nada aconteceu em meu favor. Só recebo cartas e mais cartas desse seu advogado, que tenta fazer acordo. Eu não quero acordo! — gritou Léo. — Quero meu dinheiro, minha parte, e sei que tenho direito a isso.

Receoso, Orlando respondeu:

— Léo, tenha paciência, a demora está por sua conta, que não se apresenta, não aceita nenhuma sugestão e não quer conversar com ninguém.

Irritado e completamente fora de si, Léo respondeu:

— Vou repetir pela última vez. Eu não quero acordo, é inútil insistir.

— Mas, Léo, você sabe que vai receber o que lhe cabe, só é preciso dar continuidade à separação de vocês, coisa que demora por sua própria culpa. Não queremos briga, mas pelo visto o que você quer é exatamente isso.

Léo, sob o controle das sombras, respondeu:

— Tudo bem. Vamos nos encontrar e conversar a respeito.

Orlando, sem saber por que, sentiu um ligeiro mal-estar, como se temesse algo. Lembrou-se das conversas com Sabina a respeito das intuições e pensou: "Será que estou tendo uma intuição? Que sensação desagradável..."

Voltou a si ao ouvir novamente a voz irritada de Léo:

— Então, senhor Orlando, estou esperando.

— Léo, não há nenhuma necessidade de nos encontrarmos. Meu advogado está ciente de tudo e nada vai fazer para prejudicá-lo.

Ordenou-lhe o chefe da falange. "Insista!"

Obedecendo ao comando, Léo insistiu:

— Vou dizer pela última vez, senhor Orlando, e espero que entenda e não me force a nada. Quero me encontrar com o senhor hoje. Agora, para ser mais preciso.

— Mas você mora longe e vai demorar a chegar.

— Não seja idiota! Se eu estou dizendo agora, é porque já estou na cidade. Portanto, venha se encontrar comigo agora.

Novamente, Orlando sentiu um mal-estar.

— Não vou, Léo!

— Não? — perguntou Léo em tom sarcástico.

— Não! — exclamou Orlando com voz firme.

— Tudo bem. Se não quer, não venha, mas depois não diga que eu não avisei.

— O que pretende fazer, posso saber?

— Claro! Vou procurar Cássia e acabar com a vida dela, assim o senhor terá muito tempo para se arrepender por ter me enfrentado e suas lágrimas não terão fim.

— Você não faria isso!

— Não? É só pagar para ver.

— Você não vale nada mesmo, Léo.

— Só existe um meio de eu valer alguma coisa, senhor Orlando. É colocando no bolso uma parte de sua fortuna. E é o que pretendo fazer. — Cada vez mais irritado e sob o efeito das sombras, Léo cortou a conversa: — Chega de papo. Venha se encontrar comigo dentro de uma hora.

Sentindo-se trêmulo, Orlando respondeu:

— Está bem, diga-me o lugar.

Léo explicou com detalhes o lugar.

— Mas esse lugar é muito longe e ermo — considerou Orlando.

— Mas é nesse lugar que vamos nos encontrar. Pegue algum dinheiro e leve, porque estou precisando. E lembre-se de que isso é só o começo.

Desligou o telefone.

Antonieta, percebendo a palidez do marido, perguntou:

— O que esse mau-caráter queria com você, Orlando?

Em poucas palavras, Orlando colocou a esposa ciente de tudo.

— Mas você corre perigo. Acho melhor avisar a polícia.

— Não acha exagero?

— Concordo com dona Antonieta — disse Sabina, que ouvira a conversa. — Devemos esperar tudo desse rapaz. É melhor se prevenir.

Orlando pensou por alguns instantes e decidiu:

— Vou avisar o doutor Nicolas. Ele pode pensar em alguma coisa.

— Faça isso — apoiou Antonieta.

Tomando conhecimento da questão, o advogado disse a Orlando:

— É melhor nos prevenir. Tenho conhecimento na polícia. Vou até lá explicar o que está acontecendo, os nossos receios e pedir segurança. Fique calmo, meu amigo, tudo vai dar certo.

Angustiado, Orlando perguntou ao amigo:

— Nicolas, antes de ser meu advogado, você sempre foi meu amigo. Confio em você como profissional e, principalmente, como amigo. Portanto lhe pergunto: o que devo fazer, ir ao encontro dele ou aguardar? Ele me deu o prazo de uma hora, e receio que faça algum mal a Cássia.

— Meu amigo — respondeu Nicolas —, iremos juntos à delegacia. Lá é o melhor lugar para nos aconselharmos.

Foi o que fizeram. Mantinham o silêncio, mas Nicolas não podia deixar de notar a apreensão do amigo. Achava tudo muito estranho. A atitude de Léo, sua insistência em querer a herança sem se preocupar em esconder sua verdadeira intenção, agora a ameaça. Tudo lhe parecia fantasioso. Pensava consigo mesmo: "Aprendi que não devemos subestimar ninguém. Nunca sabemos suas verdadeiras intenções. Todo o cuidado é pouco quando tratamos com pessoas que pouco ou nada têm para dar aos outros, a não ser preocupações".

Após explicarem tudo ao delegado, ele designou dois soldados para fazer a segurança de Orlando. Tudo devidamente preparado, seguiram para o encontro com Léo. Orlando levava consigo o dinheiro pedido. Tinha as mãos trêmulas em razão do nervosismo que sentia. Em sua mente honesta e sincera, sentia dificuldade em entender o porquê de tudo aquilo estar acontecendo: "Meu Deus, as coisas podiam ser diferentes, dentro da paz. Afinal, é apenas um casamento que se desfaz, como tantos outros. Por que tudo se complicou?"

Eneida, que acompanhava Orlando junto com Tomás, aproximou-se mais dele e lhe disse:

— As coisas na Terra se complicam, Orlando, porque os homens pensam e agem em função de si mesmos. Nada veem além do seu desejo. Ainda não aprenderam que as coisas essenciais são invisíveis aos olhos porque pertencem ao amor de Deus. Mas os homens, cegos que são, só conseguem visualizar o que lhes causa prazeres momentâneos e não se dão conta do mal que fazem a si mesmos. — Eneida continuou: — Agora, meu irmão, acalme-se. Chegou a hora do resgate final. Mantenha seu coração aquecido no amor de Deus e se entregue sem medo. Tudo será muito rápido. O irmão possui méritos para que o sofrimento seja aliviado, portanto, confie no Criador.

Orlando, sem saber por que, sentiu uma estranha serenidade invadir seu peito. Lembrou-se de Antonieta e Cássia, e pôde perceber toda a força do seu amor por elas.

— Tudo vai dar certo — disse a si mesmo. — Como diz Sabina, de uma maneira ou de outra tudo vai dar certo.

Quando chegaram ao local, Léo já estava esperando. Caminhava de um lado para outro nervoso, irritado, parecendo uma fera enjaulada. Ao perceber que Orlando não chegara sozinho, foi ao auge da irritação. Sem se controlar, avançou em sua direção gritando e dizendo impropérios, obedecendo sem reação às investidas dos trevosos.

— Eu disse que viesse só, e você não me obedeceu. Tudo bem, o que eu ia fazer pode muito bem ser feito com plateia, para mim tanto faz. A única coisa que me interessa e que quero seu dinheiro, ouviu bem? Seu dinheiro! E vou tê-lo tostão por tostão. Foi ele que destruiu minha vida quando Selma me deixou, e tudo por sua causa. Não me ouviu, me subestimou e agora vai ter o que pediu.

Antes que Orlando ou alguém pudesse fazer alguma coisa, sacou uma arma e disparou dois tiros em direção a Orlando, que, ferido, fatalmente caiu em uma poça de sangue. Enquanto Léo ficou parado observando a cena trágica que criara, os dois soldados, com agilidade, o dominaram e o colocaram dentro do carro da polícia.

Nicolas olhava o amigo caído, morto, e não conseguia acreditar no que presenciava.

— Meu Deus... Meu Deus! — dizia em voz alta, tentando pôr para fora a sua dor. — Somente a fé em Vós e a certeza da Vossa justiça e sabedoria me fazem aceitar tamanha violência contra um homem de bem. Que humanidade é essa, que transforma a vida em algo tão insignificante? A vida é a maior bênção que Deus nos concede! Por que todos não conseguem compreender isso?

Enquanto no plano físico as providências eram tomadas para a despedida de Orlando, no mundo espiritual ele era socorrido docemente pelos amigos que conquistara durante sua estada na Terra. Sempre fora um homem de bem, temente a Deus e seguidor de Suas leis. Era justo que nesse momento difícil para o espírito, fosse amparado e recebesse o retorno de suas ações de amor e fraternidade.

Eneida acompanhava com atenção a equipe socorrista, que, com habilidade, desatava os laços que prendiam Orlando a seu corpo físico. Tudo acontecia no mais perfeito equilíbrio. Orlando recebia energia salutar que o mantinha adormecido. O desencarne do homem de bem é sempre tranquilo, e o de Orlando, apesar da morte violenta, não foi diferente. Adormecido, não se dava conta do seu retorno à espiritualidade e permanecia protegido das lágrimas copiosas que Antonieta e Cássia derramavam sobre seu corpo inerte, lágrimas essas que em excesso podem perturbar ainda mais o espírito.

Eneida, assim como Tomás e outros espíritos amigos, protegia Antonieta e Cássia, equilibrando-as no amor de Jesus para que não se entregassem ao desespero máximo, que se aproxima da blasfêmia.

Mais descontrolada, Antonieta dizia em voz alta:

— Não é possível que isso esteja acontecendo, meu Deus! O que foi que ele fez para ser assassinado desse modo cruel? Nunca imaginei que Léo fosse essa fera indomável que mata friamente em nome do dinheiro! Que rapaz é esse, o demônio?

— Calma, dona Antonieta, Deus sabe o porquê de tudo isso. Deve haver uma razão justa, importante, para isso ter acontecido. É preciso confiar! — exclamava Sabina.

Cássia, mais calma que Antonieta, dizia à sua mãe:

— Mãe, a senhora sempre foi uma mulher de fé. Por que se deixa enfraquecer agora, justamente agora que mais precisa ter coragem? Sem dúvida, este é o início de um grande sofrimento, mas a fé e o amor em Deus nos sustentarão.

— Eu vou me vingar de Léo — disse Antonieta desesperada.

— Não, mãe, não vai e sabe por quê? Porque a senhora é diferente dele. Nunca alimentou ódio nem sentimento de vingança por ninguém, e não vai ser agora que vai sujar seu coração com sentimento tão mesquinho e vil. Deixe-o mergulhado no próprio remorso. Ele não precisará de ninguém para lhe desejar o mal, porque ele sozinho já o trouxe para si mesmo.

Antonieta, caindo em si, disse à filha:

— Desculpe-me, filha, foi uma loucura o que eu disse sobre vingança, não faz parte de mim. Não se preocupe, pois não quero ser igual a ele. Só desejo que ele nos deixe em paz, que não a procure mais.

— Mãe, ele foi preso em flagrante e vai esperar pelo julgamento na cadeia. Nosso contato com ele será mínimo, pois tudo será feito por intermédio do doutor Nicolas. Tente se acalmar. Nós duas juntas, ao lado de Sabina, vamos superar essa tristeza. A lembrança dele ficará para sempre em nosso coração, aquecida com nosso amor e nossa saudade. E ele, como criatura de Deus, iniciará sua caminhada de evolução até o dia em que, se Deus o permitir, nos encontraremos novamente.

Terminando o assunto, Cássia propôs que fizessem uma oração para aquele a quem amava acima de tudo, seu pai querido, que para defendê-la se entregara ao leão. Atendendo ao pedido de Antonieta e Cássia, Sabina iniciou uma sentida prece.

"Senhor, viva conosco este momento de dor, ansiedade e incerteza. Momento em que sentimos dentro de nós o desespero dos descrentes, a revolta dos fracos, o medo dos covardes.

Viva conosco, Senhor, para que possamos sentir Teus braços nos envolvendo e nos conduzindo para o descanso. Sentir tão forte Tua presença em nós, dando-nos a sensação de estarmos todos deitados em Teu colo.

Viva conosco, Senhor, para que saibamos transformar o desespero em aceitação; a revolta em fé, e o medo em coragem para enfrentar a prova da separação.

Receba, Senhor, esse Teu filho que parte e auxilie a todos nós que ficamos presos na saudade, que tanto um quanto os outros sejam aquecidos pelo Teu amor de paz e de justiça.

Assim Seja!" (S.T.)

Ao terminar sua oração, Sabina, assim como os outros, tinha os olhos marejados. A emoção tomava conta dos presentes, e aquele que partia recebia as palavras e o sentimento de amor dirigidos a ele como gotas de orvalho a umedecer seu espírito. Era a despedida equilibrada e confiante no amor de Deus.

O espírita deve saber primeiro que a maldade não é o estado permanente dos homens; que ela se deve a uma imperfeição momentânea, e que, do mesmo modo que a criança se corrige dos seus defeitos, o homem mau reconhecerá um dia seus erros e se tornará bom.

Os inimigos do mundo invisível manifestam sua malevolência pelas obsessões e pelas subjugações, das quais tantas pessoas são alvo, e que são uma variedade das provas da vida; essas provas, como as outras, ajudam no adiantamento e devem ser aceitas com resignação, e como consequência da natureza inferior do globo terrestre; se não houvesse homens maus na Terra, não haveria Espíritos maus ao redor dela. (O Evangelho segundo o Espiritismo, Cap. XII.)

Enquanto Cássia sofria com equilíbrio a separação de seu pai, entregando sua dor aos cuidados de Jesus, Léo, ao contrário de Cássia, entregava sua ira aos seus cruéis acompanhantes, que cada vez mais o instigavam a odiar, a maldizer, a blasfemar. Compraziam-se em vê-lo sofrer e queriam jogá-lo no lamaçal que eles mesmos viviam.

— Esse, com certeza, será um dos nossos — dizia o que parecia ser o chefe.

Os gritos de Léo estavam tão estridentes que foi advertido por um dos policiais.

— Quero sair daqui! — falava alterado. — Tenho direito a um advogado e exijo os meus direitos!

Sem responder, o policial afastou-se, deixando Léo mais irritado. Os encarnados não podiam ver, mas uma névoa escura pairava sobre aquele lugar onde o mal reinava absoluto.

Dois meses se passaram desde esse acontecimento.

Léo não conseguira autorização para aguardar o julgamento em liberdade, e continuava detido. Em nenhum momento se conformara em estar preso. Em sua insanidade, julgava-se injustiçado e acusava Cássia por não ter ido visitá-lo. E sua mente doentia a culpava por toda a desgraça que se abatera em sua vida.

Certa manhã, foi encontrado morto, enforcado com o lençol de sua cama. Não suportando a situação que ele mesmo criara, caíra em prostração, ficara deprimido, e os abatimentos físico e mental o levaram a mais uma vez cometer um desatino. Deixava o mundo físico em meio às trevas, levando consigo os sofrimentos pelos quais passa o coração sem Deus. Devemos amar a vida em qualquer situação. Enganam-se aqueles que pensam que a solução para os problemas está na deserção da vida, porque, agindo assim, realmente nos afundamos nos problemas, que se tornam mais penosos.

Allan Kardec esclarece: "O suicida assemelha-se ao prisioneiro que escapa da prisão antes de cumprir a sua pena e que, ao ser preso de novo, será tratado com mais severidade. Assim acontece, pois, com o suicida, que pensa escapar às misérias presentes e mergulha em maiores desgraças". (Koogan Larousse, Larousse do Brasil, 1979/1980.)

Capítulo 8

❧ · ☙

O segredo de Sabina

Eneida, entrando no quarto onde Orlando se encontrava em recuperação pela violência do seu retorno, encontrou-o agitado. Aproximando-se dele, percebeu que seria inútil perguntar-lhe qualquer coisa, pois sua condição era de extrema excitação.

"Melhor chamar Jacob!"

Elevou seu pensamento ao Alto e, com firmeza, pediu auxílio ao querido mestre.

"Venha em socorro desse irmão, Jacob, com a permissão de Jesus."

Em segundos, Jacob, sorridente, entrava no quarto de Orlando.

— Aqui estou, querida irmã, o que acontece?

Sem esperar pela resposta, Jacob elevou o pensamento a Jesus e, acompanhado de Eneida, orou ao Mestre.

Senhor da vida, imploro o Vosso auxílio para esse irmão que apenas inicia seus dias na espiritualidade. Que a tranquilidade se faça em seu espírito para que possa entender que a vida não se extingue com a morte do corpo físico, mas sim ressurge em seu esplendor, pois o retorno nada mais é que a volta do espírito à sua origem.

Enquanto orava, Jacob envolvia Orlando em um fluido de paz, e ele aos poucos ia se acalmando, até que abriu os olhos perguntou:
— Onde estou?
— Na casa do Senhor — respondeu Jacob.
— Aqui é um hospital? Estou doente?
— Sim — respondeu Jacob. — Aqui é um hospital de refazimento, mas o irmão não está doente, apenas um pouco fraco. Mas é natural, logo passará.

Orlando olhou para os lados tentando identificar o lugar.
— Estranho não ver a Antonieta ou a Cássia, elas nunca me deixariam sozinho em um hospital. Qual a razão de eu estar internado?

Com muito carinho, Jacob explicou:
— Você fez uma viagem, Orlando. Lembra das conversas que tinha com a nossa irmã Sabina sobre a vida futura?

Meio assustado, Orlando respondeu:
— Sim, lembro-me, ou melhor, lembro vagamente. — Hesitou por alguns instantes e voltou a dizer: — Mas isso quer dizer o quê?

Antes que Jacob respondesse, Eneida carinhosamente lhe disse:
— Orlando, mantenha seu pensamento em Jesus e lembre-se de que somos alvo do Seu amor infinito. Entregue-se ao querido Amigo com confiança e fé, assim seu equilíbrio permanecerá e conseguirá entender mais facilmente sua nova condição.

Jacob lhe disse:
— Lembre-se de que todos nós somos criaturas de Deus, e, como Suas criaturas, um dia retornamos à Sua morada. Foi o que aconteceu com você, meu irmão.

— Quer dizer que eu estou morto? Sim, porque só voltamos para o reino de Deus quando morremos.

— Seu corpo físico morreu, Orlando, mas você continua vivo. Sua individualidade permanece. Você pensa, age e sente, e isso prova que a morte é uma ilusão. Nós, como criaturas de Deus, somos muito mais que um corpo de carne que pertence à matéria e na matéria permanece. A nossa essência retorna à casa de nosso Pai e Criador, e a nossa maior alegria é saber que sempre poderemos recomeçar a caminhada da nossa evolução e o que nosso Criador quer e espera é que todos os Seus filhos se tornem bons. Isso só acontece por meio do aprendizado em nossas idas e vindas. Você entende?

— Mais ou menos — respondeu Orlando. — Tudo está ainda muito confuso. Sinto dificuldade em assimilar essa situação. Acho estranha essa situação de estar vivo e morto ao mesmo tempo.

Pacientemente, Jacob esclareceu:

— Orlando, nossa essência é espiritual, portanto, nós somos espíritos. Temos um corpo etéreo, fluídico e volátil que se denomina perispírito, que é a condensação do fluido cósmico ao redor de um foco inteligente ou alma que somos nós. Poucos encarnados podem nos ver, mas quando precisamos cumprir os propósitos divinos, terminar tarefas, prosseguir nossa evolução pelo amor aprendido e exercitado no orbe terrestre, é necessário "vestirmos" o corpo de carne para que possamos ser vistos, para que haja a adaptação com a matéria densa. Quando nossa tarefa termina e a nossa volta é necessária, esse corpo morre e se acaba, mas nossa essência ressurge viva como sempre foi. Como eu disse, quem morreu foi a sua vestimenta terrena, mas você possui a vida eterna e terá a eternidade a seu favor para continuar a evolução rumo à perfeição.

Orlando prestava atenção nas explicações de Jacob. Mesmo ainda enfraquecido, acompanhava os esclarecimentos que lhe eram passados.

— Posso fazer-lhe uma pergunta?
— Claro, meu irmão, estamos aqui para esclarecer. Pergunte.
— Há quanto tempo morri na Terra e cheguei aqui?
— Há dois meses.
— E por que somente agora estou me dando conta disso?
— Você esteve dormindo, Orlando.
— Por quê?
— Porque achamos melhor mantê-lo adormecido. Você desencarnou de forma violenta e teria grandes desequilíbrios em razão dessa agressividade. Como possuía méritos para que pudéssemos agir assim, assim o fizemos com a permissão de Jesus.

Eneida, que até então permanecera silenciosa, manifestou-se:
— Orlando, a causa da morte, o choro excessivo dos familiares e, muitas vezes, a não aceitação de alguns deles causam desequilíbrio ao recém-chegado da Terra. Jesus lhe concedeu uma grande bênção, isolou-o das manifestações dos encarnados e de sua própria ansiedade e angústia.

— Durante seu sono, foi cuidadosamente tratado, fortalecido com a energia salutar e agora, se estiver se sentindo bem, poderá se levantar e sair do quarto por breves momentos.

Orlando se animou.
— Posso ir aonde eu quiser?
— Por enquanto ainda não, mas pode ir ao jardim do hospital admirar a beleza e o perfume das flores, sentir a presença de Deus em todos os lugares do Universo.
— Posso ir ao meu antigo lar terreno?
— É muito cedo ainda. Não está em condições de ir à Terra nem ao seu antigo lar. Mas, em um futuro breve, poderá satisfazer essa vontade.
— Queria apenas saber de Antonieta e Cássia.
— Elas estão bem, não se preocupe. São duas irmãs tementes a Deus. Estão levando a vida com coragem e muita fé.

— Receio por Léo. Temo que ele faça algum mal à minha filha.
— Orlando, não é hora de se preocupar com essa questão nem com esse irmão.
— Mas por que ele fez isso comigo?
— Ainda é muito cedo para tomar conhecimento do passado. Tudo no tempo certo. Você ainda está debilitado e não é bom se preocupar. A hora, agora, é de se aproximar de Jesus, entregar-se ao Divino Amigo para se manter equilibrado.

Jacob, voltando-se para Eneida, pediu-lhe que lhe ministrasse passes com energia salutar e lhe servisse água fluidificada. Instruiu-a para que o mantivesse ainda em repouso e que o deixasse dormir.

Para Orlando disse:
— Este é o momento do silêncio, portanto se entregue a Jesus e aguarde o amparo que virá.

Já um pouco cansado, Orlando disse a Jacob:
— Começo a sentir muita saudade, o que faço?
— Orlando, o amor é tão poderoso que transpõe a barreira do tempo e da distância. Seus entes queridos estão em pensamento junto a você. Entregue-se ao amor de Deus e sentirá as vibrações de carinho que lhe enviam.

Orlando, ainda enfraquecido, adormeceu confiante no amparo divino.

A desencarnação é uma cirurgia profunda de alta gravidade, que varia de acordo com os valores morais e espirituais de cada paciente. (Victor Hugo — espírito, Árdua ascensão, Divaldo P. Franco.)

Se para Orlando o despertar foi tranquilo, seguindo a trajetória dos homens de bem, para Léo a consequência de seus desatinos veio a galope. Dementado, experimentava a escuridão, o odor fétido e a perseguição dos trevosos. Caminhava como um ambulante sem destino, não se dera conta ainda do seu estado atual. Via-se sujo, trazia seu corpo espiritual com as marcas da agressividade que cometera e não entendia por que não conseguia encontrar um lugar seguro para descansar.

Léo era alvo das reações de seus atos levianos e cruéis, que culminaram com o fim de sua própria existência. Suas atitudes inconsequentes e seus desatinos o colocaram em afinidade com a miséria moral. Léo desobedecera às leis divinas. Sua atenção voltara-se para o hoje, para as conquistas sem nenhum valor. Era escravo de si mesmo, tornara-se assassino e suicida por conta de suas ambições e paixões, que o jogaram no lamaçal da dor. Ignorara que existe vida depois de amanhã, e é nessa vida verdadeira que tudo aparecerá, nossas ações surgirão sem nenhuma máscara e iremos perceber que tudo aparece aos olhos de Deus exatamente como foi, ou seja, nossas intenções, os desejos que nos levaram a cometer os desatinos e a gravidade de cada ato. Tudo será proporcional à consciência que se tem das faltas cometidas.

Desertar a vida nada acrescentará de bom ao espírito. Muito pelo contrário. Ele será lançado aos tormentos relativos às causas que o produziram e, de maneira geral, será inserido com aqueles que de uma maneira ou de outra também desvalorizaram a vida ao se entregarem ao sentimento do mal, da calúnia, do egoísmo, enfim, de todos os sentimentos mesquinhos que invadem a alma humana quando se vive distraído e longe das palavras de Jesus.

As consequências deste estado de coisas são o prolongamento da perturbação espiritual, seguido da ilusão que, durante um tempo mais ou menos longo, faz o espírito acreditar que ainda se encontra no número dos vivos.

A afinidade que persiste entre a matéria e o corpo produz, em alguns suicidas, uma espécie de repercussão do estado do corpo sobre o espírito, que assim ressente, malgrado seu, os efeitos da decomposição, experimentando uma sensação cheia de angústias e horror. Esse estado pode persistir tão longamente quanto tivesse de durar a vida que foi interrompida. Esse efeito não é geral; mas em alguns casos o suicida não se livra das consequências da sua falta de coragem e, cedo ou tarde, expia essa falta, de uma ou de outra maneira. (O Livro dos Espíritos, Cap. I, Livro Quarto.)

Enquanto no mundo espiritual Orlando e Léo seguiam a trajetória traçada por eles mesmos quando da sua permanência na Terra, no mundo físico Cássia tentava reconstruir sua vida ao lado de Antonieta e Sabina. Guardara no íntimo de seu coração a saudade de seu pai e esquecera de uma vez o tempo em que estivera ligada a Léo.

Dizia a si mesma:

— O passado deve ficar lá atrás. O que importa agora é fazer tudo com mais inteligência, observar mais as pessoas e ser mais prudente quanto às decisões importantes da minha vida.

Alimentava o desejo de se casar novamente, ter filhos e construir uma família de verdade, mas ao mesmo tempo receava outra vez.

Antonieta, que se tornara mais silenciosa desde a separação de Orlando, lhe dizia:

— Filha, é sensato que seja prudente quanto a iniciar outra relação, mas também não pode se fechar tanto dessa maneira.

— O que a senhora quer dizer? — perguntava Cássia.

— Quero dizer que quando queremos alguma coisa que seja importante para nós devemos abrir nosso coração para recebê-la e reconhecê-la quando chegar. Caso contrário, não iremos dar a nós mesmos a chance de conquistar nosso anseio.

— Explique-se melhor, mãe.

— Cássia, já faz algum tempo que seu pai nos deixou. É natural que você aja como uma pessoa jovem que tem necessidades próprias da juventude. Você não sai de casa. O único lugar que frequenta é o seu trabalho na prefeitura, no projeto social, o que é muito nobre. Mas a vida pode lhe dar muito mais na sua questão pessoal, ou seja, um companheiro que a faça feliz e a quem você também faça feliz.

— Mãe, sendo sincera, devo dizer-lhe que também já pensei sobre isso e desejo, sim, encontrar uma pessoa digna, honesta, que pense como eu e com a qual possamos ser felizes juntos. Mas tenho medo de errar e sofrer novamente por conta desse relacionamento.

— Filha, o medo poderá tirar-lhe a oportunidade de ser feliz. Aprendemos com nossos erros. Hoje você está mais madura, mais certa do que quer. Com certeza, estará mais atenta, observadora, e acredito que saberá captar bem o caráter de quem se aproximar de você.

— Sua mãe tem razão, Cássia — disse Sabina. — A vida é cheia de propósitos, alguns dão certo, outros não. Mas o que conta é a nossa capacidade de sempre acreditar e recomeçar. A busca pela felicidade é incessante no homem, mas essa mesma busca precisa estar alicerçada na prudência de seus atos, não permitindo que haja nenhuma marca de tristeza atrás de si.

Cássia permaneceu pensativa, com o olhar vago fixado em algum ponto.

— O que foi, minha filha, está com um ar tão absorto. Em que pensa?

— Decerto em algum pretendente — brincou Sabina.

Cássia voltou-se para Sabina e disse-lhe, brincando:

— Você é mesmo uma bruxa!

— Eu! Por quê?

— Porque adivinhou exatamente o que passava pela minha cabeça.

Antonieta logo se manifestou:

— Diga logo, Cássia, em que ou em quem pensava?
Meio sem graça, Cássia respondeu:
— Tudo bem, estava mesmo pensando em uma pessoa.
— Alguém especial?
— Ainda não sei, mas quem sabe não venha a ser...
— Podemos saber de quem se trata? Nós conhecemos?
— Não, mãe, vocês não conhecem. Faz poucos dias que ele começou a trabalhar no projeto como voluntário e, não sei bem explicar por que, senti uma grande atração por ele e acredito que ele também por mim.
— Então vocês estão se relacionando? — perguntou Antonieta.
— Não, mãe, não da maneira como está pensando. Somos apenas amigos... Pelo menos por enquanto — completou sorrindo.
— Ficamos felizes por você, não é Sabina?
— Claro, dona Antonieta.

Em meio à alegria que reinava entre as três mulheres, Antonieta sentiu a saudade de Orlando apertar seu peito. Cássia percebeu a súbita mudança de sua mãe.

— O que foi, mãe? Ficou triste de repente! — exclamou.

Duas lágrimas desceram pelo rosto de Antonieta.

— Sinto muita saudade de Orlando, minha filha. Foram muitos anos juntos em uma união feliz, e agora que me encontro só sinto a saudade machucar meu coração de uma forma dolorosa.

Cássia sentiu grande ternura por aquela mulher valente que enfrentava sua dor com dignidade. Sabia quanto era difícil para ela a separação, mas jamais a viu questionar a vontade de Deus.

— Mãe querida — disse-lhe abraçando-a —, lute contra a melancolia, não caia no abatimento que enfraquece a nossa vontade. Lembre-se de quanto Deus foi bom colocando ao seu lado um homem que a amou e a respeitou durante toda uma vida. Se Deus o chamou primeiro, uma razão, que foge à nossa compreensão, deve existir, mas que tem seu lugar na grande sabedoria divina.

Sabina, aproveitando o momento, disse-lhe:

— Dona Antonieta, a separação é curta, se considerarmos a eternidade que temos pela frente. O senhor Orlando, creio eu, está muito bem, seguindo os passos de sua evolução, e também deve sentir saudade da senhora. Mas sabe que um dia, em algum lugar, vocês se encontrarão novamente, e aguarde esse dia com fé no amor de Deus.

— Vocês têm razão, desculpem-me pela minha fraqueza.

— Isso não é fraqueza, dona Antonieta, de forma alguma. É apenas saudade, um sentimento inerente ao ser humano. Quando ela é calma, silenciosa, fruto do sentimento do amor, e não da revolta, não faz mal algum, porque sofrimento com Jesus é sofrimento equilibrado e nos fortalece como criaturas de Deus. Muitas vezes, esse sentimento nos dá forças para continuar vivendo.

Cássia, escutando a velha amiga falar, comoveu-se.

— Sabina, ouvindo-a falar, expor suas ideias, parece-me que guarda em seu coração um sentimento de tristeza ou de saudade, não sei ao certo, mas o seu parece-me um coração ferido. É verdade ou delírio meu?

Diante do silêncio de Sabina e da expressão de angústia de seus olhos, Cássia deduziu que não era delírio, mas a expressão da verdade.

Pensou: "Ela sofre. Guarda um segredo em seu peito durante todos esses anos. Gostaria de ajudá-la, mas não sei como".

Insistiu.

— Sabina, sei que sofre calada todo *esse* tempo e gostaria de ajudá-la, se você permitir.

— Deixe-a em paz, Cássia, você está sendo invasiva em uma questão que não lhe diz respeito. Se isso que diz é verdade, e nesse tempo todo que Sabina está na nossa família nunca manifestou desejo de se abrir conosco, é porque não quer tocar em um assunto que a machuca, e devemos respeitar sua posição.

Cássia percebeu que tinha ido longe demais.

— Desculpe-me, Sabina, de forma alguma tive a intenção de magoá-la, apenas achei que podia ajudá-la a aliviar suas tensões, só isso. Aprendi que é muito bom quando desabafamos nossas dores, nossos problemas, com pessoas que nos amam.

Até então, Sabina permanecera calada. Ao ver Cássia se desculpando, sentiu que talvez fosse a hora de também desabafar com alguém. Estava com as pessoas que a amavam, que sempre a respeitaram, pessoas nas quais podia confiar. Resolveu se abrir.

— Não precisa se desculpar, Cássia, você está certa. Trago em meu coração uma dor que sempre me consumiu, dor essa que nunca conseguiu se acalmar e que suporto somente porque amo Jesus e sei que sou amada por Ele. Sei também que nada acontece em nossa vida sem causa justa, e é por isso que entreguei meu sofrimento a Jesus, para que Ele me auxiliasse e me desse suporte para continuar minha caminhada. Colocou-me em meio a pessoas que sempre me trataram com delicadeza e consideração, e isso foi de extrema importância na minha vida. Sou grata a dona Antonieta e ao senhor Orlando, que me acolheram quando bati em sua porta, e também a você, Cássia, que se tornou uma filha para mim.

— Sabina, se não for de sua vontade, não precisa se expor. Entendemos e admiramos sua postura sempre correta em todas as situações. Nada muda em nossa relação de amizade. Sempre será a melhor amiga que tivemos nesta vida.

— Obrigada, dona Antonieta, mas quero, sim, me abrir com vocês. Acho que chegou a hora do desabafo, e ninguém melhor que vocês para compreender minha angústia de tantos anos. Agora é o momento, e não vou perdê-lo.

— Você é quem sabe, querida amiga. Estamos aqui para ouvi-la e ajudá-la no que precisar.

— Quero falar, sim. Na realidade, sempre esperei por este momento. Sabia que um dia isso aconteceria e eu poderia aliviar um pouco o meu coração.

Cássia segurou as mãos de Sabina querendo, com esse gesto, mostrar-lhe que podia confiar tanto nela quanto em sua mãe. Queria dar-lhe coragem e retribuir tudo o que fizera por ela.

— Estamos inteiramente a seu dispor, Sabina, fique absolutamente à vontade. Iremos ouvi-la com toda a consideração que você merece.

Sabina suspirou fundo e iniciou sua narrativa.

— Dona Antonieta, a senhora se lembra do dia em que bati na sua porta?

— Claro que me lembro, Sabina. Era tão nova ainda, trazia uma pequena mala nas mãos, uma carta de recomendação de uma amiga querida e os olhos tristes.

— Cássia era ainda um bebê. A senhora e o senhor Orlando me acolheram sem nada perguntar ou questionar, e sempre fui agradecida por isso, tanto que dediquei toda a minha vida a vocês e, posteriormente, à minha menina Cássia.

— Apenas respeitamos você, Sabina. Confiávamos na nossa amiga e sabíamos que não nos enviaria alguém que não merecesse confiança.

— Deram-me a tarefa de cuidar da casa e olhar a pequena Cássia.

— O que você fez muito bem! — exclamou Antonieta. — Tornou-se parte da nossa família.

— Mas diga-nos o que esconde esse olhar triste que somente agora pude perceber — falou Cássia.

— Quando aqui cheguei, trouxe uma história de sofrimento muito grande. Havia terminado um relacionamento com um homem bem mais velho que eu, união essa exigida pelos meus pais a troco de dinheiro. Eles me venderam. Fui muito infeliz, sofri maus-

-tratos físicos e morais, apanhava quase que diariamente, vivia cheia de hematomas e dores pelo corpo.

Cássia, interrompendo o relato de Sabina, disse:

— Você foi vendida, Sabina, mal posso acreditar que isso existe!

— Existe mais do que você pensa, Cássia, principalmente entre as pessoas de baixa renda. Meus pais não fugiram à regra. Naquela época, isso era comum na minha pequena cidade, onde a maioria dos habitantes era miserável.

— Então, era por isso que não suportava as agressões de Léo, não é Sabina?

— Sim, tinha medo que chegasse ao ponto que havia chegado comigo. Conheço um mau-caráter de longe, Cássia.

— Continue — pediu Antonieta.

— Após dois anos de união, fiquei grávida e o sofrimento, em vez de diminuir, aumentou. Meu marido não queria filhos e não escondeu a sua raiva ao saber da minha gravidez.

— E como foi essa gestação, Sabina, com todo esse trauma? — perguntou Antonieta.

— Desenvolveu-se, dona Antonieta, porque Deus assim o quis. Em nenhum momento fui ao médico, tive péssima alimentação, sem contar as agressões, que continuaram para ver se eu abortava, como ele dizia.

— Você não serve nem para perder esse filho — dizia Tião, na sua loucura.

Nesse ponto, Cássia, lembrando-se da imensa vontade de ser mãe, não suportou tamanha insanidade e chorou copiosas lágrimas.

— Não posso acreditar em tamanha maldade — dizia.

Antonieta, mais controlada que a filha, perguntou:

— E onde está essa criança, Sabina, seu filho?

Nesse ponto foi a vez de Sabina deixar fluir sua dor nas lágrimas que derramou.

— Depois que ele nasceu, ficou ao meu lado somente por seis meses, o tempo em que tive leite para amamentá-lo. No fim desse tempo, Tião entregou a criança para minha mãe, com a finalidade de ajudá-la a conseguir um pouco de dinheiro. Tudo fiz para reaver meu filho, um menino, mas Tião levou-me à força para uma cidade vizinha para passar uns tempos, como ele dizia. Fiquei praticamente presa em um sítio, sem poder sair e vigiada dia e noite. Passados vinte dias, mais ou menos, levou-me de volta à nossa casa. Lá chegando, fui direto à casa de meus pais buscar meu filho, e a minha surpresa foi saber que, enquanto estive fora, minha mãe repetira o ato insano que havia feito comigo, ou seja, vendera meu filho para um casal de estrangeiros que, em seguida, voltara a seu país. Desesperada, arrumei minhas poucas roupas e saí de casa sem rumo, como uma dementada. Depois de dois dias, cheguei a esta cidade suja, faminta, em farrapos. Fui pedir auxílio em um centro espírita, e lá conheci dona Aurélia, sua amiga, dona Antonieta. Ela me hospedou por alguns dias em um quartinho nos fundos do centro até que me recuperasse e ostentasse uma aparência melhor. Enquanto lá estive, dona Aurélia me ensinou muita coisa. Falou de Deus, das nossas provas e da vida futura. Deu-me muitos livros para ler e, por meio desses ensinamentos, aconteceu meu encontro com Deus. Aprendi a perdoar, estudei todos os livros e soube de muita coisa. O resto, a senhora já sabe. Sua amiga soube que a senhora precisava de alguém para ajudá-la e me apresentou.

Tudo deu certo. Estava feliz da maneira que conseguia estar. O tempo é senhor de tudo, alivia nossas feridas e acalma nosso coração. Mas nunca pude esquecer os olhinhos de meu filho me fitando. A saudade se instalou em meu peito e me acompanha desde então.

Antonieta e Cássia não conseguiam segurar as lágrimas que desciam por suas faces.

— Você tem esperança de encontrá-lo, Sabina? — perguntou Cássia.

Com tristeza nos olhos, ela respondeu:

— Sonhei com isso minha vida inteira, Cássia, mas o tempo está me dizendo que sonho em vão. É praticamente impossível depois de tantos anos.

— Nada é impossível para o nosso Criador, Sabina, você mesma me ensinou isso. Quantas vezes me disse isso! Portanto, se estiver nos planos de Deus seu encontro com seu filho, um dia isso acontecerá — disse-lhe Antonieta, enxugando as lágrimas.

— Sabina, você sabe que idade ele teria agora?

— Claro, Cássia, todos os anos, no dia de seu aniversário, canto parabéns para ele. Ele é um pouco mais velho que você. Deve estar com vinte e seis anos.

— Temos quase a mesma idade, uma diferença de meses — disse Cássia.

— Sim — confirmou Sabina. — Vocês têm quase a mesma idade.

— É por isso que sempre me quis como a uma filha, não?

— Sim. Dei a você todo o meu carinho de mãe, carinho esse que me impediram da dar ao meu filho.

— Você não deu fisicamente, minha amiga — disse Antonieta —, mas a sua vibração de amor, seu carinho sincero e saudoso, percorreram o espaço e, com certeza, o alcançaram, não importa onde.

Sabina, novamente enxugando as lágrimas, disse:

— Obrigada, vocês me fazem muito bem, aliviam minha dor sufocada por tantos anos. Agora sei que deveria ter-lhes contado há mais tempo.

— Não, Sabina, você contou no momento certo. Agora é a hora, e nossa conversa não foi por um simples acaso, existe a interferência de Deus.

— Mais uma vez obrigada, Cássia. Obrigada, dona Antonieta, por tudo o que fez por mim sem nenhum interesse, a não ser pela generosidade. A minha gratidão me acompanhará pela eternidade.

Cássia, levantando, abraçou Sabina com muito carinho e disse:

— Agora chega de tristeza! Vamos permitir que a alegria acalme nosso coração. Vamos comemorar esse encontro em que nossas almas se entrelaçaram e se uniram para sempre pela compreensão e pelo carinho que sentimos uma pela outra. A amizade sincera e sem interesse é, sem dúvida, um presente de Deus.

— Concordo com você, minha filha. Agora só falta Sabina fazer aquele chá de maçã que só ela sabe fazer.

— Com os biscoitinhos de coco — completou Cássia.

Feliz, Sabina levantou-se e disse sorrindo:

— Preciso só de cinco minutos, tudo bem?

— Tudo bem — responderam Antonieta e Cássia ao mesmo tempo.

Capítulo 9

O despertar do amor

O tempo transcorria seguindo seu curso natural. Na residência de Antonieta, a rotina, aos poucos, ia se instalando, cada uma guardando em seu íntimo sua saudade e suas esperanças.

Enquanto Sabina sentia-se aliviada em razão do seu desabafo com as pessoas que amava, Antonieta trazia o coração machucado pela saudade de Orlando, seu companheiro de tantos anos. Não raro seus olhos marejavam, deixando cair sentidas lágrimas. Tentava esconder de sua filha a angústia que trazia em seu peito ferido pela separação.

Cássia a cada dia se dedicava mais ao seu trabalho voluntário no projeto da prefeitura local. Estreitara sua amizade com Frank, rapaz que há pouco tempo chegara à cidade e que, encantado com a obra social, filiara-se ao quadro de voluntários. Sentia por ele um carinho que reconhecia ser um pouco além de simples amizade. Acostumaram-se a manter longas conversas sempre que deixavam a chácara ou mesmo entre as verduras e flores que encantavam Cássia.

Em um desses momentos, Frank lhe disse:

— Tenho observado como você admira as flores, com que cuidado segura suas hastes e cheira seus perfumes. Foi sempre assim ou essa paixão nasceu no envolvimento com este projeto social?

Sorrindo, Cássia respondeu:

— Não, Frank, não nasceu neste projeto. Algum tempo atrás, quando ainda morava na capital, tinha em minha casa uma grande estufa onde cultivava orquídeas e bromélias. Essa estufa era o meu refúgio, o lugar onde silenciava e ia em busca de mim mesma.

— Quer dizer que não morava nesta cidade? — perguntou Frank.

— Nasci aqui, fui para a capital para estudar e lá me casei.

Espantado, Frank perguntou:

— Você é casada?

Uma leve nuvem de tristeza passou pelos olhos de Cássia. Frank, percebendo, completou:

— Desculpe-me se estou sendo indiscreto. Se não quiser, não responda. Não tenho o direito de invadir sua privacidade.

— Não está invadindo minha vida, Frank — respondeu Cássia docemente. — Nada tenho a esconder. Hoje já posso falar sobre meu passado sem me deixar abater. Aprendi que o passado fará parte de minha vida para sempre, mas não preciso carregá-lo comigo com todo o seu conteúdo. Trago em meu coração somente as boas recordações.

— Devo imaginar que nem tudo foram flores para você, acertei?

— Acertou.

— E seu marido, vocês se separaram?

— Sim. Na realidade, nos separamos duas vezes, e as duas por vontade dele.

— Desculpe-me, mas não estou entendendo o que quer dizer.

— Quero dizer que ele pediu a separação porque não me amava e se envolveu com outra mulher. Algum tempo depois, não suportando o peso dos próprios erros e os desatinos que praticou, tirou a própria vida.

— Você gostaria de falar sobre isso?

— Outro dia sim. Hoje, se não se importa, não.

— Claro que não me importo, Cássia, outro dia falaremos sobre isso, se assim você quiser.

— Diga-me, Frank, o que o trouxe a esta cidade pequena, tão sem possibilidades, um rapaz culto, educado e gentil como você? Toda a sua família veio também?

— Não, Cássia vim sozinho. Minha família está toda na América.

— E qual a razão de deixá-los? O que veio fazer aqui neste fim de mundo, como dizem?

— Vim em busca da minha identidade, saber a minha origem, de quem é o sangue que corre nas minhas veias, enfim, saber na realidade quem eu sou.

Surpresa, Cássia indagou:

— Não entendo o quer dizer. Sua família não está na América?

— Sim, a família que me criou, me fez homem de verdade, deu--me estudo e dignidade. A família que me amou praticamente desde o meu nascimento.

— Você quer dizer que não é filho legítimo?

— Isso. Fui adotado quando ainda era bebê.

— Só agora soube disso?

— Não. Meus pais nunca me esconderam a verdade nem poderiam, pois a minha estética é completamente diferente da de todos os membros da família, mas isso não os impediu de me amar.

— Por que especialmente esta cidade?

— Porque me disseram que minha origem está por aqui, não propriamente nesta cidade, mas nos arredores dela.

Cássia notou em Frank o desejo de encerrar o assunto.

— Vamos deixar esse assunto para outro dia. Pelo que percebo, nós dois temos motivos para nos emocionar falando do nosso passado, apesar de sua questão ser do presente.

— Tem razão. É o meu presente trazendo as reações do meu passado. Mas não estou infeliz, estou apenas ansioso, o que imagino ser natural.

Querendo trazer alegria àquele momento, Cássia perguntou:

— Você não gostaria de ir até minha casa conhecer minha mãe?

— Claro! Quando você quiser.

— Vamos marcar então. Agora preciso ir, Frank, se demoro muito minha mãe fica nervosa. Ela ficou muito sensível desde a morte de meu pai.

— Seu pai é falecido?

— Sim.

— Sinto muito, Cássia.

Despediram-se.

Chegando em casa, não encontrou a mãe nem Sabina.

Perguntou a si mesma: "Onde será que essas duas foram? Bem, enquanto aguardo, vou tomar banho e esperar o jantar".

Mais tarde, ao escutar o som de vozes na cozinha, desceu ao encontro de Antonieta e Sabina.

— Oi, filha — disse sua mãe —, não sabia que já estava em casa.

— Também cheguei e não encontrei ninguém em casa. Podem me dizer onde estavam? Imagino que fazendo compras.

— Engano seu, minha filha, fomos ao Centro Espírita.

— Não sabia que estavam frequentando o centro. Isso me alegra muito.

— Há algum tempo vamos às reuniões à tarde e vou lhe dizer, filha, está fazendo um grande bem para nós. Todas as tardes você vai para o projeto. Resolvemos, então, ir pelo menos uma vez por semana.

— Vocês fazem muito bem! — exclamou Cássia. — Gostaria de ir um dia com vocês.

— Quando você quiser.

— Conte para Cássia, dona Antonieta, o que aconteceu hoje.

Curiosa, Cássia perguntou à mãe:

— O que foi que aconteceu, mãe, conte-me logo!

— Filha, em uma das reuniões, pedi ao mentor da casa que trouxesse notícias de seu pai, e hoje fui agraciada com a resposta ao meu pedido.

— Verdade, mãe? E o que foi que ele disse?

Enxugando duas lágrimas que brotaram em seus olhos, Antonieta falou:

— Disse-nos que ele está muito bem, adaptado à nova vida, frequentando as palestras de madre Teresa e se preparando para iniciar um trabalho.

Emocionada, Cássia também deixou lágrimas de saudade molharem seu rosto.

— Que bom, mãe, saber que papai está bem e feliz. Será que ele pensa em nós?

— Sim, filha. Segundo o mentor, ele ora por nós para que tenhamos uma vida tranquila dentro dos padrões divinos. Disse, ainda, que ele também sente saudade e a transforma em vibrações de amor e carinho.

Sabina, após alguns instantes, disse:

— Se todos os homens soubessem da vida depois de amanhã, quando entregamos nosso corpo físico à terra, controlariam melhor seus atos em relação ao próximo e a si mesmos. Andariam menos distraídos. Seriam mais sensatos e prudentes e amariam mais.

— Mas a humanidade ainda está longe de perceber isso, Sabina — disse Cássia. — Acham erroneamente que tudo se acaba com a morte do corpo, e que ninguém prestará contas sobre o que fez com sua vida aqui na Terra. Em razão disso, entregam-se à ganância do poder, à satisfação de si mesmos e excluem de sua vida aqueles que nada podem lhes oferecer.

— Cássia, o amanhã chega para todos, e não adianta negar isso. Na realidade, ninguém sabe se amanhã acordará aqui ou na espiritualidade.

— Essa é uma verdade que atingirá a todos — disse Antonieta.

— É preciso ser feliz a cada minuto com o que temos para sermos felizes. A felicidade possui muitas formas, e uma delas é perceber que viver é a nossa grande chance. Eu aprendi isso, minha filha. Quase caí na autocompaixão quando seu pai se foi. Para mim, não existia mais nenhuma possibilidade de ser feliz. Frequentando as reuniões do centro, consegui entender que ainda posso ser feliz, como fiquei hoje ao saber que seu pai está bem. Ensinaram-me que felicidade é uma conquista da nossa alma, é um estado que só nós podemos criar.

— Mãe, que bom ouvi-la falar assim. Eu também acredito nisso. Sei que podemos, nós três juntas, encontrar o caminho seguro.

Querendo mudar o rumo da conversa, Cássia disse:

— Vocês se lembram quando falei que conheci um rapaz lá no projeto que...

— Que você ficou interessada? — continuou Sabina.

Rindo, Cássia respondeu:

— Vamos dizer que sim.

— Claro que lembramos, filha. O que tem ele?

— Nós estamos nos dando muito bem, existe uma amizade muito sincera entre nós, uma grande afinidade.

— E daí?

— Daí que hoje estivemos por um longo tempo e ele me contou sobre sua vida e o porquê de ter vindo para o Brasil, principalmente para a nossa cidade.

— E por que foi? — perguntou Antonieta, demonstrando curiosidade.

— Sua mãe adotiva lhe disse que sua origem está nos arredores desta cidade, e ele veio em busca da verdade.

— Que interessante — disse Antonieta. — É difícil a mãe adotiva ajudar na busca da mãe biológica.

— Ele sempre soube a verdade, nunca esconderam nada dele.

— É, mas vai ser difícil encontrar sua mãe depois de tantos anos, principalmente por não ter por onde começar.

— Ele sabe disso, mas não vai desistir.

— Para Deus nada é impossível!

— Por falar nisso, mãe, você se incomodaria se eu o trouxesse aqui em casa para conhecer as duas pessoas que mais amo nesta vida?

— Claro que não, Cássia, vou adorar conhecer a pessoa que está fazendo o coração de minha filha bater mais forte.

— Mãe, pelo amor de Deus, não vai falar isso perto dele, hein!

Sabina respondeu:

— Cássia, é claro que sua mãe não vai se intrometer a esse ponto, nem eu. Portanto, pode trazer seu futuro namorado para nos conhecer.

Admirada com a colocação de Sabina, Cássia respondeu:

— Por que está dizendo isso, Sabina, você nem o conhece, e ele não é meu namorado.

— Por nada, Cássia, apenas intuição, nada mais.

— Então está certo. Quando aparecer a oportunidade eu o trago aqui.

— Ficaremos aguardando.

— Fico contente ao ver Cássia assim animada, Sabina, parece-me que já superou toda a angústia vivida por conta da crueldade de Léo.

— Acredito que ela nem pense mais nele, dona Antonieta. Está tão animada com essa amizade nova, com seu trabalho voluntário! Faz planos para sua vida, e isso é um ótimo sinal.

— Graças a Deus tudo voltou ao normal na nossa vida. Se não fosse a ausência de Orlando, diria que vivemos a felicidade plena.

— Vou lhe dizer uma coisa, dona Antonieta, a felicidade plena não existe aqui na Terra, que é um planeta de expiações e provas. Mas existe a felicidade compatível com nossa realidade como criaturas imperfeitas que somos. Necessário se faz saber percebê-la.

— É, Sabina, você é realmente uma pessoa especial! — exclamou Antonieta.

Sabina levantou-se e, sorrindo, dirigiu-se à cozinha.

As pessoas felizes vivem no mesmo mundo de expiações e provas. Sofrem, lutam e enfrentam problemas, dificuldades, dores e enfermidades, entretanto fazem a opção de serem felizes.

Mas o que é optar pela felicidade?

Em primeiro lugar, é superar a tendência humana de cair na autocompaixão. É entender que não se deve cultivar a mágoa, é não se machucar com uma visão pessimista e desajustada da vida, mas conseguir ver as marcas de Deus em todos os momentos de sua existência, em todos os cantos do Universo, porque a felicidade é subordinada ao que fazemos dela.

Como disse Francisco de Assis, a felicidade é conquista interior; é um estado que só nós podemos criar, cultivando nossos valores e alegrias da nossa alma.

Capítulo 10

A visita de Orlando ao lar terreno

Orlando a cada dia se fortalecia mais. Frequentava com assiduidade as palestras, conseguira pequenos trabalhos que fazia com alegria. Sentia saudade de sua esposa e filha, que ficaram na Terra, mas nessas horas Eneida o fortalecia com energia salutar, dizendo que a separação de nossos entes queridos sempre vai acontecer em algum momento, e nessas horas nos fortalecemos por meio da fé em nosso Criador, na certeza de Sua justiça, sabedoria e bondade, que tudo promove para que a evolução de suas criaturas possa seguir o processo natural.

Orlando ouvia-a com atenção e voltava ao seu equilíbrio, esperando e confiando que um dia o encontro se daria novamente.

Recebia notícias de seus familiares e alegrava-se em saber que caminhavam com prudência, sempre respeitando as leis divinas. Isso o confortava e, cada vez mais, se entregava às orações e ao trabalho.

Acostumara a se sentar todas as tardes em frente ao lago azul e entregar-se às meditações, orando a Jesus em agradecimento pelas bênçãos recebidas. Em uma dessas ocasiões, Eneida veio ao seu encontro.

— Posso lhe fazer companhia, Orlando?
Feliz, ele respondeu:
— Claro, sua presença traz alegria ao meu espírito.
— Orlando, temos observado seu equilíbrio, seu esforço e sua dedicação ao trabalho que lhe foi destinado. Em vista disso, Jacob conseguiu autorização para levá-lo até a crosta terrena.
Orlando levou um susto.
— Você está querendo dizer o que eu estou pensando, Eneida?
Brincando com o amigo, Eneida respondeu:
— Não sei em que está pensando!
— Sabe sim, minha amiga.
— Sei sim, Orlando, apenas brinquei com você. É o que está pensando.
— Nem ouso dizer, tamanha felicidade invade o meu ser!
— Você irá até a Terra acompanhando uma equipe. Lá foi permitido que visite seu antigo lar terreno para ver sua esposa e filha.
— Meu Deus, como posso agradecer? — exclamou.
— Agradeça a Jesus por essa oportunidade, Orlando. Prepare-se para não perder seu equilíbrio, é de suma importância que mantenha sua estabilidade emocional.
— Vou me esforçar ao máximo, Eneida, pois não quero perder essa chance de ver minha esposa e minha filha e saber exatamente como estão. Quando iremos?
— Logo virei chamá-lo. Enquanto aguarda, entregue-se à prece que acalma, renova e fortalece.
Assim que Eneida se ausentou, Orlando elevou seu pensamento a Jesus e orou ao divino Amigo.

Senhor, olhe por mim e proteja-me para que possa usufruir desse benefício que o Senhor me concede. Sou-Lhe agradecido, Divino Mestre, e me esforçarei para ser merecedor dessa bênção. Assim seja.

Passados alguns instantes, Eneida voltou e, tendo Orlando a seu lado, agrupou-se à equipe que, comandada por Jacob, descia à crosta terrena. Como era a primeira vez que Orlando participava dessa viagem, para ele tudo era novidade, e se encantava com o processo de volitação, que fazia apoiado em Eneida. Seguindo a orientação de Jacob, deixava a curiosidade de lado e mantinha-se em prece.

A equipe, em segundos, estava na praça central da pequena cidade onde Orlando vivera. Enquanto ia em cumprimento à missão para qual descera à Terra, Eneida seguiu com Orlando ao seu antigo lar. Ao se aproximar da porta de entrada de sua antiga casa, ver o jardim florido, bem cuidado, tudo como antigamente, Orlando sentiu uma emoção forte. Eneida, experiente, apoiou o amigo, beneficiou-o com energia salutar e, juntos, oraram a Jesus pedindo auxílio.

— Está bem? — perguntou ao amigo.

— Estou, Eneida, foi só um momento de extrema emoção.

— Isso é perfeitamente natural, Orlando, é a primeira vez que retorna ao lugar onde passou anos de sua existência terrena. É compreensível que aconteça. Só não deve prolongar essa emoção, mantenha-se com o pensamento no Mais Alto e veja esta situação como um grande benefício concedido.

— Eu sei, Eneida, vou ficar bem.

— Vamos entrar. Está preparado ou prefere esperar um pouco mais?

— Não, podemos entrar — respondeu Orlando, ainda levemente emocionado.

Entraram.

Encontraram Sabina na cozinha preparando a refeição.

— Grande espírito esse — disse Eneida. — Forte, altruísta, possui muitos amigos na espiritualidade. Cumpre sua tarefa com valentia, sem nunca perder a fé.

— Tem razão — concordou Orlando. — Antonieta e eu devemos muito a essa grande amiga.

Aproximou-se de Sabina e passou, com delicadeza, as mãos em seus cabelos, como sempre, presos em um coque. Sensível, Sabina sentiu a vibração dos dois espíritos, elevou o pensamento em Jesus e disse: "Senhor, seja quem for que estiver aqui, que seja abençoado por Vós".

— Veja, Orlando, a tranquilidade com a qual esta irmã se dirige ao Senhor! Isso vem da confiança em seu Criador, da certeza que, a um pensamento de amor que se dirige ao Pai, o auxílio vem a galope. Não sente medo, entende as fraquezas do próximo, seja encarnado ou desencarnado, porque sentiu na própria pele o que é viver angústias e pesadelos, e tem consciência de que cada um reage diferente perante as diversas situações de sofrimento.

— Que Jesus a abençoe — disse Orlando.

Eneida convidou-o gentilmente:

— Vamos ver Antonieta?

— Claro, é o que mais anseio — respondeu Orlando, sentindo leve ansiedade.

Eneida, percebendo, orientou-o:

— Mantenha-se em sintonia com nosso Mestre. Não permita que a emoção o desequilibre.

Adentraram o local onde Antonieta atentamente se entregava à confecção de roupinhas para os enxovais que a Casa Espírita que frequentava com assiduidade entregava às gestantes carentes.

Orlando se surpreendeu.

— Há quanto tempo ela se entrega a essa atividade? — perguntou a Eneida.

— Não faz muito tempo, Orlando. Em suas idas às reuniões espíritas, tomou conhecimento desse trabalho que a casa oferece e se prontificou a auxiliar. Essa atividade vai fazer muito bem ao coração dela, tão sofrido pela saudade que sente de você. O trabalho edificante é o bálsamo para muitas dores — completou Eneida.

Orlando se aproximou mais da esposa que deixara na Terra e, num gesto de imenso carinho, alisou seu rosto, seus cabelos e deu um beijo em sua face. Antonieta não pôde sentir a presença de pessoa tão querida para ela, mas veio-lhe a lembrança de Orlando, e seu coração foi invadido pela saudade. Pensou: "Que interessante! De repente me veio uma grande saudade de Orlando. Meu Deus, como será que ele está? Sempre foi uma pessoa tão boa, bom marido, bom pai, enfim, Deus deve tê-lo recebido em seu reino".

Feliz em sentir o carinho que sua esposa ainda tinha por ele, respondeu, mesmo sabendo que Antonieta não o ouviria:

— Estou bem, minha querida companheira, fui recebido pelos espíritos amigos, auxiliado nos meus primeiros dias e sigo minha evolução aprendendo a ser uma criatura melhor. Estou feliz, apesar da saudade que sinto de você e de Cássia. Um dia nos encontraremos novamente, se Deus assim o permitir. Siga seu caminho sempre com Jesus no coração. Cuide de nossa filha e auxilie quanto puder o seu próximo. Esse é o caminho!

Antonieta não pôde registrar nenhuma das palavras dele, mas sentiu paz e tranquilidade em seu coração.

— Ele deve estar bem, tenho certeza de que sim.

Em um ímpeto de amor para com aquele que dividira anos de sua vida ao seu lado, disse em uma prece:

— Obrigado, Orlando, por ter sido o melhor companheiro que eu podia desejar. Fui feliz com você e agora só almejo a sua felicidade no reino de Deus. Se sofro, não importa, só quero que seja feliz. Que Jesus o abençoe.

Orlando fitou Eneida visivelmente emocionado. Ela, sensível ao momento importante que vivia seu amigo, disse-lhe:

— Esta é a recompensa dos homens de bem, Orlando, daqueles que não se esquecem de que existe vida depois de amanhã e que vivem como verdadeiras criaturas de Deus. Vamos agora ver Cássia?

— Vamos! — exclamou Orlando. — Quero muito ver como está minha querida filha.

Seguiram.

Encontraram Cássia no projeto conversando com Frank.

Orlando estranhou e perguntou a Eneida:

— Quem é esse que conversa tão animado com minha filha?

Eneida percebeu que o sentimento do ciúme atacou o espírito de Orlando.

— Orlando, o ciúme não cabe em um espírito, principalmente naquele que já encontrou o caminho da luz, como é o seu caso.

Orlando percebeu sua imprudência e sentiu-se envergonhado.

— Perdoe-me, Eneida, fui imprudente.

— Não se culpe tanto, Orlando, isso é natural quando ainda se está no processo de aprendizado. Você está indo muito bem, meu amigo, se assim não fosse não estaria aqui agora visitando seus familiares. Isso é um merecimento.

— Eu sei e sou muito agradecido a Jesus por poder retornar ao meu antigo lar terreno, ver minha companheira e minha filha, certificar-me de que estão bem.

— Esta é a recompensa dos homens de bem, Orlando!

O verdadeiro homem de bem é aquele que pratica a lei de justiça, de amor e de caridade em sua maior pureza. Se interroga a consciência sobre seus próprios atos, pergunta a si mesmo se não violou essa lei; se não fez o mal e se fez todo o bem que podia; se negligenciou voluntariamente uma ocasião de ser útil; se ninguém tem o que reclamar dele; enfim,

*se fez a outrem tudo o que quereria que se fizesse para com
ele. (O Evangelho Segundo o Espiritismo, Cap. XVI.)*

— Agora, Orlando, vou responder à pergunta que você me fez — disse Eneida. Esse irmão que conversa com Cássia é aquele que irá fazê-la feliz, meu caro Orlando.

— Como assim? — perguntou Orlando.

— O caminho deles está traçado. São duas almas que se conhecem há muito tempo, se amam e juntos cumprirão os desígnios do Pai.

— Mas eles mal se conhecem e já vão se unir?

— Orlando, tome conta de seus pensamentos, passe-os pelo crivo da razão e da sensatez. Eles se encontraram há pouco tempo aqui na Terra e houve a simpatia mútua, mas, pela limitação do corpo físico, precisarão se descobrir de verdade nessa roupagem. A ligação do pretérito lhes dará a sensação de que se conhecem há muito tempo, e isso facilitará esse reencontro.

Diante da surpresa que Orlando demonstrou e desses esclarecimentos, Eneida lhe disse:

— Tranquilize-se, eles serão felizes. Cássia finalmente encontrou seu verdadeiro amor. Agora se aproxime dela e lhe dê o carinho que guarda em seu espírito.

Orlando seguiu o conselho de sua amiga. Aproximou-se da filha e depositou um beijo em sua testa, dizendo-lhe:

— Eu amo você, minha filha e, se Jesus permitir, irei protegê-la sempre para que nunca se desvie do caminho do bem. Seja uma fiel seguidora das palavras do Mestre, sem fanatismo, mas uma tarefeira lúcida e verdadeira, que possui como objetivo a prática do bem.

Cássia, assim como acontecera com Antonieta, sentiu uma doce saudade de seu pai invadir-lhe a alma. Frank, percebendo a transformação que ocorrera em sua amiga, perguntou-lhe:

— O que foi, Cássia, senti que sua fisionomia se transformou. Algum problema?

— É estranho, Frank, de repente senti uma enorme saudade de meu pai e um amor muito grande por ele. Um amor assim inteiro, forte, que não diminui com a distância. Uma sensação gostosa, como se ele estivesse aqui ao meu lado me aconselhando. Não acha isso uma loucura?

— Não necessariamente, Cássia.

Surpresa, Cássia disse:

— Não entendi o que quer dizer.

Muito à vontade, Frank respondeu:

— Quero dizer que pode ser que ele esteja realmente aqui.

— Você acha mesmo, Frank?

— Acho, e acho também que é a coisa mais natural.

— O que está querendo me dizer, Frank?

— Quero dizer que sou espírita e sei que isso pode perfeitamente acontecer. Nossos entes queridos que nos antecedem no retorno podem nos visitar, Cássia.

— Estou surpresa — exclamou Cássia. — Quer dizer que você é espírita? De verdade?

— Sou, Cássia, fui criado na Doutrina Espírita, apesar de no meu país ela não ser a doutrina predominante. Mas meus pais adotivos são espíritas e fui criado dentro desses padrões.

— Estou perplexa!

— Por que, não gostou? Isso lhe causa algum problema?

— De forma alguma, apenas estranhei o fato, só isso. Mesmo porque eu também sou espírita e acredito nos conceitos que os espíritos nos ensinam. Admiro a luta que esses bons amigos travam para orientar a humanidade a seguir o caminho do bem.

— Nossa! — exclamou Frank. — Temos muitas coisas em comum.

— É verdade — concordou Cássia.

— Acho que nos daremos muito bem, Cássia.

— Tenho também essa impressão.

Eneida dirigiu-se a Orlando:

— Percebe, Orlando, por que serão felizes juntos? Pensam e agem dentro dos padrões das leis divinas; respeitam-se e cada um, à sua maneira, vive de acordo com as palavras de Cristo. Esse é o caminho, Orlando. Você ainda terá surpresas, precisa aguardar o tempo certo.

— Aprendi que a paciência é essencial, não é mesmo, Eneida?

— Sim, Orlando, e por uma razão muito simples: as coisas têm tempo certo para acontecer dentro do equilíbrio. Se não respeitamos isso, nos atropelamos na nossa própria impulsividade e, não raro, colocamos tudo a perder.

— Posso me aproximar novamente de Cássia?

— É melhor partirmos, Orlando. Não podemos invadir a privacidade dos encarnados. Eles estão conversando, se conhecendo e é preciso respeitar seus momentos. Além do mais, o objetivo de sua visita foi alcançado, e não é prudente avançar mais do que o permitido. Vamos nos encontrar com a equipe. Jacob está nos esperando.

Orlando emitiu uma energia de amor para Cássia e se despediu, acompanhando Eneida, que se dirigiu ao encontro de Jacob.

— Então, Orlando, como foi sua visita? — perguntou Jacob.

— Foi uma imensa felicidade rever meus entes queridos, saber que todos estão bem, minha companheira de tantos anos, minha filha querida e Sabina, que continua ao lado delas, sempre prestativa e amiga.

— Alegro-me por você, Orlando.

Dirigindo-se a Eneida, disse:

— Temos uma missão emergencial. Precisamos receber um irmão que deixou seu corpo físico de uma maneira inesperada.

— Posso acompanhá-los? — perguntou Orlando timidamente.

— Deve, sim, nos acompanhar. Não podemos deixá-lo só, ainda não está em condições de enfrentar as investidas sombrias.

A equipe seguiu para a periferia rural da cidade. Em segundos, estavam diante do corpo inerte de Osmar, caído em frente à sua pequena casa, vítima de um tombo do telhado. Jacob aproximou-se dele e percebeu que, no tombo, Osmar havia quebrado o pescoço. A equipe do desencarne, com destreza, desatava os liames que o prendiam à matéria já sem vida. Ao seu lado, entregues a copioso pranto, estavam sua mulher e seus dois filhos ainda pequenos.

Eneida, acompanhada de Orlando, tentava acalmar Jandira, ministrando-lhe energia salutar, mas tudo parecia em vão. Jandira, mulher sem fé, sem crença, gritava blasfêmias contra tudo e contra todos.

— O que fiz para merecer esse castigo? — ela dizia. — O que vou fazer agora para criar essas duas crianças sozinha, sem ninguém para me apoiar? Por que Deus, se é que Ele existe, permitiu que duas crianças inocentes ficassem sem pai tão cedo, e eu viúva ainda jovem?

Embora todos que ali chegaram tentassem acalmá-la com palavras de conforto, nada parecia surtir efeito no coração endurecido de Jandira, que prosseguia na sua conduta de criatura sem Deus e sem o mínimo de conteúdo edificante. Respondia às palavras de conforto com outras totalmente agressivas.

— Vocês falam isso porque não aconteceu com vocês. Não são seus filhos que ficaram sem pai. Nada me importa, nem esse Deus de que tanto falam e que eu não acredito que exista!

— Eneida, por que existem pessoas que na hora da separação de um ente querido se entregam ao desespero, renegam a existência de Deus e acham que tudo termina com o corpo físico? — perguntou Orlando.

— Simples, Orlando, porque existem pessoas tolas o suficiente para renegar Aquele que as criou, que lhes deu a vida e a oportunidade de se melhorar. Julgam erroneamente que tudo se acaba no instante em que a vida cessa na matéria. E o que acontece é exatamente o contrário. A criatura que deixa seu corpo pela desencarnação nasce na espiritualidade, retorna à pátria verdadeira, volta à sua origem. Os gritos e o choro desarrazoados demonstram falta de fé. É uma revolta contra a vontade de Deus e fazem sofrer mais aquele que parte. É preciso ter confiança no Criador, Orlando, saber que um dia esse retorno acontecerá para todos, e ninguém poderá evitar. Quando nos separamos de um ente querido, pessoa que amamos acima de tudo, é necessário entregar nossa dor a Jesus e confiar no auxílio do Mestre, porque sofrimento com Jesus é sofrimento equilibrado. Em tudo existe uma razão de ser, um propósito para que a melhora aconteça àquele que parte e àquele que fica.

— Vamos — chamou-os Jacob. — É hora de levar nosso irmão.

— E a viúva — perguntou Orlando —, receberá auxílio?

— Ela está recebendo, Orlando, mas sua revolta e seu desespero não a deixam sentir. Ninguém fica desamparado, mas nem todos sentem o amparo divino. Vamos.

A equipe seguiu levando Osmar, que dormia beneficiado pela energia salutar que recebia.

Na morte natural, que se verifica pelo esgotamento da vitalidade orgânica, em consequência da idade, o homem deixa a vida sem perceber: é uma lâmpada que se apaga por falta de energia.

A perturbação que se segue à morte nada tem de penosa para o homem de bem: é calma e em tudo semelhante à que acompanha um despertar tranquilo. Para aquele "cuja consciência não está pura, é cheia de ansiedade e angústias".

(O Livro dos Espíritos, Cap. V.)

Capítulo 11

O perdão como condição para o progresso

Enquanto para Orlando o curso de sua evolução seguia com tranquilidade e equilíbrio, proporcionando-lhe paz e felicidade, o mesmo não acontecia com Léo. Não que ele fosse desprezado pelo Criador, mas tudo na espiritualidade segue a lei da afinidade. Cada um é herdeiro de si mesmo e recebe a reação de suas ações no pretérito.

Ninguém é lançado ao sofrimento sem causa justa. São as próprias atitudes levianas, inconsequentes e cruéis que os atraem para o lamaçal da dor. Léo não fugiu à lei de causa e efeito, e a vida que julgou não existir cobrava-lhe seus desvarios.

Tornara-se prisioneiro dos trevosos, os mesmos que o incentivaram a cometer seus desatinos. Não tivera força quando encarnado para se livrar das tentações e agora, sem o corpo físico, sofria igualmente a influência das sombras.

Parecia um farrapo caminhando sem rumo, quase dementado, sendo usado para os mais sórdidos propósitos.

O assassínio é um grande crime aos olhos de Deus, pois aquele que tira a vida de um semelhante interrompe uma vida de expiação ou de missão, e nisso está o mal. (O Livro dos Espíritos.)

O homem não tem o direito de dispor de sua própria vida; somente Deus tem esse direito. O suicídio voluntário é uma transgressão dessa lei. (O Livro dos Espíritos.)

Escutava os lamentos de tantos que, como ele, desprezaram as leis divinas, vivendo para satisfazer seus impulsos e desejos nem sempre louváveis. Nem o conforto de uma prece recebia, fora esquecido por todos os que conhecera na Terra. O tempo passava e a situação de Léo permanecia sem mudanças.

Os encarnados brincam com a própria vida na Terra, são distraídos o bastante para não perceberem que cavam o próprio sofrimento. Sua atenção direciona-se para o brilho que atrai, mas que não se sustenta por falta de conteúdo. Muitos levam a vida no recreio indefinido, esquecem-se de aprender a lição que poderá salvá-los da dor futura.

A humanidade permanece cega para as coisas que realmente têm valor, surda para as palavras de esperança e de fé, muda quando o momento é propício para falar de amor, mas completamente desperta para ambicionar o que lhe dá uma posição de destaque no mundo dos homens.

Os homens se enganam! Quando a dor chega, colocam-se como vítimas do destino cruel. Essa é a realidade atual que o mundo está vivendo.

O homem se esquece de tudo o que julga não ser importante. Para muitos, a vida do próximo não lhes diz nada e não merece o menor respeito. Não deveria ser assim. Quem promove a felicidade alheia abre espaço para a própria felicidade.

Não se pode rotular as pessoas sem conhecê-las. Quando se age assim, geralmente são cometidas injustiças. Nem todos recebem as mesmas oportunidades de trabalho; a fome, a necessidade e a miséria levam muitos a grandes sofrimentos.

É dever do cristão minimizar a dor alheia.

A humanidade ainda não conseguiu aprender que amar verdadeiramente é humildade e fraternidade, porque esse é o ensinamento de Jesus; é o que vem da espiritualidade e se torna físico para a busca da paz entre os homens. Mas isso só vai acontecer quando os homens se libertarem das argolas que os prendem ao egoísmo de se acharem o centro do Universo.

Nesse dia, quando os sentimentos mesquinhos não entrarem mais no coração do homem, quando eles perceberem que todos têm direito à grande casa de Deus e se unirem para levantar a bandeira do bem tão alto que nenhum mal possa alcançá-la, quando suas mãos se entrelaçarem fortalecendo um ao outro e seus corações se abrirem para abrigar o sofredor, o necessitado, aquele que amarga a fome e o frio, ou mesmo o que não conseguiu visualizar a luz divina, nesse dia o sofrimento perderá espaço e a felicidade se fará aqui e na vida futura.

Orlando tinha presença assídua nas palestras ministradas no Educandário. Bebia cada palavra com o objetivo de se preparar para o trabalho de resgate, trabalho esse que havia solicitado ao Mais Alto.

— É preciso se preparar, Orlando —, dissera-lhe Eneida. — Nada pode ser feito sem preparo. No momento certo, quando os irmãos responsáveis acharem por bem incluí-lo na equipe socorrista, será chamado. É preciso ter paciência, esqueceu?

— Não, minha amiga, não esqueci. É preciso ter paciência — repetiu Orlando.

— Orlando — disse-lhe Eneida —, o trabalho solicitado por você requer muito equilíbrio, fraternidade e, principalmente, não guardar nenhuma mágoa em seu espírito, porque é possível encontrar desafetos, seres que nos magoaram profundamente e que cabe a nós resgatar. Portanto, o perdão é essencial para os espíritos que se propõem a auxiliar os que se encontram na dor.

— Perdão? — perguntou Orlando. — O que você está querendo me dizer, Eneida?

— Estou querendo saber como está a questão do perdão em seu coração, Orlando. — Orlando calou-se. Eneida insistiu: — Gostaria de falar sobre isso?

— Gostaria. Este é o momento?

— Não sei, meu amigo, só quem pode dizer é você.

Após alguns instantes, Orlando decidiu:

— Acho que é o momento. Que Jesus me auxilie e me proteja! É uma questão que precisa ser resolvida, e acredito que não deva mais ser adiada.

— Antes de iniciar, vamos fazer uma prece a Jesus, solicitando do Divino Amigo a bênção necessária para que tudo saia dentro do equilíbrio.

Assim fizeram.

Ao terminar a prece, Eneida disse a Orlando:

— Sinta-se livre, estou aqui em nome de Jesus para auxiliá-lo no que precisar.

De modo tímido, Orlando iniciou:

— Eneida, tenho pensado muito no modo como retornei à espiritualidade e, consequentemente, naquele que foi o causador do meu retorno, não sei se precoce ou se realmente era a minha hora.

— E o que esse pensamento causa em você?

— No início, causava-me muita angústia, ansiedade e confesso que comprometia meu equilíbrio.

— E agora?

— Recentemente, após frequentar as palestras, estudar, ouvir os bons amigos e orar ao Senhor, sinto-me mais aliviado. Não sinto mágoa nem desejo o mal para esse irmão. Vejo-o como um ser que causou o próprio sofrimento. Na sua escuridão, na sua total ignorância sobre as leis divinas, mergulhou no abismo da aflição, e hoje amarga sua inconsequência.

— Você o perdoou? — perguntou Eneida.

— Acredito que sim, mas não me sinto preparado para encontrá-lo.

— Na realidade, você ainda não o perdoou de verdade.

— Por quê?

— Porque o perdão puro e sincero exige o esquecimento completo das faltas que foram cometidas contra nós. O perdão precisa sair de dentro do nosso ser de uma maneira delicada, generosa, sincera e, antes de tudo, caridosa para com quem nos tenha ofendido. O perdão deve trazer para nós o esquecimento real da ofensa recebida, seja ela qual for, muito grave ou menos grave, não importa. Porque, quando perdoamos de verdade, esquecemos o que passou e provamos isso pela nossa capacidade de nos reconciliar com nossos ofensores. Não se pode esquecer que Jesus nos deu o maior exemplo de perdão, quando crucificado na cruz, sofrendo dores cruciantes por causa da injustiça e da maldade dos homens. Ele disse: "Pai, perdoai-lhes porque não sabem o que fazem".

Orlando estava encantado com os esclarecimentos de Eneida. Percebeu que realmente o seu perdão não era ainda o definitivo, puro, aquele que Jesus exemplificou, pois sentia que não tinha ainda preparo para encarar seu algoz do passado.

Eneida, percebendo o que se passava no íntimo de seu amigo, disse-lhe amorosa:

— Não se martirize, Orlando, você está no caminho certo. Está se preparando para um trabalho que deseja fazer. Tarefa essa difícil e que requer muito amor, e isso é bom. Quando estiver apto, é sinal que seu espírito chegou ao ponto em que o perdão brilha pleno em seu coração. É só uma questão de tempo, meu amigo.

— Obrigado, minha amiga, sou-lhe muito grato pelo bem que me faz.

Perdoando o nosso próximo, estamos angariando méritos para nós mesmos, perdão para nossos próprios erros, indulgência para nossas faltas. Que nossos lábios possam sempre se abrir para oferecer a todos os que se aproximarem de nós o sorriso da amizade e a palavra de carinho e conforto que ajudará nosso irmão a compreender os ensinamentos de Cristo, ajudando-os a prosseguir no caminho da espiritualidade.

Orlando, após os esclarecimentos de Eneida sobre o perdão, sentiu-se melhor e mais confiante. Não perdia as palestras de madre Teresa e acreditava que em pouco tempo se sentiria apto a ingressar na equipe socorrista, que era o sonho que alimentava. E pensava: "Quero ser útil ao meu semelhante, auxiliar aqueles que sofrem e que, tocados pelo amor de Deus, se arrependem e aspiram ao resgate".

Em seus momentos de lazer, entregava-se à leitura edificante; estudava o Evangelho de Jesus e, a cada máxima do Mestre, entendia o significado do amor.

Lembrava-se de sua família, mas sentia que, conforme o tempo passava, proporcionava-lhe um sentimento mais harmonioso e equilibrado. Amava-a e esperava o reencontro, mas começara a aprender o significado do amor universal; o sentimento que une as pessoas, proporcionando-lhes a consciência de que todos somos criaturas de Deus e, em razão disso, nos tornamos irmãos.

Pensava: "Se o homem pudesse entender isso, construiria para si mesmo uma edificação de paz e felicidade. Mas a maioria se esquece de que a maior prova de amor nos é mostrada por Deus, dando-nos a vida, a oportunidade que precisamos para nos redimir e nos elevar até o Criador como suas reais criaturas".

Estava tão absorto em suas meditações que não sentiu a aproximação de Tomás.

— Como está, Orlando, atrapalho suas reflexões?

Orlando olhou em sua direção e demonstrou surpresa em seu semblante.

— Tomás, que alegria!

— Sabia que o encontraria aqui, e venho a pedido de Jacob para fazer-lhe um convite.

— Um convite? — Orlando estranhou.

— Sim, um convite, e acredito que irá gostar muito.

— Então, por favor, diga-me do que se trata.

— Iremos descer até a crosta e assistir a uma reunião em um Centro Espírita onde o Evangelho de Jesus é estudado e exercitado. Iremos levar dois irmãos recém-chegados da Terra que necessitam dessa experiência para entender melhor o que se passa com eles. Gostaria de nos acompanhar?

Orlando se animou.

— Claro que sim, Tomás, gostaria muito.

— Então me acompanhe, vamos nos unir à equipe.

Animado e feliz em poder participar dessa missão, Orlando acompanhou Tomás. Desceram até a crosta e dirigiram-se à Casa Espírita.

O local era de uma singeleza cativante. Tudo condizia com a simplicidade e autenticidade que devem caracterizar uma Casa Espírita. Tudo muito limpo, sem objetos desnecessários, mas impregnado de energia salutar, verdadeira e cristalina. Nas paredes brancas via-se um quadro com o rosto de Jesus e pequenas lições tiradas do Evangelho. No centro da mesa havia um jarro com lindas flores brancas e perfumadas. Era, na verdade, uma casa de Deus que retratava o sentimento puro e pleno de seu orientador.

— É a primeira vez que venho a uma Casa Espírita após meu retorno — disse Orlando.

Jacob respondeu:

— Esta, Orlando, é uma das mais dignas. Aqui ninguém vem com o único intuito de falar com espíritos procurando respostas para suas perguntas. Ao contrário, o objetivo dos frequentadores é aprender o Evangelho, saber mais sobre a Doutrina que abraçam e auxiliar os irmãos em sofrimento por meio de vibrações de amor, do real desejo de serem úteis à espiritualidade da maneira que podem ser. Ou seja, entregando seus corações fraternos e seus sentimentos caridosos que se mostram nas preces sinceras.

— Vejam, eles estão chegando — disse Eneida. — Repare na postura dos membros que se sentam à mesa. Em silêncio, respeitando o ambiente, porque sabem que, além deles, a casa recebe os espíritos em desequilíbrio que são trazidos pelos tarefeiros de Jesus.

— Esse irmão — completou Jacob — que dirige esta reunião é um grande amigo da espiritualidade. Trabalhador consciente, vive em acordo com o que prega. Esquece seus problemas porque sabe que existem outros muito mais complicados que os seus. É, na verdade, um tarefeiro de Jesus. Tem consciência de que conhecimento e fé fortalecem o espírito.

Eneida, pedindo licença a Jacob, continuou:

— A Casa Espírita, Orlando, quando tem por finalidade o estudo do Evangelho de Jesus e a prática da caridade plena, enfeita suas paredes com a energia de suas obras de fraternidade. Não procura o brilho entre os homens, porque sabe ser efêmero, mas procura ser digna das bênçãos do Senhor.

— É difícil ser espírita, não é mesmo, Eneida?

— Se considerarmos que os homens relutam em compartilhar suas aquisições; entregam-se ao amor carnal como se fosse o único a existir, enfim, lutam por si mesmos, por seus desejos, achando natural que seja assim; considerando essas crenças errôneas, realmente é difícil ser espírita, porque o espírita verdadeiro já se conscientizou da importância da união entre os povos e não se coloca na posição privilegiada no mundo dos homens, porque já entendeu a essência da vida.

— Eneida tem razão, Orlando; colocou muito bem essa questão e me fez lembrar que Vicente de Paulo, com toda a sua bondade, humildade e sabedoria, certa feita disse: "Homens de bem, de boa e forte vontade, uni-vos para continuar amplamente a obra de propagação da caridade; encontrareis a recompensa dessa virtude no seu próprio exercício; não há alegria espiritual que ela não dê desde a vida presente. Sede unidos; amai-vos uns aos outros segundo os preceitos de Cristo. Assim seja!"

De maneira tímida, Orlando comentou:
— Chego a ficar emocionado e agradecido a Jesus, Jacob, por permitir que eu, ainda cheio de imperfeições, possa estar usufruindo dessa aula de amor. Estar aqui nesse lugar de paz alivia minhas tensões, angústias e medos, e me faz querer cada vez com mais força estar junto dos que sofrem e ir até o lugar onde jazem em sofrimento, trazendo-os para o descanso.
— Fico feliz por pensar assim, Orlando. Seu desejo será realizado em pouco tempo e será o meio de você testar o seu perdão.

A reunião, como sempre acontecia, transcorreu em paz e equilíbrio. Os espíritos foram atendidos e fortalecidos para entenderem sua real posição, o que aconteceu graças a Jesus. Ao final, o orientador fez a vibração para os enfermos do corpo e da alma e encerrou com uma singela prece.

"Senhor, agradecemos a oportunidade de mais uma vez permitir nosso encontro nesta humilde casa para praticarmos a caridade moral. Ampare-nos, senhor, em nossa caminhada de evolução, para que possamos compreender nosso próximo sem julgar nem condenar. Que os espinhos que encontrarmos no caminho nossos pés suportem pisar; temos consciência de que encontraremos obstáculos durante nosso percurso na Terra; nessas horas, em que o desânimo e a vontade de recuar tomarem conta do nosso espírito, que saibamos elevar nosso pensamento até o Pai amantíssimo e pedir, com sinceridade e humildade, Sua proteção e a força para prosseguir. Sabemos que o Senhor nos espera e deseja nossa salvação, portanto, vos suplicamos auxílio para que saibamos promover nosso encontro convosco. Assim seja!"

Terminada a prece, o orientador deu por encerrada a reunião. As luzes se apagaram e os frequentadores, em silêncio, deixaram o recinto. No plano físico a reunião terminara, mas no plano espiritual os espíritos permaneciam em atividade, auxiliando os irmãos que vieram em busca do bálsamo para suas dores.

Mais tarde, no silêncio da madrugada, os tarefeiros de Cristo levaram os convalescentes para o plano espiritual para que recebessem no hospital Maria de Nazaré o atendimento condizente com a situação de cada um. Mais uma vez o amor de Deus se fez presente, mostrando que ninguém, seja no plano físico ou na espiritualidade, fica esquecido e desamparado das bênçãos de Deus, entregue à própria sorte, mas o auxílio só virá quando o arrependimento for sincero por parte daquele que almeja a paz.

No auge do sofrimento, da dor que dilacera cada fibra do nosso ser, sempre haverá no íntimo da nossa essência as últimas palavras que podemos pronunciar clamando a salvação: Meu Deus!

Capítulo 12

❧·☙

A história de Frank

Cássia e Frank a cada dia estreitavam mais a amizade que os unia. Entretinham-se em longas conversas nas quais cada um abria seu coração para o outro, contando suas angústias do passado, seus objetivos para o futuro, enfim, tornavam-se mais íntimos. Ainda não se davam conta, mas um sentimento novo e maior ia, aos poucos, tomando força em seus corações.

Cássia nada lhe escondeu, relatou emocionada a questão da impossibilidade de ser mãe e a alegria de, tempos depois, descobrir que podia gerar um filho.

— Como alguém pôde magoá-la tanto assim, Cássia, sem nenhum motivo para tanto? — exclamava Frank, sempre que o assunto era a união de Cássia e Léo.

Nesses momentos, Cássia se fragilizava e, não raro, permitia que pequenas lágrimas rolassem por sua face.

— Não sei, Frank. Para ser sincera, hoje não faço a menor questão de saber o motivo de tanta agressividade. Meses atrás, quando tudo estava ainda recente, questionava muito, queria muito compreender, mas hoje não.

— Desculpe-me voltar ao assunto, mas é incompreensível que o próprio marido jogue a culpa na esposa de uma situação em que ele mesmo é o personagem principal.
— Você está falando do fato de não poder ter filhos?
— Sim, Cássia; considero um ato desumano jogar a culpa em você, sendo ele o estéril.
— O Léo era mesmo imprevisível. Suas atitudes sempre foram impulsivas e muitas vezes inconsequentes. Não media as consequências de seus atos nem se preocupava se feria as pessoas que conviviam com ele.

Após pensar por um instante, Frank também desabafou:
— Eu também sofri muito, minha amiga.

Surpresa, Cássia perguntou:
— Mas você me disse que sempre foi muito feliz com seus pais adotivos. Qual a causa do sofrimento?
— Durante toda a minha infância fui realmente muito feliz. Meus pais me amam muito e tudo fizeram para que eu tivesse uma boa educação e firmeza de caráter. Com o passar do tempo, as perguntas sobre minha origem surgiram naturalmente e comecei a questionar minha mãe, querendo saber o que, na verdade, havia acontecido que resultou na minha adoção. Tanto minha mãe quanto meu pai desconversavam quando eu tocava no assunto, até que um dia, devido à minha insistência, resolveram me contar.
— E como foi, Frank?
— Um desastre! Jamais poderia imaginar que tivesse sido vendido como um objeto qualquer.

Espantada diante daquela revelação, Cássia repetiu:
— Você quer dizer que foi vendido?
— Sim, minha amiga, negociado como qualquer objeto. Tive a sorte de ter sido comprado por um casal digno, humano. Como já lhe disse, eles são espíritas. Eles me criaram como um filho verdadeiro, caso contrário, poderia estar perambulando pelas ruas.

— E sua mãe biológica, foi ela quem o vendeu ou permitiu que isso acontecesse?

— Nem uma coisa nem outra. Tudo isso me causou muito sofrimento, e o fato de saber que minha mãe não teve culpa, que também foi uma vítima, aumentou meu desejo de conhecê-la.

— E seus pais concordaram com sua vontade?

— Meus pais são pessoas especiais, Cássia, não colocaram nenhum obstáculo. Ao contrário, deram-me força e coragem para viajar ao Brasil e tentar achar minha mãe biológica. Informaram-me de como tudo aconteceu e aqui estou tentando realizar meu sonho.

— Já encontrou alguma pista que poderia levá-lo à sua mãe?

— Infelizmente ainda não, mas não vou desistir. Acredito que Jesus irá colocar a pessoa certa no meu caminho, aquela que vai me ajudar de verdade, Cássia, e sei que vou encontrar minha mãe biológica. Se ela ainda estiver viva, vou encontrá-la, pode apostar.

— Também acredito nisso, Frank, mas só uma coisa me preocupa.

— O quê?

— O seu nome.

— O que tem o meu nome?

— Com certeza seu nome verdadeiro deve ser outro. Você acha que neste fim de mundo, há tanto tempo atrás, alguém iria se chamar Frank?

— Isso não é problema, Cássia.

— Não?

— Não. Eu sei que fui registrado com outro nome e sei qual é esse nome.

Cássia se entusiasmou.

— Verdade? Por que não me disse antes, agora fica muito mais fácil. Alguém deve se lembrar desse caso.

— Essa é a minha esperança.

— Você se importa de me dizer qual é?
Frank sorriu e brincou com a querida amiga:
— Puxa, como você é curiosa!
— Peço desculpas, Frank, mas é curiosidade mesmo.
— Sabia! — exclamou Frank, passando delicadamente a mão no rosto de Cássia. — O nome com o qual fui registrado aqui no Brasil é Joaquim.
— Joaquim! — exclamou Cássia. — Que lindo nome! Gosto muito.
— Bem, agora vamos deixar de falar de mim.
— Tudo bem. Vamos falar sobre o quê?
— Que tal falarmos sobre nós?
— Sobre nós? — repetiu Cássia. — O que vamos falar sobre nós?
— Que tal eu começar dizendo que estou me apaixonando por você.

Ao ouvir essa declaração, Cássia sentiu um frio subir-lhe pelo corpo todo. Seu coração disparou e suas mãos tremeram. Frank, percebendo a reação da amiga, disse-lhe:

— Não imaginei que fosse lhe causar essa reação; pensei que também sentisse alguma coisa a mais por mim, mais que uma simples amizade...

Cássia não ouvia o que ele falava, apenas lhe pediu:
— Por favor, repita o que acabou de dizer.
— Disse que estou me apaixonando por você. Se a ofendi, desculpe-me, porque a minha intenção não é essa. Vamos fazer de conta que eu não disse nada e continuamos amigos.
— Eu não quero ser sua amiga, Frank.
— Nossa, Cássia, não imaginei que teria essa reação, para mim, inesperada.
— Seu bobo, eu não quero ser sua amiga porque também estou me apaixonando por você.

— Agora sou quem lhe pede: repita o que disse!

— Eu estou me apaixonando por você!

Feliz, Frank se aproximou mais de Cássia e lhe deu o primeiro beijo de amor, beijo esse que marcava o início de uma linda historia de amor.

— Quero fazê-la feliz, Cássia. Quero que a meu lado se esqueça de tudo o que passou. Se nos dermos a chance, podemos construir uma nova vida para nós dois, com felicidade e muito amor.

Cássia não podia acreditar que tudo aquilo estava acontecendo com ela. Depois dos tristes acontecimentos, imaginava que jamais iria amar novamente. Entretanto, ao conhecer Frank, sentiu uma atração forte, para ela inexplicável.

— Em que está pensando, meu bem?

— Penso que a vida está sorrindo novamente para mim. Se Deus está permitindo essa nova chance para eu ser feliz, vou empregar todos os meus esforços para que realmente isso aconteça, mas uma coisa me preocupa, Frank.

— Diga-me o que é.

— Quando chegar o dia de você ir embora para o seu país, voltar para o seu mundo, como vou ficar?

— Querida, só posso lhe dizer que jamais vou deixá-la. Aqui ou do outro lado do oceano estaremos juntos, pode confiar em mim.

— Eu confio, Frank. É incrível, mas eu confio.

— Por que incrível?

— Porque nos conhecemos há pouco tempo e sabemos pouco um do outro. Entretanto, sinto-me ligada a você.

— Eu também, Cássia, sinto-me ligado a você, como se tivesse esperado por isso toda a minha vida.

— Você não acha estranho?

— Nem tanto, Cássia, isso acontece muitas vezes. Você já ouviu falar de espíritos afins?

— Já, são espíritos simpáticos que se reencontram e se sentem felizes em prosseguir juntos em sua evolução aqui na Terra. Não é isso, seu sabichão?

Cássia falou brincando e demonstrando toda a sua felicidade. Em resposta, Frank abraçou-a com ternura.

— Agora só falta você ir à minha casa para conhecer minha mãe.

— O dia que você quiser. Quero dizer à sua mãe que amo a filha dela.

— Eu já havia falado com minha mãe que iria convidá-lo para um jantar, e ela aceitou de bom grado. Agora, ao saber que não levo o amigo, mas o namorado, acredito que ficará mais feliz ainda. Amanhã está bom para você?

— Claro, amanhã às 20 horas estarei lá.

— Agora preciso ir. Amanhã nos encontraremos.

— Não quer que eu a acompanhe?

— Não é necessário, Frank, prefiro ir só, colocando minhas ideias em ordem e vivendo este momento feliz.

Despediram-se com um beijo e se separaram.

Cássia andava lentamente, dando a si mesma tempo para assimilar a emoção que sentia e a alegria que inundava seu coração, antes tão sofrido.

— Se meu pai estivesse aqui, tenho certeza de que iria gostar de Frank, aprovaria nosso namoro.

Com a lembrança do pai, Cássia se emocionou até as lágrimas.

"Por que o Léo fez isso com o senhor, pai? Qual a razão de tanta violência, tanta destruição? Tirar-lhe a vida, fazer sofrer as pessoas que o amam e que sentem falta da sua presença? E, o que é pior, comprometer a si mesmo na lei de ação e reação! Sinto que o senhor está bem, mas imagino que ele está em sofrimento. Rogo a Jesus que tenha piedade dele e de sua ignorância espiritual."

Com seus pensamentos, Cássia atraiu Eneida, que veio em seu auxílio.

— Cássia, não turve a sua felicidade presente com pensamentos negativos. Acaba de ser agraciada com a bênção divina, que colocou em seu caminho aquele que a fará feliz e realizada como mãe. Viva este momento e seja grata ao Senhor. Seu pai está muito bem, feliz por você e Antonieta estarem bem. Quanto ao Léo, não está abandonado pelo Senhor; no dia em que se arrepender de verdade e clamar por misericórdia será resgatado. Até isso acontecer, aprenderá por meio do sofrimento a respeitar o próximo, a vida e Deus.

Cássia registrou a presença de Eneida pela inspiração que esse espírito amigo lhe passava. Sentiu uma paz invadir-lhe a alma e pensou: "Preciso viver este momento, usufruir da oportunidade recebida, preparar-me para construir um lar de verdade. Ao meu pai só posso enviar meu amor e minha saudade. Quanto ao Léo, desejo que ele possa ser tocado pelo amor de Deus e se arrepender sinceramente dos desatinos cometidos. Esse deve ser o começo".

Apressou o passo e, em pouco tempo, entrava feliz em casa.

— Oi, mãe, oi, Sabina, onde vocês estão?

Antonieta, entrando na sala onde Cássia estava, disse-lhe:

— Oi, filha, que alegria é essa que invade o ambiente? Viu um passarinho verde? — brincou.

— É verdade — apoiou Sabina, que também viera ao encontro de Cássia. — Se não foi o passarinho que viu, com certeza ganhou algum prêmio.

Cássia abraçou as duas ao mesmo tempo, dizendo:

— Não vi nenhum passarinho verde, mas Sabina tem um pouco de razão, pois ganhei o melhor prêmio que eu podia querer.

— Nossa, filha, diga-nos o que ganhou.

— Ganhei o amor mãe, ouviu bem? O amor!

— Não estou entendendo nada, Cássia, pode explicar de uma vez?

— Posso, dona Antonieta. Estou apaixonada e sou amplamente correspondida.

— Filha, que notícia boa! Quem é o felizardo que conquistou o coração da minha filha querida?

Antes que Cássia respondesse, Sabina se adiantou:

— Só pode ser o amigo dela.

Aquele, dona Antonieta, que ela dizia ser somente seu amigo.

— Acertou, Sabina. Eu e Frank descobrimos que estamos apaixonados um pelo outro. Não é maravilhoso, mãe?

— Claro, filha, é maravilhoso! Não quero jogar água fria no seu entusiasmo, mas você o conhece o suficiente a ponto de se sentir apaixonada?

— Mãe! — exclamou Cássia. — Por que diz isso?

— Porque tenho medo de que sofra novamente. Apesar de querer muito que encontre alguém que a mereça de verdade e a faça feliz, tenho receio de que volte a sofrer.

— Desculpe-me, dona Antonieta, mas não podemos achar que todas as pessoas se comportam da mesma maneira. Creio que, desta vez, Cássia agirá com mais prudência, analisando e prestando mais atenção na pessoa que escolheu, no seu caráter, no conteúdo das coisas que fala, enfim, hoje Cássia está mais madura e, creio eu, agirá com mais inteligência na escolha de um namorado.

— Sabina tem razão, mãe, afinal não disse que vou me casar, disse apenas que estou apaixonada. Vou proporcionar a mim mesma essa nova oportunidade de ser feliz e deixar o tempo passar, o que tiver de acontecer... acontecerá.

— Tudo bem, filha, você sabe o que faz. Se estiver bem para você, estará para mim. — Abraçou sua única filha e lhe disse: — Jesus vai proteger você e permitir que seja feliz.

— Obrigada, mãe.

— Bem, agora precisamos conhecer esse rapaz. Traga-o aqui para jantar conosco.

— Marquei com ele para amanhã. Quero muito que vocês o conheçam. Está bem assim?

— Claro!
— Farei um jantar especial — disse Sabina. — Quando você falou da sua amizade com esse rapaz, Cássia, achei estranho, mas senti que ele será uma pessoa muito importante na sua vida.
— Já é, Sabina, já é muito importante para mim.
Cássia deixava-se envolver novamente pelo divino sentimento do amor em uma de suas formas. Não cultivara a autocompaixão, libertara-se da mágoa, da melancolia e do ódio que poderia alimentar contra Léo. Limpara seu coração desses miasmas que maculam nossa alma. Acreditava, mais uma vez, na vida e em tudo o que poderia conquistar se desse a si mesma nova chance para ser feliz. Conseguira sair da escuridão e enxergar a luz da esperança. Agira como uma criatura que confia no Criador e sabe que todos os sofrimentos um dia terminam e a paz volta a reinar, se dermos chance para isso.
Voltara a ser feliz!

Viver... é perceber a existência do ser.
É sentir a grandiosidade do existir através do amor e do bem querer.
Viver... é estar atento às tempestades do percurso
E conseguir acostumar os olhos à escuridão para, apesar dela, enxergar a luz.
Viver... é ter consciência da volta, e por isso valorizar a vida.
Enfim, viver...
É emanar amor pela eternidade. (S.T.)

Capítulo 13

Selma diante da verdade

Selma passava por uma crise emocional muito grande. Desde o nascimento de seu filho, caíra em profunda melancolia. Sabia que sua mãe apenas a suportava e tinha consciência da razão que a levava a agir assim. Nunca se comportara como uma filha zelosa, abandonara-a para ir em busca de sonhos e de fortuna, e retornara com os sonhos desfeitos, a fortuna perdida e a dor do fracasso machucando seu coração.

Dona Clotilde, sua mãe, apenas suportava aquela situação pelo amor que sentia pelo netinho, que amava e que sabia não ter culpa de nada.

— Você nunca conseguiu ser uma boa filha — dizia sempre Clotilde. — Tente, pelo menos, ser uma boa mãe. É o mínimo que pode fazer por essa criança que você colocou no mundo com a única finalidade de ajudá-la a dar um golpe. Vá procurar o pai desta criança, ela tem o direito de conhecê-lo e conviver com ele.

Nessas horas, Selma sentia o arrependimento bater forte em seu peito. Pensava: "Procurar o pai para que, se ele renegou, desde o início, esse filho? Fui uma tola inconsequente. Joguei por terra o meu destino, desprezei o amor de Léo para acreditar nas palavras vãs de Armando".

Concluía: "Errei ao contar a verdade para a minha mãe. Ela nunca vai me perdoar e nossa vida será sempre esse inferno. Preciso tomar uma decisão para mudar essa situação insuportável".

Pensou por alguns instantes e achou que havia encontrado o melhor jeito de terminar com o problema.

"Isso mesmo. Vou embora daqui e deixo Felipe com minha mãe. Tenho certeza de que ela o criará bem. Ela o ama e tudo fará por ele."

Tomada a decisão, iniciou a elaboração desse projeto. Passados cinco dias, Selma disse a Clotilde, caindo novamente na mentira:

— Mãe, recebi um telefonema de uma amiga que mora na capital e ela me disse que abriu um pequeno negócio de cosméticos e convidou-me para trabalhar com ela.

— E você já aceitou? — perguntou Clotilde, adivinhando o que vinha pela frente.

— Claro, mãe, é a minha oportunidade de dar um salto na minha vida. Não posso ficar encostada na senhora para sempre. Tenho um filho para criar e preciso pensar no futuro dele.

Clotilde, sempre esperta e conhecendo a filha que tinha, disse:

— Selma, já é hora de entender que não adianta mentir para mim, pois a conheço muito bem.

— O que a senhora quer dizer?

— Quero dizer que sei muito bem qual é a sua verdadeira intenção.

— Como assim?

— Estou dizendo que isso é uma desculpa para ir embora e abandonar seu filho; é bem própria de você essa leviandade.

Selma empalideceu. Tentou provar o engano de sua mãe.

— A senhora não tem o direito de me julgar dessa maneira. O que a faz pensar que está certa?

— O fato de conhecer você desde que nasceu, Selma, e saber que sempre a sua prioridade foi você mesma. Sua ambição, seu orgulho e sua vaidade excessiva... nem seu filho conseguiu mudar esse triste comportamento. Seu interesse está onde está a opulência.

— A senhora faz muito mau juízo de mim, sua própria filha. Aliás, sempre foi assim. Nunca me compreendeu e jamais se esforçou para compreender.

— Esforcei-me sim, minha filha, mas suas atitudes me mostraram ser impossível modificá-la, porque é da sua natureza ser como é, infelizmente para você.

Irritada, Selma completou:

— Tudo bem, dona Clotilde, vamos acabar com essa conversa que não vai nos levar a lugar algum. Quero apenas saber se posso contar com a senhora quanto ao Felipe.

— O que quer Selma?

— Quero saber se pode tomar conta dele por uns tempos até eu me firmar no emprego e vir buscá-lo.

Clotilde sentiu o que realmente Selma queria e pensou: "Ela vai abandonar o filho como fez comigo a vida inteira".

Triste por reconhecer mais uma vez que a filha não sentia amor por ninguém, a não ser por ela mesma, respondeu:

— Selma, sei que você nunca virá buscar seu filho, mas não me importa, ficarei com ele porque é meu neto, é uma criança indefesa e não merece ser criado por uma mãe como você. Eu o amo e darei a ele tudo o que merece e tem direito, ou seja, uma vida digna e amor.

— Não faça drama, mãe, logo virei buscá-lo.

— Isso é o que nós vamos ver — disse Clotilde, triste por ver mais uma vez a filha ir embora.

Tudo aconteceu como Selma planejara.

Quinze dias depois, deu um beijo em seu filho, despediu-se de sua mãe e mais uma vez partiu para a capital com a determinação de encontrar Armando e tentar ser feliz com ele.

— Se não encontrá-lo, vou procurar Léo. O tempo passou e provavelmente será mais fácil convencê-lo de que não consegui esquecê-lo.

Cheia de ilusões e enganos, Selma partiu. Não sabia ainda como começar nem onde ficar: "Não tenho muito dinheiro. O melhor é procurar uma pensão modesta até conseguir encontrar um ou outro".

Assim foi feito. Durante vários dias Selma tentou encontrar Armando, mas suas tentativas foram em vão. Lembrou-se do que ele lhe dissera.

"Nem tente me encontrar, porque não vai conseguir. Vou embora desta cidade para nunca mais voltar."

E pensou: "Ele cumpriu o que prometeu. Não tenho outra saída a não ser procurar o Léo. Tenho certeza de que ele vai me aceitar e ajudar. Vou me apegar aos momentos felizes que vivemos e creio que será o bastante para fazê-lo esquecer e me querer novamente. Ele sempre me amou, não vai ser agora que vai me repudiar".

Voltando para a pensão onde estava hospedada, Selma direcionou seu pensamento aos dias de felicidade ao lado de Léo, quando ainda não conhecia Armando. Suas lembranças vinham com facilidade, trazendo-lhe cada vez mais forte a certeza de que ainda poderia se entender com Léo.

Procurava-o nos lugares que costumavam frequentar e estranhava o fato de ninguém se lembrar dele.

— Não é possível que ninguém se lembre de nada, afinal não faz tanto tempo assim!

Enquanto aguardava o desfecho do que pretendia, Selma arrumou um emprego para conseguir se manter. Conseguiu ser contratada em um escritório de contabilidade como auxiliar, e assim que iniciou seu trabalho fez amizade com Neide. A afinidade entre as duas logo se estabeleceu. Perceberam de imediato que havia entre elas muitas coisas em comum, principalmente no que dizia respeito à ambição de conquistar posição a qualquer preço.

Entre uma e outra confidência, Selma lhe contou toda a sua vida, tudo o que lhe acontecera até o momento presente, em que deixara seu filho com sua mãe para ir atrás do pai dele.

— Você não conseguiu encontrá-lo, Selma?
— Infelizmente, não. Lembrei-me de que me dissera que seria impossível encontrá-lo e acabei desistindo.
— Acho que deveria continuar tentando — disse-lhe Neide. — Uma hora ele aparece.
— Agora desisti. Prefiro ir atrás do único homem que me amou de verdade, mas que perdi por confiar em Armando. Tenho fé de que vou encontrá-lo. Acredito na força do pensamento. Todas as noites o chamo, vibro intensamente para que ele pense em mim e queira me encontrar.
— Como é mesmo o nome dele?
— Léo.
— Léo é muito vago, quero saber o sobrenome.
— Léo de Almeida Silva.

Neide levou um susto. Espantada, perguntou:
— Por acaso ele era casado com uma moça chamada Cássia?

Surpresa, Selma respondeu:
— Sim, ficamos juntos logo depois que eles se separaram.
— Eu sabia que conhecia você de algum lugar. Eu conheço sua história. Trabalhei um tempo na empresa dele.
— Você!

Selma estava boquiaberta.
— Que mundo pequeno, não Neide? Quem diria que nos encontraríamos um dia nesta situação.

Pensou um pouco e depois, cheia de esperança, perguntou à amiga:

— Você deve saber onde posso encontrá-lo. Se sabe, por favor, me diga.

— Realmente sei, Selma, mas acredito que não ficará nem um pouco feliz em saber.

— Por quê?

— Porque Léo morreu faz algum tempo.

Selma precisou se segurar para não cair por causa do susto que levou.

— Você disse morreu?

— Sim, minha amiga, morreu, ou melhor, suicidou-se.

— Pelo amor de Deus, conte-me essa história direito. Por que ele fez isso, acabar com a própria vida?

— É uma história triste, mas se quiser posso lhe contar como tudo aconteceu.

— Quero, quero muito que me conte, preciso saber por que ele cometeu esse desatino. Será que foi por minha causa?

— Não, Selma, não foi.

— Então me conte.

— Neide colocou Selma ciente de tudo o que acontecera com Léo até o final drástico de seu suicídio.

— Meu Deus do céu! Mal posso acreditar em tamanho disparate. Por que ele fez isso? Extorquir, matar e se suicidar, não é possível, ele só podia estar louco!

— É, minha amiga, agora a direção da sua vida é com você, não tem mais em quem se encostar.

— Você tem razão, mas preciso arrumar um emprego melhor. Tenho um filho para sustentar e você sabe que não é fácil criar um filho sozinha.

— Selma, deixe de drama. Se é difícil para você, para sua mãe também deve estar sendo difícil, aliás, muito mais do que para você.

— Por quê?

— Ora, Selma, pense em sua idade e na de sua mãe! Será que ela tem saúde para aguentar o peso que é educar uma criança? Selma ficou calada por algum tempo. Sentia-se envergonhada. Pela primeira vez, teve consciência dos seus atos levianos, frutos de imaturidade moral e espiritual. Nunca fora uma boa filha, isolara-se de sua mãe por longo tempo; metera-se com atitudes irresponsáveis. Sua inconstância amorosa a levara a cometer enganos e falsidade, e agora recebia a herança que ela deixara para si mesma. Sabia que tinha alguma culpa pelas atitudes de Léo. Se não tivesse exigido tantos bens materiais, se não tivesse incentivado seu comportamento em relação à Cássia ou aos pais dela, talvez nada disso tivesse acontecido. Léo era uma pessoa fraca, influenciável e era apaixonado por ela. A decepção que sentiu ao saber da sua traição podia ter abalado sua mente a ponto de cometer tantos desatinos.

— Em que está pensando, Selma, não gostou de saber do fim de Léo, é isso?

— Não, Neide, na realidade me dei conta de que tenho uma grande parcela de culpa nisso tudo. Pode ser que nada tivesse acontecido se eu não tivesse me envolvido com Armando a ponto de aceitar seu plano, que na época me pareceu genial. Deveria ter sido sincera, ter dito ao Léo que não o amava mais, que me apaixonara por outro. Deveria ter dito a verdade, e não ter elaborado um plano para machucá-lo ainda mais.

— É, mas agora não adianta lamentar, um está morto e o outro desaparecido, e não quer ser encontrado para não ter de arcar com a responsabilidade de ser pai. Você vai ter de se virar sozinha, minha amiga.

— É bem verdade que dizem que o arrependimento chega tarde... Vou falar com o chefe para me dispensar mais cedo, não estou me sentindo bem.

— Fale com ele, com certeza irá dispensar.

Com a aquiescência do chefe, Selma retornou à pensão.

Sentia tontura, mal-estar e uma forte dor de cabeça, sintomas que persistiram durante toda a semana, forçando-a a faltar ao serviço. Assim que Neide soube que a amiga não passava bem, levou-a ao médico, que disse tratar-se de uma gripe. Medicou-a, recomendou repouso e disse que tudo ficaria bem dentro de quatro ou cinco dias, o que não aconteceu.

Selma sentia-se fraca, deprimida e sem forças para levantar. Estava apática e não conseguia reagir.

— Você precisa reagir — dissera-lhe Neide. — Não pode ficar assim na cama todo esse tempo.

— Não tenho vontade de nada — respondia Selma. — Tenho orado muito para o Léo, pedindo-lhe que me perdoe e que venha me ajudar.

— Entretanto, você piora a cada dia, Selma, fica mais fraca, sem vontade, precisamos ver isso direito. Acho que o médico não acertou com você. Não seria o caso de irmos a outro profissional? O que você acha?

— Não consigo achar nada, Neide, faça o que você quiser.

No dia seguinte, quando Neide ia saindo, dona Flora, proprietária da pensão, pedindo licença, abordou-a:

— Desculpe me intrometer na vida de vocês — disse-lhe —, mas estou assistindo a todo o sofrimento dessa moça sem ver nenhuma melhora.

— Não sabemos mais o que fazer, dona Flora.

— Se você me permite, gostaria de lhe dizer que essa moça está sofrendo uma influência espiritual, e o meu conselho é que procurem uma Casa Espírita séria que possa ajudá-la.

— Como assim, dona Flora, não entendo dessas coisas. O que a senhora quer dizer?

— Quero dizer, Neide, que muitas vezes somos influenciados pelos espíritos mais do que podemos supor; do mesmo modo que existem os bons espíritos que querem o nosso bem, existem também os que se comprazem com nosso sofrimento.

— A senhora acha que Selma está sob a influência nociva de algum mau espírito?

— Neide, não posso dizer com certeza, seria leviandade de minha parte afirmar tal coisa, mas seria prudente que fossem a uma Casa Espírita. Somente lá, com as orientações dos mentores, poderão saber o que de verdade está acontecendo com sua amiga, essa resistência em reagir, a apatia que toma conta dela e não a deixa lutar para vencer essa depressão, essa melancolia. É só o que posso lhe dizer.

— A senhora poderia indicar uma casa de credibilidade para que eu a levasse?

— Eu costumo frequentar um centro modesto, mas de grande valor espiritual devido ao conhecimento do seu orientador, do amor que exercita por meio da caridade e da generosidade com a qual direciona sua vida. Os espíritos comunicantes são verdadeiros tarefeiros de Cristo, pregando o Evangelho e aconselhando os frequentadores a seguir com coragem e fé o caminho do bem, porque, como dizem, o amor é o único sentimento que transforma o homem.

— Poderíamos ir com a senhora?

— Claro, o dia da reunião é amanhã, às 20 horas.

— Combinado então, iremos com a senhora.

Neide, em um impulso de agradecimento, deu um abraço em Flora.

— Obrigada, dona Flora, eu já não sabia mais o que fazer com Selma. A senhora abriu uma porta de esperança.

— Nada acontece por acaso, talvez este seja o momento.

Despediram-se.

Desde que Selma se acamara, ela ficava ao seu lado, pois sabia que sua amiga não tinha ninguém para ajudá-la.

Pode-se neutralizar a influência dos maus espíritos fazendo o bem e colocando toda a vossa confiança em Deus, repelis a influência dos espíritos inferiores e destruís o império que desejam ter sobre vós. Guardai-vos de escutar as sugestões dos espíritos que suscitam em vós os maus pensamentos, que insuflam a discórdia e excitam em vós todas as más paixões. Desconfiai, sobretudo, dos que exaltam o vosso orgulho, porque eles atacam na vossa fraqueza. Eis por que Jesus vos faz dizer na oração dominical: "Senhor, não nos deixeis cair em tentação, mas livrai-nos no mal!" (O Livro dos Espíritos.)

No dia seguinte, na hora combinada, Selma seguia em companhia de Neide e Flora para a reunião espiritual. Lá chegando, foram recebidas por João, orientador da casa, que com toda a atenção ouviu o caso de Selma, em silêncio, sem emitir nenhuma opinião precipitada. Ao término da explanação de Selma, disse:

— Minha filha, o que posso adiantar é que direcione seu pensamento a Jesus e entregue ao Divino Amigo suas angústias e seus medos, confiando que o auxílio virá de acordo com o planejamento espiritual para os seus propósitos. Permaneça em vibração de amor e vamos aguardar as orientações dos bons espíritos.

Acomodaram-se na pequena sala, onde a vibração de amor se fazia presente. Selma, enfraquecida que estava, não conseguia permanecer com seu pensamento firme. Mas tanto Neide quanto Flora vibravam por ela, clamando a Jesus o auxílio.

As luzes se apagaram, e somente uma tênue luz azul permaneceu acesa, dando ao ambiente a sensação de paz e mansuetude. Após a prece feita por João, com simplicidade e fé, Tiago, um assíduo trabalhador da casa, leu um trecho do Evangelho, e com propriedade fez o comentário.

Em poucos instantes, o mentor espiritual se fez presente por intermédio da mediunidade de João.

— Meus irmãos, o coração do homem é sua bússola, ele o leva para o bem ou para o mal, depende do amor que balsamiza a alma. Não se consegue felicidade sem coração limpo; não se constrói um mundo melhor sem aprender a amar com a dignidade e a transparência que o verdadeiro amor possui. Para que tudo aconteça na paz almejada, é fundamental aprender a exercitar o respeito, a compreensão e o amor fraternal, e não querer o que pertence a outrem, não dificultar o caminho do semelhante e não ludibriar os corações simples para conquistar riqueza.

As palavras do mentor batiam fundo no coração de Neide, que se via protagonista daquelas situações. Deixou que o filme de sua vida passasse rapidamente diante de seus olhos e concluiu que se enquadrava naqueles ensinamentos do espírito amigo.

"Meu Deus, nunca parei para pensar nas leviandades que cometi com o único objetivo de conseguir posição social, poder aquisitivo. Sempre quis ser reconhecida pelo que possuía, e não pelo que sou na verdade. Não construí nada de útil. Vivo no engano esse tempo todo, cega de mim mesma. Entretanto, agora, ouvindo essas palavras de um espírito, em uma casa que mal conheço, percebo quem sou, na verdade: uma inconsequente, leviana o suficiente para não me dar conta dos meus enganos."

Enquanto Neide se entregava à análise de si mesma, Selma permanecia completamente apática, sem nenhuma reação e sem se dar conta do que acontecia naquele ambiente, tanto do lado físico quanto, principalmente, do espiritual. Sentia como se estivesse anestesiada, sem poder agir ou pensar por si mesma.

O mentor da casa continuava.

— Meus queridos irmãos, como nos ensinou o Mestre, é preciso orar e vigiar, prestar atenção nos nossos pensamentos, não chamar incessantemente aqueles que partiram e que, em várias situações, não podem atender a nosso chamado por estarem ainda presos na escuridão de si mesmos. O mais prudente é enviar preces de amor fraternal, preces que aliviam os que sofrem e que alegra os que caminham na luz divina.

"É preciso ter cuidado com a insistente influência que um mau espírito exerce sobre o indivíduo; é necessário controlar os pensamentos, as ações, ter o coração voltado para o bem e a caridade, essa é a maior proteção contra a obsessão. Evangelizar o próprio lar, permitir a entrada de Jesus, o Divino Amigo.

"A obsessão sempre é uma enfermidade mental e exige tratamento de longa duração. A sua cura só é possível por meio da moralização do espírito obsessor e do obsesso, e, para afastar seu efeito nefasto, necessário se faz existir o amor universal no coração daquele que fala em nome de Jesus; não bastam fórmulas doutrinárias, o que é preciso é existir dedicação e fraternidade sincera, pura e plena."

Enquanto o espírito amigo esclarecia para os presentes a importância de se promover a reforma íntima cultivando os valores da alma, na espiritualidade os tarefeiros ocupavam-se do difícil trabalho de mostrar ao espírito que prejudicava Selma a inutilidade de sua atitude.

— Qual o seu nome, meu irmão?

— Meu nome é Léo! — exclamou o espírito.

— E qual a razão de prejudicar essa irmã dessa maneira, sugando seu fluido vital a ponto de deixá-la assim, sem defesa? Por que veio?

— Porque ela me chamou, implorou por minha ajuda; eu vim ajudá-la.

— Percebe que, em vez de ajudá-la, está prejudicando sobremaneira essa irmã?

— É isso mesmo que eu quero, prejudicá-la!

— Pode nos dizer por quê?

— Porque ela me enganou; traiu-me de maneira sórdida e por causa dela me joguei na lama. Vou fazê-la sofrer tudo ou mais do que sofro.

— Você não acha melhor, mais caridoso, perdoar?

— Eu, perdoar? Jamais! Ela tem de provar do próprio veneno.

— Do mesmo veneno que você, meu irmão, está provando?

— O que está dizendo?

— Estou dizendo que todos nós, algum dia, já ferimos alguém. Isso quer dizer que não podemos atirar a primeira pedra, como disse nosso Mestre. Se você, meu irmão, tivesse em algum momento ferido alguém, gostaria de ser perdoado?

Em segundos, Léo viu na sua frente a figura de Orlando caindo ensanguentado, vítima de seu ódio e de sua violência. Apavorou-se e, temendo que os bons o descobrissem como um assassino e suicida, quis sair em disparada, mas foi contido pelos espíritos presentes que faziam parte da corrente socorrista. Nesse momento, Selma lembrou-se do havia feito a Léo, sentiu um tremor, encostou sua cabeça no ombro da amiga e, chorando, disse:

— Léo, perdoe-me, sei que mereço o seu ódio, mas imploro que me perdoe!

Léo percebeu, então, a monstruosidade do que havia feito a Orlando. Sentiu fundo em sua alma o pedido de perdão de Selma. Em um gesto de submissão e arrependimento, levantou as mãos para o alto e gritou:

— Senhor, estou cansado de sofrer, perdoe-me e leve-me para o Seu caminho.

Enquanto na espiritualidade os tarefeiros de Jesus atendiam esse irmão em desequilíbrio, na Terra o atendimento era similar.

Um dos trabalhadores da casa, a convite do senhor João, aproximou-se de Selma e ministrou-lhe um passe magnético, restaurando suas forças e seu equilíbrio. João, percebendo sua melhora, disse-lhe:

— Minha irmã, tenha fé, tudo vai acabar bem, mas é preciso que compareça mais vezes às reuniões para que possamos ajudá-la. Não se esqueça de ajudar a si mesma por meio das orações e da postura digna de uma criatura de Deus. Aqueça seu coração com a humildade e o amor ao seu semelhante. Nossa maior defesa é a nossa dignidade cristã. São os bons pensamentos e a aceitação das coisas que não podemos mudar, para que nunca ambicionemos o que não nos pertence. Quando necessitar de auxílio, peça-o a Jesus, e não àquele que já partiu, pois não se sabe em que condições se encontra. Nosso Mestre jamais irá desamparar uma só criatura quando existe sinceridade em seu clamor.

Afastou-se de Selma e, após fazer uma sentida prece de agradecimento, deu por encerrada a reunião.

Todos se retiraram, as luzes se apagaram. No plano terreno a reunião encerrava-se, mas no plano espiritual os trabalhadores eram incansáveis no atendimento aos espíritos que ainda se viam perdidos e que necessitavam de atendimento.

Neide saiu impressionada com o que presenciara. Nunca antes havia estado em uma reunião espírita, e a impressão que sempre tivera dessas sessões não era a mais agradável.

— Nunca senti tanta paz — dizia a Flora. — E o que mais me impressionou foi a explanação do espírito. Tocou fundo em meu coração e me fez ver como realmente sou egoísta e manipuladora, sempre procurando vantagens para conquistar riquezas.

— A gente sempre se vê em algum ponto das palestras que esse espírito ministra.

— Parece que ele se dirige a cada um em particular — disse Neide. — Estou muito impressionada.

— Sabe por que, Neide? Porque suas palavras trazem até nós as ações cotidianas que o homem vive, sem se dar conta dos enganos aos quais se entrega. Quando vêm à tona, percebemos que não fomos tão leais assim às leis divinas, e, ao nos vermos agindo de

maneira contraditória ao que nos ensina nosso Mestre, nos envergonhamos.
As duas ainda não haviam percebido o silêncio de Selma. Quando se deram conta, olharam para a amiga, que caminhava acompanhando-as, mas com o pensamento muito distante.

— Selma — disse Neide —, como você está se sentindo? Parece tão longe, alheia a tudo o que conversamos.

— Não está se sentindo melhor? — perguntou Flora.

Com voz baixa, Selma respondeu:

— Desculpem-me, mas estou pensando nas palavras do mentor espiritual. Eu agi de uma maneira completamente errada, segundo o que ele disse.

— E o que foi que ele disse?

— Vocês devem saber melhor do que eu, pois me sentia anestesiada.

— Nós queremos saber em que ponto você agiu errado.

— Neide, desde que soube da morte do Léo, venho rezando para ele e pedindo que venha me ajudar, para que eu possa dar um rumo à minha vida. Entretanto, o espírito explicou que não devemos pedir auxílio a alguém que já partiu sem saber como se encontra.

— É verdade, Selma — disse Flora. — Mas, agora que sabe, não o chame mais, deixe-o seguir seu caminho. Eles não disseram, mas para mim ficou claro que você estava sob a influência dele. Os espíritos preparados para auxiliar os encarnados sabem como fazê-lo, Selma, pois seguem as orientações do Mais Alto e não vão além do permitido. Ao contrário dos que agem sem permissão, que interferem e podem fazer sofrer muito por meio de uma obsessão. Mas não vamos falar nisso agora, o importante é que você foi orientada, e se seguir essas orientações encontrará equilíbrio e tranquilidade para prosseguir seu caminho.

— Você acha que ela deve voltar às reuniões, Flora? — perguntou Neide.

— Claro que sim, hoje ela tomou a primeira dose do remédio, mas não é o suficiente. Precisa voltar, sim, mas é não só isso. É necessário, principalmente, modificar suas atitudes e se tornar uma pessoa de bem.

Nenhum de nós se beatifica simplesmente porque deixou o envoltório carnal. No caminho da evolução não existem atalhos, todos temos de lutar pela perfeição. Devemos nos unir no amor de Cristo para, juntos, prosseguirmos a jornada em direção ao progresso espiritual. Nas nossas aflições e angústias, no momento de dor e sofrimento, é justo que busquemos o auxílio e o amparo do Pai. Podemos pedir misericórdia, mas não se pode esquecer que tudo segue o curso natural da evolução e o alívio virá se Deus achar justo o nosso pedido.

Capítulo 14

☙·❧

O perdão

Orlando, atendendo ao chamado de Jacob, rapidamente foi ao seu encontro.

— Estou às suas ordens, irmão — disse ao querido superior.

— Orlando, a hora de você testar seu perdão está próxima.

— Não compreendo. O que quer dizer, Jacob?

— Você já foi esclarecido a respeito desse sentimento. Falo do verdadeiro perdão, não o de palavras, mas o de ação, e acreditamos que está pronto para uma tarefa que requer muita compreensão, respeito pela fraqueza do próximo e, principalmente, o amor pleno pelo semelhante. Será necessário esquecer-se de si mesmo e pensar na recuperação de uma criatura de Deus que se perdeu em meio aos enganos nos quais se envolveu em sua permanência na Terra.

Orlando, aos poucos, foi compreendendo o que estava para acontecer.

Jacob continuou:

— Durante todo esse tempo, sofreu a consequência de seus desatinos, tomou do próprio fel, mas a hora do seu resgate está chegando.

— Como assim, Jacob, ele clamou por socorro?

— Ouça bem, Orlando, por imprevidência, uma irmã ainda encarnada, que manteve uma relação leviana e enganosa com ele, chamou-o com insistência para junto de si, acreditando que poderia ajudá-la. E a influência nociva aconteceu.

— Como assim?

— Esse irmão colou-se nessa irmã e a sua influência levou-a à debilidade física e emocional. Enfraqueceu-a, levando-a à apatia e à depressão.

— Por que isso foi permitido?

— Orlando, esse irmão vive nas zonas de sofrimento, sob as ordens de espíritos trevosos, afinidade essa que ele mesmo construiu para si. São espíritos que se comprazem em ver os encarnados infelizes, assim como eles mesmos são. Não se importam com as consequências, contanto que seus desejos impuros sejam satisfeitos. Por essa razão, não se pode esquecer das palavras que Jesus deixou para a humanidade: "Orai e vigiai". Nosso Criador não interfere no livre-arbítrio de Suas criaturas. Ele sabe que um dia, cansados, perceberão a inutilidade do mal e clamarão por clemência. Nesse dia serão resgatados e iniciarão a caminhada no bem.

— Esse irmão será resgatado. E a vítima de sua influência vai se recuperar?

— Ele foi atraído para uma Casa Espírita que trabalha de acordo com o Evangelho, e cujo único desejo é servir ao próximo. Os dois envolvidos receberam orientações sobre a necessidade de se renovar, construir sua reforma interior, pensar e desejar somente o bem, e tanto um quanto o outro foram sensíveis aos esclarecimentos dos orientadores.

— Mas a influência nociva do espírito pode acabar assim, de repente, tão rápido?

— Orlando, o socorro veio rápido graças ao conhecimento de Flora, mas o que na verdade contribuiu foi a vontade dos envolvidos: o cansaço do irmão desencarnado, seu desejo sincero de sair do sofrimento, seu arrependimento pelos desatinos cometidos na sua existência na Terra, o desconhecimento do mal que fazia à irmã encarnada, colando-se nela e pensando que a ajudava, como ela pedira. Enfim, a aceitação das orientações recebidas na Casa Espírita abriu-lhe as portas para que recebessem o auxílio divino.

— E quanto à irmã encarnada?

— Ela o libertou quando entendeu que havia se enganado, pediu perdão e iniciou sua reflexão quanto às suas atitudes. Mas os dois ainda têm um longo caminho a percorrer, cada qual compatível com as suas ações, mas isso tudo foi o começo.

— Eu pensei que esse processo fosse um trabalho mais demorado e difícil — disse Orlando.

— Orlando, é preciso saber diferenciar as situações que se apresentam. Essa não foi uma obsessão que realmente é um trabalho mais complicado, demorado e exige do obsesso uma completa mudança de postura perante a vida, a si mesmo e a Deus. Isso foi um equívoco de uma irmã que desconhecia o que propunha para si mesma; que quis um suporte para suas dores e dúvidas e procurou, de maneira equivocada, o outro. Em princípio, ele queria vingança, mas, graças à intervenção dos bons espíritos, caiu na realidade do sofrimento que havia se imposto e percebeu o mal que fazia a si mesmo. A obsessão é algo muito mais sério, porque nela está presente a vingança, o ódio, o desejo do mal e o objetivo de jogar na lama o alvo desses sentimentos mesquinhos. Nesse caso não houve obsessão, porque não se caracterizou a crueldade.

— Mas ele tinha motivos para odiá-la.

— Realmente tinha e tentou, mas tomou a única decisão sábia, entre tantas equivocadas, ou seja, deixá-la ir e retornar ao lugar onde vive.

— Mas por que ele não foi levado ao hospital, Jacob?

— Porque falta para ele resolver uma questão que o aflige.

Orlando ainda não tinha percebido em que lugar ele se encaixava.

— Posso saber qual?

— Claro. Você é a peça que falta para fechar um ciclo de sofrimento.

— Eu?

— Sim, Orlando, se você ainda não percebeu, vou lhe dizer. Esse irmão é aquele que lhe tirou a vida terrena.

Orlando levou um susto.

— Você está dizendo que é o Léo?

— Estou. Precisamos que você venha conosco até as zonas de sofrimento resgatar esse irmão.

— Por quê?

— Porque ele precisa do seu perdão, isso se você realmente já o perdoou.

— Sim, Jacob, já o perdoei e estou pronto para dizer isso a ele. Quando iremos?

— Se você estiver pronto, iremos agora — respondeu Jacob, prestando muita atenção na reação de Orlando.

Com tranquilidade, Orlando respondeu:

— Estou pronto, Jacob, e ansioso para dizer isso a ele. Sei que nenhum sofrimento é eterno e, se está na hora do resgate, é porque Léo já cumpriu o que lhe cabia pelo mal praticado na Terra. Conquistou esse direito pelo arrependimento sincero, e fico feliz em contribuir para o início do seu caminho no bem.

Jacob ficou satisfeito com o que ouviu de Orlando.

— Ele entendeu os esclarecimentos que recebeu na Casa Espírita, mas sente-se envergonhado com o ato violento que praticou contra você e acha que não merece perdão. Pensando assim, voltou para a zona de sofrimento, mas Jesus permitiu que fosse resgatado, e é o que pretendemos fazer.

— Estou pronto — reafirmou Orlando.

A consequência da vida futura decorre da responsabilidade dos nossos atos. A razão e a justiça nos dizem que, na distribuição da felicidade a que todos os homens aspiram, os bons e os maus não poderiam ser confundidos. Deus não pode querer que uns gozem dos bens sem trabalho e outros só o alcancem com esforço e perseverança.

A ideia que Deus nos dá de sua justiça e de sua bondade, pela sabedoria de suas leis, não nos permite crer que o justo e o mau estejam aos seus olhos no mesmo plano, nem duvidar de que não recebam, algum dia, uma recompensa e outro o castigo pelo bem e pelo mal que tiverem feito. É por isso que o sentimento inato da justiça nos dá a intuição das penas e das recompensas futuras. (O Livro dos Espíritos.)

A equipe de resgate desceu até a zona de sofrimento.

— Orlando não se distraia com a curiosidade, que não cabe nesse trabalho de fraternidade para com os nossos irmãozinhos em sofrimento, nem se deixe enganar com os pedidos de socorro ou as mãos estendidas.

— Por que, Jacob, eles também não merecem o socorro?

— Orlando, o socorro vem para aqueles que realmente o querem pelo sentimento sincero, do arrependimento real. Os que pedem clemência a Jesus não com simples palavras, mas com a pureza de sentimento.

— Isso quer dizer que os irmãos que aqui habitam podem nos enganar?

— Sim, Orlando, podem nos enganar. Assim que são resgatados, fogem e voltam, não raro, para a Terra, com a finalidade de continuar seu caminho desastroso, interferindo na vida dos encarnados, subjugando-os à sua vontade. Incentivando, nos mais distraídos e levianos que se afinam com seus pensamentos, a violência e a discórdia.

— Por que isso acontece, Jacob?

— Volto a dizer, Orlando, porque os encarnados vivem para a satisfação e a realização dos seus desejos e ambições, e com isso atraem os maus espíritos que pensam como eles e se comprazem com o sofrimento das pessoas. Repito que não se pode esquecer do que disse Jesus: "Orai e vigiai; aí está a proteção contra as investidas do mal". — Jacob continuou e disse a Orlando: — Agora, o momento é de equilíbrio e muito amor para com o semelhante. Mantenha seu pensamento voltado a Jesus. Vamos em busca de Léo para acolhê-lo com respeito e fraternidade.

Seguiram em frente.

Quanto mais desciam e se aproximavam do local onde Léo estava, sentiam o ar pesado, quase sufocante. Os lamentos e os impropérios que escutavam mexiam com o equilíbrio de Orlando, que, seguindo a orientação de Jacob, procurava permanecer com seu pensamento voltado para Jesus, não permitindo que nenhum pensamento menor interferisse em seu equilíbrio. Queria realmente auxiliar aquele que, em um momento de delírio, tirara-lhe a vida.

"Isso não me importa mais. Hoje quero apenas ser útil e ajudá-lo a se reerguer sob o amor de Deus."

Lembrava-se das palavras de Jacob, seu querido instrutor: "Orlando, nenhum ser vai ficar mau pela eternidade, um dia se cansará e se tornará bom, porque Deus assim o quer".

Elevou seu pensamento ao Senhor e orou: "Senhor, Criador de todo o universo e de todas as formas de vida, sou grato por poder, de alguma forma, contribuir para o alívio de um irmão. Que ele possa, Senhor, evoluir e seguir o caminho da luz e do amor no vosso reino, aproveitando essa oportunidade de renascimento".

Jacob observava todas as reações de Orlando e se sentia satisfeito com o que via: "Ele realmente traz o espírito limpo de mágoa ou revolta. Seu perdão é pleno. Com a permissão de Jesus, tudo dará certo".

Após caminharem por lugares sombrios e esfumaçados, onde toda sorte de dor se fazia presente por conta das mentes doentias que, desprezando a realidade da vida futura, se entregaram à prática do mal violentando seu semelhante física ou moralmente, chegaram a um lugar onde os espíritos se atolavam no lamaçal de si mesmos sem condições de perceber nada além de escuridão e intermináveis gemidos.

Orlando, sem compreender a razão de tamanho sofrimento, olhou para Jacob, que imediatamente entendeu o que se passava com aquele espírito ainda inexperiente. Receando um possível desequilíbrio, disse-lhe:

— Orlando, não desvie sua atenção, mantenha-se com o pensamento em Jesus e tudo sairá a contento.

Orlando acatou a orientação de Jacob, e seguiram.

Algum tempo depois, chegaram a uma clareira onde existiam tocas habitadas por espíritos. Jacob disse aos seus acompanhantes:

— Chegamos. É aqui que está nosso irmão.

Orlando sentiu leve desconforto, mas, seguindo a orientação de Jacob, orou a Jesus clamando por auxílio e força para não fraquejar, a fim de cumprir sua missão.

— Vamos entrar — disse Jacob, no que foi seguido pelos companheiros.

Orlando, não acostumado às cenas chocantes presentes nas zonas mais infelizes, novamente levou um choque, sendo prontamente sustentado por Jacob. Este, reconhecendo Léo encolhido em um canto com as feições torcidas pelo sofrimento, com as vestes rasgadas e sujas, aproximou-se e lhe disse:

— Jesus atendeu a seu clamor, meu irmão, estamos aqui para resgatá-lo e levá-lo ao hospital de refazimento.

Léo olhou-o com desconfiança. Não o conhecia, e o pavor de ser novamente pego pelos trevosos o apavorava. Jacob, percebendo a reação daquele irmão em sofrimento, disse-lhe:

— Nada tema, meu irmão, viemos em nome de Jesus para buscá-lo.

— Não posso ir — Léo disse, por fim, sentindo mais confiança.

— Por que não pode? — insistiu Jacob.

— Porque o que fiz não tem perdão. Assassinei friamente um homem sem culpa nenhuma, acabei com a minha vida e, ao tentar obsediar uma irmã que ainda está na Terra, fui orientado sobre o mal que fazia a ela e a mim mesmo. Sei que sou um verme, mas não suporto mais esse sofrimento. Estou arrependido, mas sei que mereço sofrer tudo o que estou sofrendo.

— Quando o arrependimento é sincero, um dia os sofrimentos terminam, meu irmão, e o auxílio divino chega com permissão de Jesus, que ama e quer a felicidade de todas as criaturas. Você se arrependeu com sinceridade e foi alvo da bondade de Deus, em vista disso estamos aqui.

O pranto tomova conta de Léo, que quase não possuía mais forças.

— Preciso resolver uma questão que me atormenta.

— Diga.

— Preciso do perdão de quem tanto prejudiquei, mas não sei como conseguir.

Apesar de saber de quem se tratava, Jacob o interrogou:

— Diga quem é, meu irmão, creia na bondade de Jesus e Ele não o abandonará.

— Trata-se do homem que eu assassinei de maneira vil. Preciso pedir-lhe perdão, mas não sei como fazer.

Jacob olhou para Orlando, que permanecia impassível, sem ousar dizer absolutamente nada.

— Está pronto? — perguntou.

— Sim, respondeu Orlando.
Voltando-se para Léo, disse-lhe:
— Meu irmão, a hora chegou. Ele está aqui e traz em sua essência o sentimento de perdão pleno e verdadeiro. Peça-lhe.
Orlando se mostrou. Vendo-o, Léo sentiu vergonha do que fizera àquele homem bom e sem culpa de nada do que lhe acontecia. Arrastou-se até ele e, descontrolado, pediu-lhe:
— Perdão... Perdão pelo que fiz por conta do meu desvario. Perdão!
Orlando, abaixando-se até ele, aconchegou-o em seus braços e lhe disse:
— Já o perdoei há muito tempo, e o que quero agora é que se entregue a Jesus para finalmente conhecer a luz do amor, do respeito e da vida.
Jacob emitiu energia de paz e de equilíbrio sobre Léo que, acalmando-se, adormeceu nos braços de Orlando. Os espíritos que acompanhavam Jacob nessa missão colocaram-no sobre a maca. E a equipe, entregando-se à prece e permanecendo com o pensamento fixo em Jesus, retornou.
Léo foi levado ao hospital Maria de Nazaré, onde, acomodado no quarto limpo e aconchegante, permaneceu dormindo.
Jacob percebeu o silêncio de Orlando e indagou ao amigo:
— Orlando, vejo-o silencioso, pensativo. Posso saber o que o atormenta?
— Claro que sim, Jacob. Penso no motivo pelo qual os seres se entregam ao sofrimento, se podem usufruir da calma e da felicidade aqui na espiritualidade! Entretanto, o que mais se vê são lágrimas e dor. Por que isso acontece Jacob?
— Orlando, o bem foi criado por Deus, e o mal pelos homens. Todos podem escolher o lado que preferem ficar. Quando a ambição, o egoísmo, a vaidade e todos os outros sentimentos pequenos e mesquinhos invadem o coração, a escolha já está feita, e

o sofrimento se fará presente na vida depois de amanhã. Vida essa em que poucos acreditam, mas que é realidade, e essa realidade acontecerá para todos, crendo ou não.

— Somos nós que atraímos o sofrimento, é isso o que quer dizer?

— Sim, é isso o que acontece. O falso brilho e a falsa felicidade caem por terra quando deparamos com nosso rosto no espelho da vida espiritual. Espelho esse que nos mostra como somos na verdade, sem máscaras. O homem deve vigiar a si mesmo, suas atitudes, suas posturas em relação ao semelhante, porque o sofrimento dura enquanto durar a teimosia no mal. Deus não quer nenhuma de suas criaturas sofrendo, mas respeita a vontade de seus filhos, porque deu a cada um o livre-arbítrio. Mas, quando o arrependimento surge sincero e pleno, ninguém fica sem auxílio, e todos têm a mesma possibilidade de se tornar bons.

Orlando estava impressionado em como tudo, na espiritualidade, acontecia com equilíbrio. Nada era feito apenas para satisfazer vontade ou curiosidade. A autenticidade e a sinceridade dos sentimentos e pensamentos eram o que contava, na realidade.

Perdoara Léo de verdade e desejava sua recuperação espiritual. Como dizia Jacob, ninguém fica mau pela eternidade, e Léo, assim como os outros que se arrependeram, encontraria um dia a paz para seu espírito. Aprendera que, não importa o tempo que dure, um dia tudo passa.

Enquanto na espiritualidade tudo era feito visando ao bem-estar e equilíbrio de Léo, na Terra tanto Neide quanto Flora também se entregavam ao auxílio a Selma, que ia se recuperando dia após dia, até que, finalmente sentindo-se bem, voltou ao trabalho.

O que ocorrera com Selma modificara profundamente a maneira de pensar de Neide. Envergonhava-se de como agira em relação às pessoas, sempre querendo tirar proveito, e se esforçava para que isso não mais acontecesse. Passara a frequentar a Casa

Espírita juntamente com Flora, e a cada dia se interessava mais em aprender a doutrina. Selma, percebendo a mudança da amiga, seguiu seus passos e, juntando-se a ela e Flora, também passou a frequentar as reuniões.

Com o passar do tempo, Selma foi percebendo quanto tinha sido fútil, interesseira e desleal com Léo. Arrependeu-se dos seus atos do passado e, aconselhada pelos espíritos amigos, pediu perdão a Léo, incluindo-o nas preces que passou a fazer diariamente.

A prece é recomendada por todos os espíritos; renunciar à prece é desconhecer a bondade de Deus, é renunciar, para si mesmo, a sua assistência, e para os outros ao bem que se lhes possa fazer.

O homem suporta sempre as consequências das suas faltas; não há uma só infração à lei de Deus que não tenha punição.

A severidade do castigo é proporcional à gravidade da falta.

Seria injusto situar na categoria dos maus espíritos os espíritos sofredores e arrependidos que pedem preces; estes puderam ser maus, mas não o são mais a partir do momento em que reconhecem suas faltas e as lamentam; eles não são senão infelizes; alguns mesmo começam a gozar de uma felicidade relativa. (O Evangelho Segundo o Espiritismo.)

Selma não esquecia o que ouvira na Casa Espírita quando convidada a orar. Dissera não saber pronunciar palavras bonitas. Havia muito tempo que não elevava o pensamento ao Pai, e se intimidava diante dos irmãos presentes. O orientador lhe dissera, transmitindo-lhe paz:

— Minha irmã, os espíritos sempre nos disseram: "A forma não é nada, o pensamento é tudo. Orai cada um segundo as vossas convicções e o modo que mais vos toca; um bom pensamento vale mais que numerosas palavras estranhas ao coração". (*O Evangelho Segundo o Espiritismo.*)

Agradecida, Selma respondeu:

— Sinto-me envergonhada por tudo o que fiz em razão de minha insanidade espiritual. Durante minha vida toda desprezei e brinquei com as pessoas que estavam próximas a mim; não respeitei seus sentimentos. Até de minha mãe eu esqueci. Por essa razão, não me considero digna de orar ao Senhor, mas sou agradecida pelo carinho que recebi nesta casa.

João se compadecia daquela irmã que iniciava sua compreensão do bem. Sua consciência despertara e seus olhos espirituais mostravam-lhe o verdadeiro caminho, não aquele que poderia lhe trazer benefícios materiais momentâneos, mas o difícil caminho da evolução por meio do amor. Fitando-a com compaixão, voltou a dizer:

— Minha irmã, não se perca no seu passado de ilusões; o julgamento é Jesus quem faz. O momento agora é de se entregar à renovação de si mesma, ou seja, dedicar-se com fé ao seu despertar espiritual. Nosso Mestre está presenteando-a com a bênção do recomeço. Se isso está acontecendo, é porque Jesus sabe que é chegada a hora de optar pela felicidade no bem, no amor e na sinceridade em sua relação com o próximo. — Percebeu que Selma chorava.

— Por que não enxuga suas lágrimas com o calor da prece? — perguntou.

Em silêncio, Selma iniciou sua prece sem notar a presença de ninguém. Sentia-se única no recinto, e nessa solidão entregou-se com toda a sua alma ao Divino Amigo.

"Senhor, não sei se é muito tarde, mas percebo neste instante de lucidez que o amor é uma força gigantesca que se renova sem cessar, enriquecendo ao mesmo tempo aquele que dá e aquele que recebe. Quero-O, Senhor, junto a mim para que eu possa enfrentar os obstáculos que encontrar e as tentações que poderão me fazer fraquejar. Não quero me entregar ao desânimo nem à ociosidade, porque agora O conheço e é o Vosso caminho que desejo seguir. Quero burilar meu espírito elevando meus sentimentos e, consequentemente, aproximando-me de Vós. Peço a Vós, Jesus, com humildade e sinceridade, sua bênção e sua proteção para que eu possa prosseguir firme na minha intenção. Tenha compaixão da minha fraqueza e me fortaleça. Assim Seja!"

Selma não percebeu que orara em voz alta. Ao terminar, sentiu seus olhos marejados de lágrimas.

João, enviando-lhe toda a energia de fraternidade, disse-lhe:

— Que Jesus a proteja, minha irmã!

Naquele momento de busca, Selma sentiu a luz do esclarecimento iluminando sua mente. Lembrou de seu filho, tão pequeno, entregue à sua mãe já calejada pelos anos e com tão poucas forças para educá-lo, vítima de enfermidade crônica.

"Meu Deus! Obrigada por me mostrar o caminho. Meu filho, como pude deixá-lo sem a companhia de sua mãe, como fui egoísta. Preciso ir ao seu encontro."

Ao se despedir de João, Selma, segurando-lhe as mãos, disse:

— Obrigada, senhor João, por seu carinho e amizade pude compreender todo o mal que fiz às pessoas, ao meu filhinho e a mim mesma. Mas a luz se fez em meu coração. Vou retornar ao lugar de onde nunca deveria ter saído, junto à minha mãe e a meu filho. Jamais o esquecerei. Que Jesus o abençoe sempre!

Afastou-se levando consigo a esperança de felicidade real, aquela em que o egoísmo, a ambição e a maldade não fazem morada.

Uma semana mais tarde, Selma, despedindo-se de Neide e de Flora, partiu levando a promessa das duas amigas de visitá-la em breve. Iniciava-se para Selma um novo ciclo, em que o equilíbrio, os bons sentimentos e as atitudes coerentes e nobres estariam presentes, proporcionando a ela, a Felipe e a Clotilde a paz esperada.

Capítulo 15

∂•∕

O reencontro entre mãe e filho

Cássia entrou eufórica em casa.

— Que alegria é essa, minha filha? — perguntou Antonieta.

— Nada de especial, mãe, estou apenas alegre e achando a vida maravilhosa — exclamou Cássia.

— E o que faz você se sentir assim? Espere, acho que já sei... O coração apaixonado.

— Acertou, dona Antonieta! Completamente apaixonado — concordou Cássia, que rodopiou pela sala demonstrando sua felicidade.

Antonieta, em silêncio, agradeceu ao Senhor a recuperação da filha após tanto sofrimento. E pensava: "Parece-me um sonho ver Cássia novamente com brilho nos olhos. Que Deus reserve para ela a real felicidade!"

Voltando à realidade, disse à filha:

— Muito bem, mocinha, conte-me agora como está o namoro com esse rapaz. Quando pretende trazê-lo aqui para que eu o conheça?

Cássia correu a abraçar a mãe, dizendo:

— Nosso namoro vai muito bem, mãe. Posso lhe dizer que não se preocupe, pois é coisa séria. Estamos apaixonados, e ele confirmou que virá jantar amanhã, conforme havia dito à senhora, lembra?

— Claro que me lembro, também quero muito conhecê-lo.

— Conhecer quem? — disse Sabina, entrando na sala e ouvindo a conversa.

— Conhecer o meu amor, Sabina. O homem que despertou em mim novamente a vontade de viver; fez-me acreditar que é possível ser feliz, que tudo passa e o sol sempre volta a brilhar em nosso coração, se permitirmos.

— Meu Deus, esse rapaz deve ser mesmo muito especial para transformá-la desse jeito.

— Tenho certeza de que vocês duas gostarão dele. Sabe o que eu disse a ele? Que terá de aguentar duas sogras.

— Assim você deve ter assustado o rapaz — disse Antonieta.

— E ele, o que respondeu? — perguntou Sabina.

— Bem-humorado, respondeu: duas sogras e três mães. Realmente tenho muita sorte!

O sorriso das mulheres demonstrou o contentamento que sentiam.

A mesa bem-posta e as flores perfumando o ambiente esperavam por Frank e davam testemunho da alegria que reinava na casa de Cássia.

— Sabina, você caprichou no jantar, não? — perguntou Cássia ansiosa.

— Fique tranquila, minha menina, está tudo perfeito. Também tenho interesse em agradar a esse rapaz, afinal, ele vai desencalhar você — disse Sabina brincando.

— Quer dizer que você me acha encalhada? — exclamou Cássia abraçando a amiga.

Sabina abraçou-a com carinho e respondeu:
— Feliz daquele que se casar com você. Não tem ideia da joia que está levando para casa.
— O que você diz não vale, é suspeita.
— Não, filha — disse Antonieta entrando na cozinha —, Sabina tem razão, você tem tudo para fazer um homem feliz.

Com uma leve sombra de tristeza passando por seus olhos, Cássia respondeu:
— É, mãe, mas não consegui fazer, e por conta disso perdi meu pai.
— O que você está dizendo, minha filha, que bobagem é essa?
— Sua mãe tem razão, Cássia, você não teve culpa de nada. Ninguém podia mudar o rumo que as coisas tomaram porque elas estavam enraizadas na inconsequência de Léo. As pessoas carregam o que agasalham em seu coração e, quando o orgulho e a ambição dominam o sentimento, dificilmente conseguem perceber o caminho escuro que percorrem, e passam a cometer desatinos. Foi o que aconteceu com Léo, Cássia, nada tocava seu coração, a não ser seus desejos pouco louváveis.

— Mas isso tudo já passou, filha, não devemos ficar trazendo o passado de volta. Agora é pensar no futuro, na oportunidade que se apresenta para você construir uma nova vida. Viver nova experiência com mais inteligência, amar sem se anular; caminhar lado a lado com a pessoa que Deus está colocando junto de você para que possam construir uma vida digna e feliz.

— Certa vez, na reunião do centro — disse Sabina —, ouvi de um espírito amigo o seguinte: "Inseguranças todos nós temos, medo também, mas é preciso acreditar que a felicidade é uma conquista de cada um alimentando nossa alma com os valores verdadeiros. Não devemos exigir demais de nós mesmos, mas também não podemos cair na lentidão. É preciso encontrar o equilíbrio".

— Isso diz tudo, filha. Cabe a você e a esse rapaz colocarem cada tijolo na construção da própria felicidade, e nessa construção não cabe trazer de volta o passado de tristeza e dor.

— Vocês têm razão — disse Cássia. — O momento agora é de muita alegria e esperança, e tenho o direito de viver este presente de Deus.

— É isso mesmo, filha, comece ficando bem bonita para receber seu namorado.

Dando um beijo em sua mãe e em Sabina, Cássia foi até seu quarto se preparar para receber Frank.

Às 20 horas, Frank tocava a campainha da casa de Cássia. Estava elegante na sua maneira simples de vestir.

— Boa noite, amor — disse a Cássia assim que ela abriu a porta.

— Boa noite, Frank! Eu estava ansiosa!
— Verdade? — exclamou o namorado feliz.
— Verdade, meu amor, estava ansiosa para abraçá-lo.
— Por que não o faz?

Passando os braços em volta do pescoço de Frank, Cássia abraçou-o transmitindo nesse gesto o grande carinho e amor que sentia por ele.

— É melhor entrarmos, mamãe o espera.
— Vamos — concordou Frank.

Após as apresentações, Frank sentiu-se à vontade por conta da gentileza com a qual fora recebido.

— Queria muito conhecer a senhora, dona Antonieta, assim como dona Sabina. Cássia fala muito das senhoras e não economiza elogios e carinho. Conhecendo-as, percebo que ela tem razão, pois são muito agradáveis e gentis. Fico grato em me receberem.

Antonieta adiantou-se:

— Para nós também é uma grande satisfação tê-lo entre nós, e gostaríamos que se sentisse à vontade.

— Quanto a isso não se preocupe, dona Antonieta, estou realmente me sentido à vontade.

Sabina permanecia calada olhando fixamente para Frank. Cássia, percebendo, indagou:

— Sabina, percebo que assim que viu Frank não tira os olhos dele. Alguma coisa em especial?

Meio sem jeito, Sabina respondeu:

— Por favor, me desculpem, principalmente você, meu rapaz. Não há nada de especial.

Cássia insistiu:

— Sabina, sinto-a tensa, diga-nos o que está acontecendo.

Sentindo-se acuada, Sabina respondeu:

— Vocês podem achar estranho, e eu também não entendo, mas assim que o vi tive uma sensação estranha, forte, como se já o conhecesse. Não me peçam explicações, porque não as tenho.

— Como assim, Sabina, explique-se melhor. Frank mora em outro país é pouco provável que o conheça.

— Cássia tem razão, Sabina, acho estranha essa sua reação.

— São os olhos dele, parece que já os vi. Sinto como se eles tivessem sido gravados na minha memória. Por favor, não achem graça, estou sendo sincera.

— Ninguém está achando graça, dona Sabina — disse Frank gentilmente. — Pode ser que já tenha me visto na cidade, estou aqui há algum tempo.

— É, pode ser — concordou Sabina, encerrando o assunto.

O jantar transcorria tranquilo.

Frank saboreava a deliciosa comida de Sabina não poupando elogios.

— A senhora cozinha muito bem, dona Sabina. Realmente é um tempero delicioso, não podendo ser comparado com a culinária do meu país, que, a bem da verdade, está longe do que tenho visto aqui no Brasil.

— Eu lhe disse, Frank, que iria gostar! — exclamou Cássia.

— É, você não exagerou, meu amor.

Antonieta, querendo satisfazer sua curiosidade a respeito do namorado da filha, indagou:

— Fale-me de você, Frank, de sua família, enfim, o que o trouxe ao Brasil.

— Mãe! — exclamou Cássia, envergonhada. — A senhora está pressionando o Frank.

— De maneira nenhuma, Cássia, sua mãe tem razão. É justo que queira saber mais sobre a vida de seu namorado, e falar de minha família não me traz constrangimento algum, ao contrário, causa-me prazer.

— Obrigada, Frank.

— Na verdade, dona Antonieta, nasci aqui no Brasil, mas fui adotado pelos meus pais antes de completar um ano de idade, e levado para a América do Norte, onde cresci, fui educado e me formei. Tenho o maior respeito e amor pelos meus pais adotivos, que não pouparam esforços para que eu me sentisse feliz.

— E o que o traz de volta ao seu país de origem?

— Tentar encontrar as minhas raízes, meus pais biológicos, enfim, minha família de sangue.

— E sua mãe, o que acha disso?

— Meus pais me deram o maior apoio. Não criaram nenhum obstáculo. Sabem que mesmo que os encontre nada fará diminuir o meu amor por eles. Foram eles que me criaram, embalaram meus sonhos, curaram minhas dores, sofreram quando sofri e sorriram com meu sorriso. Enfim, dona Antonieta, eles me escolheram como filho e serei grato por todo o sempre.

— E quando achar sua mãe biológica?
— Quero conhecer sua versão da história. Minha mãe me disse que ela é inocente, mas preciso saber dela mesmo até que ponto está envolvida em uma atitude cruel, que trouxe tanta mágoa para meu coração, ferindo-o para sempre. Creio não ser possível haver um coração de mãe tão insensível a ponto de vender o próprio filho com apenas seis meses de idade.
— O que você está dizendo? — perguntou Sabina, tentando se equilibrar diante da ansiedade que começava a dominar todo o seu ser.

Cássia, percebendo o estado em que se encontrava, levantou-se, abraçou-a e disse-lhe:
— Calma, Sabina, deve ser somente uma coincidência. Fique calma!

Sabina mal conseguia articular uma só palavra.

Frank não conseguia entender a razão do desequilíbrio de Sabina e, meio desajeitado, pediu desculpas.

— Dona Sabina, desculpe-me, jamais poderia imaginar que minha história causaria essa reação na senhora. Sou mesmo inconsequente, não deveria ter falado nada, afinal, isso só interessa a mim. Gostaria que não ficasse impressionada com essa história, o que importa é como me sinto. Hoje sou um homem bem resolvido, feliz, o passado ficou para trás. Se quero encontrar meus pais biológicos é porque me sinto no direito de levantar o véu do meu passado. Não se impressione nem sofra por mim. Certa feita, ouvi de alguém que, quando olhamos muito para o abismo, o abismo olha para a gente, por isso não detenho minha atenção nas atitudes menos felizes, e sim em tudo o que Deus permitiu que eu tivesse.

Antonieta, admirando a postura de Frank, disse-lhe:
— Você é um homem de bem, Frank, merece todo o meu respeito e admiração.

Sabina, com a voz entrecortada pela emoção, perguntou:

— Você tem elementos para encontrar sua mãe, sabe pelo menos o mínimo sobre ela?

— Sei o que minha mãe me contou. A cidade onde vivia, o nome de meus pais biológicos e dos meus avós. Aliás, quem me entregou para adoção foi minha avó materna.

— Pode ser que sua mãe ignorasse esse ato de sua avó — exclamou Antonieta.

— Já pensei sobre essa possibilidade, dona Antonieta, e é essa dúvida que me move a tentar encontrar minha mãe. Existe a possibilidade de que ela seja inocente, que não tenha culpa alguma.

Sabina, a cada minuto, mergulhava na esperança de estar diante de seu filho, que sua mãe cruelmente vendera aos estrangeiros.

Após refletir, Antonieta disse a Frank:

— Você possui documentos anteriores à sua adoção que possam facilitar sua investigação?

— Documentos, propriamente, não, dona Antonieta. Assim que chegaram à América, registraram-me como seu filho legítimo, trocando o nome brasileiro.

— Você sabe qual era o seu nome anterior, sua data de nascimento ou o nome de seus pais biológicos? — perguntou Antonieta.

— Sei, minha mãe nunca escondeu de mim a minha origem.

— Se achar conveniente nos dizer, poderemos ajudá-lo nessa busca — disse Antonieta.

— Meu nome brasileiro é Joaquim, o de meu pai é Tião e o de minha mãe é...

Antes que revelasse o nome de sua mãe, ouviram um baque e viram Sabina desfalecida e caída no chão. Todos se levantaram ao mesmo tempo com o intuito de acudi-la.

— Meu Deus, como ela está pálida! É melhor chamar um médico, Cássia.

— O que houve com ela? — perguntava Frank, nervoso. — O que disse que a fez ter essa reação?

— Não sei, meu amor — falava Cássia também nervosa. — É melhor chamarmos um médico.

— Faça isso, minha filha — disse Antonieta preocupada.

No momento em que Cássia ia saindo, ouviu a voz fraca de Sabina:

— Não precisa chamar médico algum, eu... eu estou bem.

Cássia se apressou a abraçá-la.

— Sabina, pelo amor de Deus, diga-nos o que houve. Qual a razão dessa reação tão drástica assim quando ouviu o nome de Frank?

Sem conseguir dizer uma só palavra, Sabina deixava sentidas lágrimas escorrerem pelo seu rosto. Ninguém conseguia entender nada do que acontecia, até que Antonieta, lembrando-se do dia em que Sabina confidenciara seu drama, fez a associação dos fatos.

— Pelo amor de Deus, Sabina, você está pensando que Frank é... Não conseguiu terminar seu pensamento. Olhou para o namorado de sua filha e perguntou-lhe:

— Frank você realmente sabe o nome de sua mãe?

— Claro, dona Antonieta, ela se chama Sa... Um clarão se fez em sua mente. — Meu Deus! Meu Deus! — dizia sem parar, tomado pela emoção. — Será possível o que está acontecendo? Não posso acreditar!

— Diga, Frank, qual é o nome da sua mãe biológica — insistia Cássia.

— Emocionado, Frank balbuciou: Sabina, ela se chama Sabina! — Abraçou-a dizendo sem parar: — A senhora é minha mãe biológica, não resta a menor dúvida!

— Calma, vamos com calma — dizia Cássia. — Deixe Sabina se recuperar, vamos conversar e checar direitinho todas as informações para chegarmos à conclusão certa.

Assim fizeram.

Depois de muito conversarem, de Sabina ter fornecido todas as explicações que eram coerentes com as que Frank sabia de sua mãe, a verdade apareceu em todo o seu apogeu.

— Não tenho a menor dúvida. Você é o meu Joaquim, que arrancaram dos meus braços. Podemos ter a confirmação indo ao cartório e verificando o seu registro. O dia do seu nascimento, o nome de seus pais e avós. Você já tem essas informações fornecidas por sua mãe, é só comparar.

Emocionado, Frank disse, segurando as mãos de Sabina:

— Foi por isso que teve a sensação de me conhecer.

— Jamais me esqueci dos seus olhos, do brilho quando eu o apertava em meus braços. Não importam todos os anos que se passaram, seu olhar nunca se apagou da minha mente. Foi essa lembrança que me sustentou em minha vida sofrida, foi o que restou de você.

Frank a abraçou novamente.

— Minha mãe tinha razão quando dizia que era inocente nessa história toda. Nunca deixou que nutrisse algum sentimento de revolta contra aquela que me deu a vida.

— Mas você me disse que possui sentimento de mágoa por ter sido vendido — disse Cássia.

— É verdade, mas sentia contra a minha avó, por ter me tratado como se fosse uma coisa que se vende quando não se quer. Mas agora, neste instante em que reencontro a pessoa que me trouxe ao mundo, sabendo da confirmação da história que minha mãe me contava, essa mágoa foi expulsa do meu coração. Quem errou que carregue sua culpa, nada me atinge mais.

— Tem razão, meu querido, agora é outro momento de sua vida. O reencontro se deu, a alegria se fez no seu coração e no coração de Sabina, e o que passa a ter importância são seus dias daqui para a frente. Como você mesmo disse, vai ter duas sogras e três mães.

— Você está certa, meu amor. Hoje mesmo vou dar a boa notícia aos meus pais... A senhora se importa que eu continue a chamá-los assim?

— É claro que não, Frank. Eles são seus pais, eles o criaram, amaram você como um filho legítimo. Eu agradeço a Deus por reencontrar você e perceber o quanto você é feliz, digno, enfim, fizeram de você um homem de bem. Deus ouviu minhas preces, reencontrei meu filho depois de tantos anos. De você quero apenas o seu carinho e respeito. Sinto-me recompensada só em poder dizer a você que não tive culpa alguma em toda essa história, fui uma vítima de minha mãe.

— Estaremos sempre perto, afinal, não pretendo deixar Cássia fugir de mim. Quero-a junto a mim por toda a eternidade, mesmo que tenha duas sogras, ou melhor, duas mães e uma sogra, enfim, não sei...

Todos riram.

— Meus dois filhos amados unidos pelo amor — disse Sabina, abraçando-os com lágrimas nos olhos.

Quebrando o momento de emoção, Antonieta disse:

— Que tal provarmos a deliciosa sobremesa feita pela melhor doceira que já conheci?

— Não exagere, dona Antonieta — disse Sabina feliz.

Capítulo 16

O arrependimento de Léo

Orlando se preparava para assistir à palestra diária de madre Teresa quando viu Léo se aproximar, ainda um pouco debilitado.

— Como se sente, meu irmão? — perguntou.

— Estou me fortalecendo aos poucos. Sei que o caminho a percorrer é longo, fiz muitas leviandades, fui inconsequente, para não dizer cruel. Hoje mergulho no arrependimento dos meus atos insanos e procuro curar o meu espírito por meio do aprendizado que adquiro nas palestras, que, por misericórdia de Jesus, obtive permissão para comparecer.

— Jesus está lhe concedendo a bênção do aprendizado. Foi agraciado com o perdão de suas vítimas. O melhor é esquecer e entregar-se ao estudo, aprender a amar de verdade, preparando-se para em outra oportunidade, se for permitida, retornar ao mundo físico e agir com prudência, exercitando o amor em sua plenitude.

— Mas não consigo perdoar a mim mesmo por ter agido de maneira tão inconsequente. Não acreditei na existência da vida depois de amanhã e vivi apenas para o hoje, o agora. Vivi para satisfazer a mim mesmo e esse egoísmo levou minha alma à perdição.

— O que está feito, Léo, não se pode alterar, mas sempre podemos mudar as novas atitudes, ou seja, aquelas que tomaremos a partir da conscientização dos nossos enganos. Seja paciente consigo mesmo e perdoe-se, assim estará livre para restaurar seus erros do passado.

— Até quando vai durar essa angústia que tanto me faz sofrer? Até quando vou carregar o peso da culpa? Pela eternidade? — perguntou Léo.

— Não sei a resposta a essa pergunta, Léo — disse Orlando com sinceridade.

Jacob, que acabara de chegar, ouviu o diálogo entre os dois espíritos e prontamente respondeu:

— Léo, o apóstolo Paulo disse: "Querer que o castigo seja eterno por uma falta que não é eterna é negar-lhe toda a razão de ser".

— O que isso significa?

— Significa que as penas futuras são temporárias e sempre proporcionais à natureza e à gravidade da falta cometida. Durarão o tempo necessário ao seu melhoramento. E não se pode esquecer que Deus sempre concede nova oportunidade de retorno ao devedor, para que possa anular as marcas de sofrimento deixadas na encarnação passada, construindo um caminho de amor, fraternidade e paciência ao lado das pessoas que se sentiram lesadas e não conseguiram ainda, por qualquer motivo, perdoar. Deus nos concede em abundância tudo o que precisamos para nos tornar verdadeiramente Suas criaturas.

Ao ouvirem o doce acorde da música vinda do auditório onde se realizaria a palestra, dirigiram-se apressados para mais um dia de aprendizado. O auditório repleto esperava em oração a chegada de madre Teresa.

Apenas uma tênue luz violeta iluminava o ambiente. Sem demora, o espírito adentrou o recinto contagiando-o com sua alegria e amor. Após breve oração solicitando a Jesus permissão e bênçãos para aquele momento, madre Teresa iniciou sua palestra.

— Meus queridos e amados irmãos em Cristo, hoje temos aqui irmãos que ainda sofrem por não conseguirem se libertar da culpa dos desatinos cometidos no orbe terrestre. Nada simplesmente se apaga na trajetória do espírito sem esforço, sem o próprio melhoramento interior, sem a quitação de seus débitos com aqueles que sua inconsequência prejudicou.

"Todas as nossas ações provocam reações boas ou más, dependendo das ações praticadas, portanto, não somos vítimas quando sofremos ao retornar à nossa pátria espiritual. Tudo o que se faz para o próximo se faz para si, porque cada um é herdeiro de si mesmo.

"Durante a estada no mundo físico, é a nossa fé no Criador, a certeza da vida futura e o bem praticado que nos ajudarão a caminhar entre lágrimas, injustiças ou ingratidão sem ferir nossos pés nem violentar a integridade da nossa alma. Mas poucos sabem disso, e se entregam à busca incansável da posição social, na correria desenfreada pelo sucesso, na vontade férrea de subir na vida e, nessa busca incessante, não percebem que cada vez mais descem em relação à vida espiritual.

"Se o espírito encarnado pensasse na vida futura pressentindo a verdade do amanhã na vida eterna, policiaria suas palavras, para que elas jamais ofendessem ou humilhassem seu semelhante. Ao contrário, confortariam, incentivariam, levantando o ânimo de quem se abate por fraqueza espiritual, levando-o a acreditar mais em si, na própria vida e principalmente em Deus.

"Mas nada está perdido, meus irmãos. Deus aceita o arrependimento sincero, e a consequência desse arrependimento é o desejo que o espírito sente de novamente se reencarnar para se purificar.

É o início da compreensão de suas imperfeições, e ele sabe que são elas que o impedem de ser feliz."

O silêncio reinava absoluto no auditório. Cada um sentia o efeito das sábias palavras de madre Teresa no ponto que mais o atingia, mas todos sabiam que eram os únicos responsáveis pela dor que ora os atingia.

Léo não perdia uma só sílaba, bebia os ensinamentos do mesmo modo que o náufrago se agarra a seu salvador. Seu pensamento procurou o Divino Amigo e solicitou: "Jesus de Nazaré, sei que não mereço o auxílio, mas suplico por vossa misericórdia, dai-me a força necessária para enfrentar meus erros do passado. Fortaleça-me, Senhor, para que eu possa resgatar as virtudes adormecidas em mim e, no momento adequado, retornar ao mundo físico para consertar os estragos que causei".

Madre Teresa, finalizando sua breve palestra, disse aos irmãos que a ouviam:

— Meus amados irmãos, a vida espiritual é muito sutil. Podemos alcançar essa sutileza pelo ato de amar. Quanto mais nos despojamos das vaidades que pertencem à matéria e amamos verdadeiramente nosso semelhante, encarnado ou desencarnado, mais fácil será sintonizar esse mundo por meio da presença de Deus em nós.

"Nada acontece em nossa existência terrena ou espiritual por obra de um simples acaso.

"Quando Deus reserva para cada um de nós a solidão, é para que possamos desenvolver o amor em todas as suas formas, e uma delas é aprender a olhar o semelhante como um irmão e amá-lo fraternalmente.

"Voltem para suas tarefas em paz e sintam o amor de Deus em cada fibra do seu ser.

"Que o Divino Amigo os abençoe sempre."

Após uma singela prece, deu por encerrada a palestra do dia.

Logo o salão se fez vazio, mas a energia do bem e do amor continuava presente nos pequenos flocos azuis que docemente desciam do Mais Alto.

Léo caminhava cabisbaixo pensando em tudo o que ouvira.

— Como pude ser tão cego, meu Deus? Por que pratiquei tantos desatinos? Por que infernizei tanto a vida de Cássia e acabei tirando a vida de um homem de bem? Não posso aguentar essa dor! — exclamava para si mesmo.

Jacob, acompanhado de Eneida e Orlando, foram ao seu encontro.

— Por que tanta dor, Léo? Não ouviu as palavras da querida madre Teresa explicando que a nossa maior alegria é saber que tudo passa, que sempre podemos recomeçar e que nenhuma dor dura para sempre? O espírito mais cruel um dia se tornará bom, porque assim Deus o quer.

— Não posso suportar a mim mesmo, Jacob. Não consigo me perdoar nem esquecer. Preciso consertar os estragos que fiz quando encarnado.

Orlando dirigiu-se a ele, dizendo:

— Léo, eu já o perdoei sinceramente, e creio que todos os que se sentiram atingidos por você também já o perdoaram. Agora é preciso se fortalecer nas virtudes e se preparar para, quando chegar o momento do seu retorno, estar consciente do papel que irá desempenhar no mundo físico.

— Jacob, quero voltar agora. Preciso dar à Cássia todo o amor que ela esperou receber e que eu não dei.

— É cedo ainda para seu retorno, Léo. É necessário se preparar para não cair nos mesmos erros. Ainda tem muito o que aprender!

— Não aguento conviver com meu passado, Jacob, sofro muito.

— É preciso ter paciência, Léo — respondeu Jacob com suavidade.

— Mas como vou ter paciência, se é justamente a impaciência que me consome?

— É necessário saber esperar. A paciência é uma virtude que se conquista mesmo que seja a duras penas. Faça um esforço, meu amigo. Pense em Jesus, que, mais do que outro ser, demonstrou a paciência, e O tenha como seu melhor amigo. Ele o confortará.

Tomás, chegando, interrompeu Jacob com delicadeza, dizendo:

— Desculpe minha intromissão, Jacob, mas estão solicitando sua presença na ala dois do hospital.

— O que acontece?

— Nosso irmão que há pouco chegou da zona umbralina está nervoso, inquieto e muito agitado.

Já sabendo de quem se tratava, Jacob exclamou:

— Tião!

— Sim — respondeu Tomás.

— Vamos até ele — disse Jacob, despedindo-se de Léo e Orlando, e seguido por Eneida.

Orlando, sentindo o desejo de acompanhá-lo, perguntou:

— Posso segui-lo, Jacob?

— É melhor ficar com Léo. Sigam até o lago azul e se entreguem à oração, clamando auxílio para o equilíbrio de Léo.

Assim foi feito.

Enquanto Jacob ia ao socorro de Tião, Orlando e Léo, seguindo a orientação de Jacob, foram até o lago azul e se entregaram à prece.

Entrando no quarto de Tião, Jacob ficou estarrecido com o estado de desequilíbrio em que o espírito se encontrava. Debatia-se ferozmente, clamando por misericórdia. Jacob aproximou-se lentamente, orou ao Senhor pedindo auxílio e iniciou o atendimento a Tião.

Acompanhado de Eneida e Tomás, energizava-o com vibrações de amor e paz, envolvendo-o em uma luz azulada. Os três espíritos mantinham-se em prece, e logo o auxílio divino se fez presente na forma de flocos brilhantes, que caíam suavemente sobre Tião, cobrindo-o docemente. Tião, aos poucos, foi se entregando ao doce amor de Jesus e retomando seu equilíbrio. Jacob, Eneida e Tomás permaneceram em prece até que Tião, cansado, adormecesse serenamente.

— Vamos deixá-lo dormir — disse Jacob aos responsáveis pelo setor. — O sono é muito importante para ele nesta fase de adaptação. Sua chegada aqui ao hospital ainda é muito recente, é preciso sempre emitir-lhe energia salutar. Assim que acordar, podem me chamar que virei imediatamente.

Deixou o recinto novamente acompanhado de Eneida e Tomás, que perguntou:

— Diga-me, Jacob, por que Tião se desequilibrou dessa maneira?

— Ele ainda está preso ao seu próprio inferno.

— Pode explicar melhor? — pediu Tomás.

— Tião retornou do mundo físico com muitas dívidas. Marcou sua estada na Terra com atos de crueldade. Não respeitou o próximo nem as leis de Deus. Agia sempre como se fosse o dono do mundo, sem nunca se importar com as lágrimas que deixava atrás de si. Ao se libertar do corpo físico, foi atraído para o lugar onde sua sintonia o levava, ou seja, as zonas infelizes, onde cada um vive o tormento que cavou para si mesmo.

— Mas ele não foi resgatado? — perguntou novamente Tomás.

— Após alguns anos perdido na dor, no sofrimento, colhendo os frutos da semente que de maneira leviana plantara na Terra, em um momento de lucidez arrependeu-se de todo o mal que espalhara entre as pessoas que conviveram com ele. Implorou misericórdia ao Divino Amigo. Pediu clemência sinceramente, e seu resgate foi permitido. O resto você já sabe.

— Mas por que ainda se desequilibra dessa maneira?

— Porque ainda traz gravados em sua mente os horrores pelos quais passou nas zonas de sofrimento. Logo isso também passará, e ele poderá iniciar seu caminho de paz por meio do seu progresso e da depuração de seus sentimentos.

— A duração dos sofrimentos dos espíritos pode ser eterna?

— Sem dúvida, se ele fosse eternamente mau, ou seja, se jamais tivesse de se arrepender nem de se melhorar. Então sofreria eternamente. Mas Deus não criou seres eternamente votados ao mal. Criou-os apenas simples e ignorantes, e todos devem progredir num tempo mais ou menos longo, de acordo com a própria vontade. Ela pode ser mais ou menos retardada, assim como há crianças mais ou menos precoces, mas mais cedo ou mais tarde ela se manifesta por uma irresistível necessidade que o espírito sente de sair da inferioridade e ser feliz. A lei que rege a duração das penas é, portanto, eminentemente sábia e benevolente, pois subordina essa duração aos esforços do espírito, jamais lhe tirando o livre-arbítrio: se dele fez mau uso, sofrerá as consequências disso.

— Há espíritos que jamais se arrependem?

— Há espíritos cujo arrependimento é tardio, mas pretender que jamais melhorem seria negar a lei do progresso e dizer que a criança não pode tornar-se adulto (São Luis, *O Livro dos Espíritos*, questões 1006 e 1007).

Enquanto tudo isso acontecia, Orlando e Léo permaneciam ainda sentados em frente ao lago azul.

— Fale-me com franqueza, senhor Orlando, posso realmente crer que o seu perdão é sincero?

Orlando, surpreso com a pergunta, respondeu:

— Em primeiro lugar, gostaria que me chamasse apenas de Orlando, elimine de uma vez esse senhor. Quanto ao perdão, Léo, já lhe disse que o perdoei plenamente, quero e vibro para que você se equilibre e possa, em um futuro próximo, trabalhar no auxílio aos irmãos necessitados. Isso vai depender de você, do seu aproveitamento, da superação de si mesmo, enfim, do seu entendimento que somente o amor transforma o ser, seja ele encarnado ou desencarnado.

— Mas tenho em mente voltar para a Terra em uma nova experiência junto às pessoas que prejudiquei, principalmente Cássia.

— Você ainda não entendeu que é muito cedo para seu retorno? Seus mestres já lhe disseram isso. Por que teima em querer mudar as coisas de lugar? Jesus sabe o momento certo de todas as coisas, é preciso aguardar.

Léo abaixou a cabeça, dizendo:

— Sei que tem razão. Preciso aprender, em primeiro lugar, a ter paciência.

— Lembre-se do que disse madre Teresa em sua palestra: "A paciência é virtude que se conquista, mesmo que seja a duras penas". Não se esqueça disso, Léo, e se esforce. Temos a eternidade pela frente para melhorar nossas imperfeições.

Uma semana se passou desde esses acontecimentos.

Jacob mais uma vez foi ter com Tião, que, após um sono reparador de sete dias, acordara bem disposto. Entrando no quarto, encontrou-o em uma cadeira em frente à janela. Seu olhar divagava pelo extenso gramado verde no entorno do hospital.

— Bom dia, meu irmão, que Jesus o abençoe — disse sorridente.

Tião olhou de relance e voltou a admirar o gramado. Jacob não se intimidou.

— Então, Tião, como se sente? — voltou a interrogá-lo.

— Mais tranquilo — respondeu sem olhar para ele.

— Gostaria de conversar um pouco, obter algum esclarecimento?

— Gostaria.

— Fique à vontade, meu irmão, pergunte o que quiser.

— Eu me sinto muito envergonhado por haver feito tanto mal, gostaria de mudar de alguma forma minhas atitudes levianas do passado, recompensar as pessoas que prejudiquei. Como posso fazer isso?

Com paciência, Jacob respondeu:

— Meu irmão querido, o que escrevemos na trajetória da nossa vida não podemos simplesmente apagar e agir como se nada tivesse acontecido. É preciso reescrever substituindo o erro pelo acerto; a leviandade pela prudência; a indiferença pela amizade e, principalmente, o desamor pelo amor fraternal e pleno. Isso se chama reforma íntima. A mudança verdadeira começa dentro de nós e se inicia a partir do instante em que percebemos nossos enganos, nossas imperfeições e lutamos para nos melhorar como criaturas de Deus. A partir daí, vamos passo a passo superando a nós mesmos e abrindo espaço dentro do coração para nosso semelhante, aceitando-o como legítimo irmão e deixando rastros de amor por onde andarmos. Somente agindo assim podemos recompensar as pessoas que em algum momento lesamos.

— Quer dizer que o sentimento de amor é o principal ingrediente para o equilíbrio e a paz?

— Sim. O amor é uma força gigantesca que se renova sem cessar, enriquecendo ao mesmo tempo aquele que dá e aquele que recebe. É por intermédio do amor e da nossa vontade que atraímos as vibrações positivas que se infiltram em nosso ser e nos fortalecem para que possamos enfrentar os obstáculos encontrados.

— E quando aparece o desânimo?

— Devemos lutar contra ele. A vida é um buscar constante, é a luta incessante contra sentimentos mesquinhos e pequenos, mas, se soubermos usar as armas que os sentimentos puros e elevados nos fornecem, sairemos vencedores dessa batalha constante.

— O senhor está esquecendo que na vida física encontramos muitos obstáculos difíceis de superar. Creio que são eles que nos empurram para os desatinos.

— Empurram aqueles que não têm fé no Criador, cujo orgulho os faz imaginar serem merecedores de toda a sorte de felicidade sem se esforçarem para isso. É evidente que encontramos obstáculos durante nosso percurso na Terra. Nessas horas em que o desânimo e a vontade de recuar tomam conta do nosso espírito, devemos orar. Elevar o pensamento até nosso Pai e pedir com humildade e sinceridade Sua proteção, a Sua bênção e a força para prosseguir. Tião, Deus espera pacientemente a perfeição de Suas criaturas, porque Ele sabe que um dia acontecerá.

— Eu queria saber como está Sabina, minha companheira que tanto fiz sofrer; provoquei-lhe a maior dor que um ser humano pode suportar, que foi a separação de seu filho. Como posso obter o perdão?

— Ela já o perdoou, Tião. Sofreu muito, é verdade, mas seu coração generoso o perdoou. Se isso alivia seu espírito, saiba que Sabina reencontrou seu filho e sua alegria foi dupla, ou seja, abraçou o filho querido e soube que ele e Cássia, a menina que criou como a uma filha, se amam e serão muito felizes juntos.

— Isso alivia minha dor, saber que Sabina voltou a ser feliz!

Após pensar um pouco, Tião novamente perguntou:

— Por que o gigante do mal invade nosso ser tornando-nos inconsequentes e fazendo-nos cometer desatinos?

— Jesus deixou a única fórmula de proteção contra esse gigante do mal, Tião, mas os homens se esquecem facilmente das palavras do Mestre: "Orai e vigiai". Orar ao Senhor e vigiar a si mesmo, porque o sofrimento dura enquanto durar sua teimosia e persistência no mal. Agora seria proveitoso que descansasse mais um pouco, Tião, precisa se fortalecer para iniciar uma nova caminhada, caminhada essa de aprendizado, reflexões e equilíbrio. Entregue-se à força poderosa da oração. Traga o Divino Amigo para engrandecer seu ser.

Jacob afastou-se deixando Tião assimilando suas palavras. Lembrando da recomendação de Jacob, ele tentou entregar sua angústia ao Senhor e orou:

Senhor,
Viva comigo este momento de dor, ansiedade e incerteza.
Momento em que sinto no meu ser o desespero dos descrentes,
A revolta dos fracos e o medo dos covardes.
Viva comigo, Senhor, venha ao meu encontro
Para que eu possa sentir Teus braços me envolvendo
E me conduzindo para o descanso.
Sentir tão forte a Tua presença em mim
Dando-me a sensação de estar deitado em Teu colo.
Clamo, Senhor,
Viva comigo este momento para que junto a Ti
Eu saiba transformar o desespero em aceitação,
A revolta em fé; o medo em coragem
Para enfrentar meus primeiros momentos no Teu reino.
Viva comigo, Senhor,
Porque junto a Ti sei que encontrarei força
Para escrever nova história de amor.

Terminando sua oração, Tião, sentindo-se confortado, entregou-se novamente ao sono reparador.

Capítulo 17

Limpando o passado

Selma acostumara-se ao novo ritmo da sua vida. Renovara seus conceitos e seus valores e, por conta disso, cuidava de Clotilde e Felipe com dedicação. No período da tarde trabalhava em um escritório ajudando sua mãe, que vivia da pensão que recebia. Tudo parecia ir bem para aquela que um dia vivera no luxo e na futilidade. Conhecera Magda, sua colega de trabalho, e desde então frequentava junto com a amiga o Centro Espírita de sua cidade.

As coisas caminhavam para o equilíbrio de Selma, mas ela não conseguia a felicidade e a paz que tanto procurava por conta de suas lembranças passadas. Aprendera nas palestras que ouvia nas reuniões do centro que a paz só consegue reinar em nosso coração quando este não agasalha nenhum remorso ou culpa pelos atos levianos praticados contra o nosso próximo. E Selma, sabendo disso desde o seu aprendizado da Doutrina Espírita, martirizava-se por conta do que fizera à Cássia, destruindo seu casamento. Quanto a Léo, sabia que o perdão já existia de ambos os lados, mas, em relação à Cássia, não sabia o que fazer, pois não tinha a menor ideia de como encontrá-la, já que sabia apenas o nome de sua cidade, mais nada.

Em suas orações, pedia sempre ao Senhor que a ajudasse a encontrar aquela que tanto prejudicara, e alimentava a esperança de que um dia isso aconteceria.

Felipe, na inocência de seus poucos anos de vida, perguntava sempre pelo papai, deixando Selma e Clotilde sem resposta.

O tempo passava, distanciando-a cada vez mais do seu passado.

Certo dia, ao chegar ao escritório, recebeu a notícia de que teria de fazer uma curta viagem para o interior de no máximo dois dias, a fim de resolver alguns assuntos pendentes ligados ao escritório. No primeiro momento, tentou justificar dizendo da impossibilidade de se ausentar, mas, ao saber de que cidade que se tratava, aceitou de pronto — era a cidade onde Cássia morava.

"É a minha oportunidade de encontrá-la", pensava. "Deus ouviu as minhas preces. A cidade é pequena e não deve ser difícil saber onde mora."

Em três dias, viajava em seu carro rumo ao interior. Chegou à tardinha, acomodou-se em uma pequena pousada e, como seu compromisso de trabalho seria na manhã seguinte, aproveitou a folga para se inteirar do que realmente a interessava. Encontrando a dona da pousada, aproximou-se e gentilmente indagou-lhe se conhecia a família de Cássia.

— Pelo que está me falando, deve ser a família do senhor Orlando e da dona Antonieta; mas não sei se sabe que ele já faleceu há algum tempo. Quanto à dona Antonieta, mora com sua filha, Cássia, e uma empregada que é considerada da família, devido aos anos que está com eles, a dona Sabina.

Selma não acreditava que tudo acontecera da maneira mais fácil e tranquila.

— Sim, fiquei sabendo da morte do senhor Orlando — respondeu. — Gostaria muito de me encontrar com a filha dele, Cássia.

Fomos amigas no tempo em que ela morava na capital. Perdi o contato com ela, e essa viagem me deu a oportunidade de encontrá-la. Se a senhora não se importar, gostaria de ter seu endereço.

— Com prazer. Ela deve ficar contente em rever uma amiga de tempos atrás.

Pegando uma folha de papel, escreveu rapidamente o endereço, dizendo:

— Não tem como errar, essa rua sai da praça central, é fácil.

— Não se preocupe, acharei facilmente. A senhora acha que poderia ir agora à casa dela, ou melhor amanhã?

— Ainda é cedo, estamos no final da tarde, creio não ter nenhum problema.

— Muito obrigada, senhora...

— Inês!

— Dona Inês, muito obrigada mesmo. A senhora não imagina como me fez feliz prestando-me este favor.

Entusiasmada, Selma saiu levando em seu coração a esperança de finalmente poder estar junto de Cássia e pedir-lhe perdão por suas atitudes do passado. Pensando ser melhor chegar de surpresa, evitando assim uma possível reação negativa de Cássia, encaminhou-se até sua casa. Após tocar a campainha, Selma, ansiosa, esperou que a porta fosse aberta.

Em poucos minutos, foi a própria Cássia quem a atendeu.

O coração de Selma bateu um pouco mais acelerado ao se ver frente a frente com aquela a que tanto fez sofrer.

— Boa tarde — disse amigavelmente. — Imagino que a senhorita seja a Cássia, estou certa?

— Está. O que deseja?

— Sei que você não me conhece pessoalmente, mas imagino que meu nome não lhe será estranho.

— E qual é o seu nome, pode me dizer?

— Claro, vim procurá-la porque tenho muito o que lhe dizer. Eu me chamo Selma.

Foi a vez de Cássia sentir seu coração bater mais forte.

— Selma — repetiu —, a amante que roubou meu marido, estou certa?

— Está.

Fazendo menção de fechar a porta, Cássia disse:

— Não temos absolutamente nada para conversar, e não tenho o menor prazer em conhecê-la.

Selma segurou a porta com as mãos, impedindo-a de fechar.

— Cássia, por favor, me ouça. Eu vim em paz, preciso muito conversar com você. Talvez não acredite, mas quero lhe pedir perdão por todo o mal que lhe fiz. Deixe-me entrar, eu lhe peço, dê-me a chance de tirar o peso que trago em meu peito.

Antonieta, aparecendo na porta, perguntou:

— O que está acontecendo, minha filha? Quem é essa moça?

Cássia colocou a mãe ciente do assunto.

— Deixe-a entrar, Cássia, ouça o que ela tem a lhe dizer. Afinal de contas, ela não poderá mais lhe causar nenhum mal.

— Obrigada, minha senhora, o meu assunto é rápido e, ao contrário do que Cássia pensa, imagino que só vai fazer bem a ela e a mim.

Cássia, abrindo a porta, convidou-a a entrar.

— Vou logo ao assunto que me trouxe aqui — disse Selma, assim que se acomodou na sala, próximo a Cássia.

— Estou ouvindo! — exclamou Cássia.

— Eu a prejudiquei muito. Reconheço e assumo o meu erro, mas não posso mais conviver com esse peso em meu coração. Vim aqui com a intenção de pedir o seu perdão e dizer-lhe que sinceramente desejo que seja feliz. Hoje, depois de tanto aprender sobre a sinceridade e o respeito que se deve ter para com as pessoas, não posso mais suportar todo o mal que lhe fiz.

— Por que somente agora, depois de tanto tempo, teve essa crise de consciência? — perguntou Cássia, ainda desconfiada.

— É uma longa historia. Se realmente estiver disposta a me ouvir, terei o maior prazer em lhe contar.

— Gostaria de ouvir. Já que começamos, devemos ir até o fim, pelo menos nada ficará pendente.

Selma respirou fundo e, em seguida, disse:

— Cássia, não vou justificar meus erros em relação a você dizendo que minha infância foi pobre, que sonhava com isso ou aquilo. Não. Nada disso justificaria minha atitude. Minha leviandade nasceu da minha vaidade incontrolável e, para satisfazê-la, não me importava com os rastros de dor que deixava em meu caminho, porque a mim só interessava minha satisfação pessoal. Conheci Léo e, no início, não sabia que era casado e entrei de cabeça nessa relação, porque percebi que ali estava a mina de tudo o que desejava. Quando soube da verdade, já o amava e não quis recuar. Realizava por intermédio dele todos os meus sonhos de consumo e, percebendo que corria risco de perdê-lo para você, exigi que se separasse. Desculpe o que vou lhe dizer, mas ele também estava apaixonado por mim. Eu vivia no paraíso com a pessoa que amava e que cultivava minha vaidade. Não me importei em nenhum momento com a dor que estava lhe causando. Mas o destino nos traz surpresas. Conheci Armando e por ele me apaixonei de verdade, conhecendo o que é, na realidade, o amor. Nós nos encontrávamos às escondidas. Léo começou a desconfiar. Eu quis contar a verdade e me separar dele, mas Armando armou um plano para conseguirmos definitivamente uma pensão por meio de um filho, e foi o que fizemos.

Nesse instante, Selma se emocionou e seus olhos brilharam com tímidas lágrimas.

— Continue — disse Cássia, impassível.

— Mais uma vez o destino se intrometeu. Assim que se confirmou a gravidez, fui lhe contar, mas fiquei surpresa quando Léo esbofeteou meu rosto. Depois de muitos tapas e palavras agressivas, ele me revelou ser estéril. Não podia engravidar ninguém. Bem, o fim você deve imaginar. Nós nos separamos e no mesmo dia ele me colocou para fora de casa. Saí atordoada e fui procurar Armando, que, sabendo do acontecido e de seu plano ter dado errado, não quis assumir a gravidez. Disse que não contasse com ele, que iria embora para nunca mais voltar e que eu criasse o filho sozinha.

Mais uma vez, Selma silenciou.

Antonieta, percebendo a grande aflição que tomava conta daquela pobre moça, ofereceu-lhe um copo de água.

— Se não for incômodo, eu aceito, dona Antonieta.

Cássia continuou impassível, sem demonstrar nenhuma reação.

Selma, sentindo-se melhor, continuou:

— Depois desse episódio, minha vida mudou. Sofri várias aflições que não gostaria de revelar agora, porque não cabe no meu propósito atual, que é conseguir o seu perdão.

— Não precisa falar mais nada, Selma, já sei o suficiente. Só não compreendo por que resolveu me procurar depois de tanto tempo.

— Porque hoje sou uma pessoa temente a Deus. Ingressei na Doutrina Espírita e conheci a verdade. Hoje sei sobre a vida depois do nosso amanhã temporário, e isso me fez entender que, enquanto não limpar meu coração dessa culpa que carrego, não poderei ser feliz novamente, pois só conseguirei a paz que almejo pelo seu perdão.

Antonieta e Cássia estavam perplexas com a sinceridade com a qual Selma abria seu coração. Cássia se aventurou a fazer uma pergunta:

— Perdoe-me, Selma, se posso magoá-la, mas e quanto a Armando? Que sentimento nutre por ele?

— Essa pergunta não me incomoda nem me magoa, Cássia, e não me envergonho de dizer que ainda o amo. O sentimento que tenho por ele é sincero, diferente do que senti por Léo. Hoje sei que foi apenas paixão, que se desfez quando encontrei Armando.

— Tem esperança de encontrá-lo um dia? — perguntou Antonieta.

— Infelizmente não, dona Antonieta, esperança alguma. Nem sei por onde ele anda.

— Isso a entristece?

— Muito, Cássia, mas acredito que, se tiver no meu destino o nosso reencontro, ele se dará assim como se deu com você.

— E seu filho como está?

— É uma criança linda, carinhosa e inteligente. Creio que Armando ficaria orgulhoso se o conhecesse. O que dói em mim e em minha mãe é não termos resposta quando ele pergunta pelo pai. Hoje sei que tudo é uma consequência dos meus próprios atos, que infelizmente atingiram uma criança inocente.

— Bem — disse Selma, levantando-se —, é hora de ir. Vim a trabalho e amanhã logo cedo tenho compromisso. O meu objetivo imagino que atingi. Peço desculpas se cansei vocês com minha história. Gostaria que aceitasse meu pedido de perdão, Cássia, e espero que um dia você consiga me perdoar.

Cássia, levantando-se também, aproximou-se de Selma, segurou-lhe as mãos e disse:

— Assim como você, também creio na mesma Doutrina, e sei que tão importante quanto pedir perdão é perdoar. Como disse Jesus: "Aquele que nunca errou que atire a primeira pedra". Quanto ao meu casamento com Léo, acho que você não teve tanta culpa assim, pois se ele me amasse de verdade não se envolveria com outra pessoa. Eu a perdoo de coração e desejo com sinceridade que encontre a felicidade, não sei se com Armando, mas com a pessoa certa que com certeza Jesus colocará no seu caminho.

— Obrigada, Cássia, sua compreensão e seu perdão aliviam meu coração, pois tiram o peso que carrego. Desejo o mesmo para você, que seja muito feliz e que encontre também a pessoa que a amará de verdade como você merece.

Sorrindo, Cássia respondeu:

— Já encontrei, Selma, e sei que com ele a felicidade verdadeira se fará na minha vida. Caso-me daqui a uma semana.

— Parabéns, Cássia, só posso desejar novamente felicidades.

Despedindo-se de Antonieta e Cássia, Selma voltou à pousada sentindo em seu coração a paz que se adquire quando se toma as atitudes certas.

Selma, após se preparar, apagou a luz do quarto e em poucos minutos adormeceu.

Logo seu espírito, atraído pelo chamado de Eneida, foi ao seu encontro.

— Quem é você que exerce esse domínio sobre mim? — perguntou sem entender o que acontecia.

— Não exerci nenhum domínio sobre você, minha irmã, apenas a chamei. Meu nome é Eneida e venho com a permissão de Jesus para falar-lhe.

O espírito de Selma olhou para a cama onde seu corpo dormia e disse:

— O que é isso? Por que vejo meu corpo dormindo e, ao mesmo tempo, sinto-me desperta?

— Selma, quando o corpo adormece, os liames que unem o espírito a ele se afrouxam, e o espírito, semiliberto, pode se afastar do corpo sem que cause nenhum dano à matéria. Ele se encontra com outros espíritos, recebe dos protetores esclarecimentos, enfim, é um momento em que o corpo, não necessitando do espírito, entra em relação mais direta com a espiritualidade.

— O que você quer me falar?

— Selma, você agiu corretamente. Pedir perdão é um ato de humildade, de consciência do erro e da vontade expressa de se apaziguar com aquele que foi o alvo de sua falta por meio do arrependimento. O nobre espírito Joanna de Ângelis nos diz que: "O erro retém o seu autor nas próprias malhas, que este deve desfazer mediante a correção do que foi praticado; este labor faculta dignificação, promovendo o indivíduo". Mas o pedido de perdão não significa se libertar do mal causado ao semelhante, mas, sim, uma oportunidade que a misericórdia divina concede para reparar o mal cometido. Isso é uma graça, e não uma anulação falsa. Perdoar é o ato de esquecer o mal recebido não com simples palavras, mas com o coração sincero. Não desanime, prossiga na construção de sua reforma íntima, Selma, pois um dia o bem retornará e essa luta para se melhorar como criatura de Deus será recompensada.

O espírito de Selma ouvia os ensinamentos de Eneida agradecido por aquele momento divino.

— Por que continuo sofrendo por Armando? Quero esquecê-lo e não consigo. Ajude-me!

— O que está nos planos divinos acontecerá. Muitas vezes, por caminhos tortuosos e de dor, que se tornam agentes do fortalecimento do espírito, pois Deus concede a cada um tudo o que precisa para ressurgir no bem.

— Isso quer dizer que nunca mais verei Armando?

— Não. Isso quer dizer que se encontrarão novamente; viverão momentos de dor e, após atravessarem o pântano do sofrimento, poderão viver juntos as alegrias que o Senhor lhes reserva.

— Ao acordar me lembrarei de tudo isso que está me revelando?

— Não. Essa pergunta todos os espíritos encarnados fazem, e a resposta é sempre a mesma. Não, Selma, não lembrará.

— Então não vejo proveito algum. De que adianta ouvir conselhos, revelações, se quando acordar não vou me lembrar de nada?

— "Essas ideias pertencem, algumas vezes, mais ao mundo dos espíritos do que ao mundo corpóreo, mas o mais frequente é que, se o corpo esquece, o espírito as lembra, e a ideia volta no momento necessário, como uma inspiração do momento" (*O Livro dos*

Espíritos). Agora é melhor retornar ao seu corpo, o dia amanhece. Que Jesus lhe dê muita fé e coragem.

— Obrigada, Eneida. Se puder, se for permitido, cuide de mim para que eu não cometa mais desatinos.

Gravando em seu ser o sorriso de Eneida, o espírito de Selma retornou ao seu corpo físico.

Os primeiros raios de sol entraram pela fresta da janela acordando Selma. Ela, sentando-se na beirada da cama, espreguiçou e disse feliz:

— Que noite gostosa! Há tempos não despertava tão descansada. Falar com Cássia me fez muito bem. Ela, sem dúvida, é uma pessoa muito nobre, merece ser feliz.

Arrumou-se com esmero e foi cumprir as obrigações de trabalho.

Capítulo 18

❧ · ☙

A união das almas afins

O grande dia esperado por Cássia finalmente chegou. Levantou-se cedo, arrumou-se e foi até á cozinha tomar seu desjejum.

— O que é isso? — perguntou admirada, mas com um grande sorriso no rosto.

— Seu último café como solteira — responderam ao mesmo tempo Antonieta e Sabina.

— Vocês não tomam jeito mesmo, precisa de tudo isso?

— Claro, minha filha, um dia tão esperado merece ser comemorado desde as primeiras horas.

— Isso mesmo — concordou Sabina. — Sua mãe tem razão, hoje é o início de uma nova etapa em sua vida e na minha também, afinal, meus dois filhos estão se casando, um biológico e outro do coração. E isso não é uma coisa comum.

— Nisso você tem razão, Sabina.

— É verdade — falou Antonieta. — Nenhuma de nós imaginou que um dia você encontraria seu filho, principalmente dessa maneira.

— São os desígnios de Deus, dona Antonieta, somente Ele sabe o que deve acontecer para o bem de suas criaturas.

Abraçando Sabina, Cássia perguntou:
— O que você achou dos pais de Frank?
— Ora, Cássia, o que posso dizer sobre eles? Apenas que são pessoas gentis que respeitaram meu momento junto de Frank, a minha saudade, o meu amor por um filho ausente durante todos esses anos. Só posso sentir por eles uma enorme gratidão por terem feito dele um homem de bem.
— Foi muito nobre de sua parte deixar tudo como está, Sabina.
— Nem poderia ser diferente, Cássia, tanto minha mãe como Tião se negaram a falar a verdade. Minha mãe mentiu dizendo que sofreu um assalto e que a criança foi tirada dela sem que nada pudesse fazer para evitar. E o caso, após algum tempo, foi encerrado, dando Joaquim como desaparecido. Você sabe que quando não se tem dinheiro não se tem solução, e comigo não foi diferente. Sou agradecida a esse casal que criou meu filho com amor, ensinando-lhe os verdadeiros valores. Para que mexer em um passado tão distante, trazer sofrimento para quem não merece? Ele está bem e feliz, hoje o tenho perto de mim, pois vocês vão morar aqui conosco. Essa foi a forma pela qual a vida devolveu o meu filho e, se isso aconteceu, foi porque Deus assim o quis.

Antonieta aproximou-se de Sabina e, abraçando-a, disse:
— É por isso que você é tão querida por todos, Sabina. Você é um espírito muito nobre!
— Bem, agora temos de pensar em Cássia. Hoje o dia é dela.
— Tem razão, vamos juntas desfrutar desse delicioso desjejum.

Assim o fizeram.

Aos primeiros acordes da marcha nupcial, as portas se abriram e Cássia, linda, transmitindo felicidade pelo brilho dos seus olhos e o sorriso que iluminava seu rosto, caminhou em direção a Frank. Ele a aguardava com a ansiedade dos que amam e a esperança dos que acreditam realmente que somente o amor pleno pode unir duas pessoas. Aí está a máxima de Jesus, que disse: "Vós não separeis o que Deus uniu". Por isso deve-se entender a união segundo a lei imutável de Deus, ou seja, a lei de amor. Onde o amor pleno existe não há separação, pois ela existe em decorrência da lei variável dos homens. O que se une à força separa-se por si mesmo. Os juramentos vazios, somente com o conteúdo da paixão ou interesse, e não com o amor verdadeiro, tornam-se palavras que se perdem ao longo do tempo e não raro levam seus personagens à separação, o que não acontece quando a amor reina absoluto no coração do homem.

Após a singela recepção oferecida aos amigos e parentes, Cássia e Frank, despedindo-se de seus pais, seguiram viagem, iniciando assim uma vida cheia de ventura.

Há duas espécies de afeição: a do corpo e a da alma, e frequentemente se toma uma pela outra. A afeição de alma, quando é pura e simpática, é durável; a do corpo é perecível. Eis por que frequentemente aqueles que creem se amar com um amor eterno se odeiam quando a ilusão termina. (Allan Kardec, O Livro dos Espíritos, questão 939.)

André Luiz, no livro Evolução em Dois Mundos — 185 — elucida: *Acidentalmente o homem ou a mulher encarnados podem experimentar o casamento terrestre diversas vezes sem encontrar a companhia das almas afins, com as quais realizariam a união ideal. Isso porque, comumente, é preciso resgatar essa ou aquela dívida que contraímos com a energia sexual aplicada de maneira infeliz ante os princípios de causa e efeito.*

Antonieta levantou-se mais cedo do que de costume. Ao entrar na cozinha, encontrou Sabina tomando seu café.

— Sabina, conseguiu se levantar ainda mais cedo do que eu? — perguntou admirada ao vê-la.

— Para ser sincera, dona Antonieta, não consegui dormir esta noite. Estava ansiosa, inquieta, alguma coisa me incomodava.

— Aconteceu o mesmo comigo, Sabina. Presumo que seja preocupação com Cássia, tão longe de nós.

— É, pode ser, mas sabemos que está bem acompanhada. Frank é um excelente rapaz e cuidará bem dela.

— Acredito que sim.

Silenciaram por alguns instantes.

Antonieta voltou a dizer:

— Sabina, quero lhe confessar uma coisa, mas, se não acreditar, prometa não rir de mim.

— O que é isso, dona Antonieta, jamais iria rir da senhora, por nenhum motivo. O que quer me contar?

— Ontem, durante o casamento de Cássia, tive a sensação de que Orlando estava presente. Não sei como explicar, mas era uma impressão forte. Acredita em mim?

— Não só acredito, como lhe digo que aconteceu o mesmo comigo, dona Antonieta. Fiquei tão impressionada que hoje, antes de o sol aparecer, levantei-me e vim para a cozinha, fiz minhas orações, sentei-me aqui e não consigo pensar em outra coisa. A senhora acha possível que ele estivesse mesmo aqui?

— Acho possível, sim, Sabina. Nas palestras que ouvimos no centro já foi dito sobre essa possibilidade. O espírito consegue permissão para vir a seu antigo lar com a finalidade de ver seus familiares, ajudá-los, enfim, creio que Orlando esteve aqui para abençoar nossa filha.

Enquanto conversavam, não conseguiam registrar a presença de Orlando, que acompanhado de Eneida e Tomás realmente viera assistir à felicidade de sua filha.

— Para elas existe uma possibilidade, entretanto nós sabemos que é uma realidade — disse Orlando a Eneida.

— É verdade, Orlando, os encarnados não imaginam com que intensidade os espíritos estão presentes entre eles e quão grande é sua influência sobre seus pensamentos e ações.

— Diga-me, Eneida, essa união de Cássia será feliz?

— Já lhe disse em certa ocasião que sim, Orlando. Cássia e Frank se reencontraram. Cada um viveu a aflição que lhe cabia e agora é o momento de se unirem para construir uma família cristã. Eles adquiriram o direito de ser felizes, cada um por um motivo diferente, mas os dois por meio do perdão. O venerável espírito Emmanuel disse: "Para a convenção do mundo, o perdão significa renunciar à vingança, sem que o ofendido precise olvidar plenamente a falta do seu irmão; perdão e esquecimento devem caminhar juntos, embora prevaleça para todos os instantes da existência a necessidade de oração e vigilância. Aliás, a própria lei da reencarnação nos ensina que só o esquecimento do passado pode preparar a alvorada da redenção".

— É uma pena que os homens ainda relutem em aprender os verdadeiros valores e prefiram, não raro, esconder-se atrás de falsas virtudes. Caminham às cegas até o dia em que depararem com sua verdadeira imagem. Nesse momento as lágrimas rolarão impiedosas sobre sua face.

Tomás, que até então nada dissera, falou a Orlando:

— Gostei de sua colocação, meu irmão. Pena que os homens façam questão de ignorar a existência da vida além do planeta em que vivem. Sua atenção se volta somente para o que está adequado aos padrões de beleza terrenos, e anseiam possuir o que lhes causa prazer na Terra. Tolos, não conhecem a beleza verdadeira que transcende a beleza temporária da matéria; não conseguem imaginar que o prazer real não está relacionado a objetos, e sim aos valores e virtudes da alma; fecham os ouvidos para não ouvir e os olhos para não enxergar, mas eles abrirão mesmo à revelia de sua

vontade, e nesse dia o arrependimento e a vergonha os derrubarão do pedestal no qual eles mesmos se colocaram.
— Muito bem! — disse Eneida ao amigo. — Agora vamos retornar, a tarefa para a qual viemos foi cumprida.
— Vamos — disseram Orlando e Tomás.

Os três espíritos seguiram deixando no recinto a energia salutar de paz e tranquilidade que fortalecia Antonieta e Sabina.
— Você está tão quieta, Sabina — disse Antonieta.
— Se eu disser, pode ser que a senhora não vá acreditar.
— Diga, Sabina, nunca duvidei de você. Fale o que é.
— Dona Antonieta, por alguns minutos tive a impressão de sentir a presença do senhor Orlando entre nós.
— Não tenho por que duvidar, Sabina, já que também tive a mesma impressão. Não que eu o tenha visto, isso não, mas tive uma sensação de paz, como se alguém estivesse me acariciando.
— Como se alguém dissesse que não estamos sozinhas, é isso?
— Exatamente — concordou Antonieta.
— Amanhã, quando formos ao centro, podemos perguntar ao orientador sobre essa possibilidade.
— Tem razão, faremos isso.

Cássia e Frank viviam momentos de êxtase. O sentimento que tinham um pelo outro fluía plenamente, inebriando-os de felicidade.
— Nunca pensei que viveria um amor tão intenso — disse Cássia ao marido. — Depois de tudo o que me aconteceu, imaginei nunca mais viver ao lado de outra pessoa. A decepção e o desapontamento pareciam anular qualquer possibilidade de me relacionar com alguém.
— Isso até eu aparecer — disse Frank brincando.
— Você fala brincando, mas é verdade.

Beijando com delicadeza a esposa, Frank completou:
— Eu também a amo muito, nunca senti um amor tão intenso e verdadeiro por ninguém. Sabe o que eu acho?

— O que você acha?
— Que o nosso amor estava escrito nas estrelas!
— Que lindo! — disse Cássia beijando-o.

Seis meses se passaram desde o casamento de Cássia. Juntos com Antonieta e Sabina, tanto ela quanto Frank viviam felizes, formando uma verdadeira família cristã.

Certa tarde, Frank chegou do escritório sorridente, dizendo ter uma boa notícia para comunicar.

— Diga-nos, amor, que notícia é essa que o deixa assim tão feliz? — perguntou Cássia.

— Falei hoje com os meus pais e eles disseram que estão vindo nos visitar.

— Que notícia boa, Frank! Quando chegam?

— Daqui a uma semana.

— Precisamos deixar tudo preparado para recebê-los — disse Antonieta.

— Não precisa se preocupar, dona Antonieta, eles vão ficar em um hotel.

— De maneira alguma, Frank, faço questão de hospedá-los. Nossa casa é grande e não é incomodo nenhum, ao contrário, será um prazer.

Frank olhou para Sabina tentando perceber sua reação.

Sabina sentiu sua preocupação e rapidamente lhe disse:

— Não se preocupe comigo, causa-me satisfação ter seus pais aqui conosco.

— Está sendo sincera? Não quero lhe causar transtorno ou constrangimento.

— Não irá me causar nenhum constrangimento, Frank, tenho o maior carinho por seus pais e nem poderia ser diferente. Afinal, eles me devolveram você, mostrando que são generosos, e não causaram nenhum problema quando você decidiu morar aqui no Brasil. O meu desejo é retribuir, de alguma forma, esse gesto. Recebê-los aqui com todo o respeito e carinho é poder mostrar-lhes como são queridos por todos nós.

— Obrigado, dona Sabina, sei que gostaria que eu a chamasse de mãe. Dê-me mais um tempo. De qualquer forma, sinto pela senhora muito respeito, carinho e afeição.

— Para todos os propósitos da vida, Frank, existe um tempo. Esse dia também chegará no momento oportuno, não adianta querer passar à frente do que precisa de tempo para acontecer.

Cássia, abraçando aquela que considerava sua segunda mãe, disse ao marido:

— Está vendo por que a amo tanto? — exclamou.

Os dias se passaram.

Todos estavam ocupados com os preparativos para receber os pais de Frank. O quarto arrumado, lençóis sedosos, toalhas macias e potes cheios de guloseimas. A casa de Antonieta estava em festa. Frank não sabia como agradecer todo o cuidado que dispensavam para agradar a seus pais.

Chegado o grande dia, foram todos ao aeroporto da capital esperá-los.

— Você verificou o horário certo da chegada do avião? — perguntou Cássia ao marido.

— Claro, meu amor, ele está no horário. Logo estarão aqui.

A ansiedade dominava todos eles. Após quarenta minutos, o avião aterrissava em solo brasileiro. A alegria foi geral, abraços, beijos e sorrisos dominavam o ambiente.

— Como vamos até sua cidade, Frank? Um carro só não é o suficiente — disse seu pai.

— Sei disso, pai, por isso viemos com dois carros. Vocês irão comigo em um carro e Cássia irá levando o outro. É melhor nos apressar porque temos uma viagem pela frente.

— Posso ir dirigindo, filho, sempre tive vontade de dirigir aqui no Brasil.

— Não acho prudente, pai, a mão de direção aqui é diferente e o senhor não está acostumado.

— Por isso mesmo tenho vontade de experimentar — afirmou seu pai.

— Não sei, pai, acho um pouco arriscado, o senhor pode se confundir.

— O que é isso, Frank — disse sua mãe —, seu pai está acostumado, dirige há anos. Por que haveria de se confundir? Faça a vontade dele. Além do mais, na estrada não tem o que confundir, é só seguir em frente.

Mesmo a contragosto, Frank cedeu.

Antonieta e Sabina foram acompanhando Cássia, enquanto Frank seguiu viagem junto com seus pais.

A viagem ia tranquila até o ponto em que, por causa de uma obra, os carros foram desviados da estrada principal, seguiram por alguns quilômetros, quando, ao sair de uma curva fechada para novamente retornarem à via principal, o que Frank temia aconteceu. Seu pai confundiu-se e, antes que Frank pudesse fazer alguma coisa para evitar, entrou na contramão batendo de frente com um caminhão que vinha no sentido inverso. Um estrondo e o carro todo distorcido parou embaixo do caminhão. Logo após o silêncio, o cheiro de gasolina espalhada no chão e gritos de pessoas que corriam para tentar salvar os ocupantes do carro.

Cássia, que acompanhava de perto o sogro, parou o carro como conseguiu e saiu em disparada como uma louca para acudir seus entes queridos.

— Liguem para o Corpo de Bombeiros! — gritava sem parar. — Ajudem, pelo amor de Deus! Frank... responda!

Em poucos minutos, o resgate da cidade mais próxima chegava. Após um tempo longo, conseguiram retirar os corpos sem vida dos pais de Frank.

— Meu marido, retirem meu marido, pelo amor de Deus! Ele está vivo? Digam-me se ele está vivo!

— Calma, minha senhora, muita calma. Ele está preso nas ferragens, estamos fazendo o possível para retirá-lo.

Atônita, sem conseguir balbuciar direito as palavras, Cássia, com um fio de voz, perguntou:

— Ele está vivo? Pelo amor de Deus, digam-me se ele está vivo!

— Calma, filha — dizia Antonieta, tentando acalmar a filha, mas lutando para acalmar a si mesma.

Sabina não conseguia dizer nem fazer nada por causa do impacto que sofria.

— Não pode ser, meu Deus, pela segunda vez meu filho é retirado de mim. O que fiz, Senhor, para merecer tanta dor?

— Senhora, seu marido ainda respira.

— Salvem-no por caridade! — exclamava Cássia.

Assim que retiraram Frank das ferragens, protegeram sua coluna, colocaram-no na maca, ligaram o soro e o oxigênio.

Cássia olhava aquela cena sem acreditar que tudo estava realmente acontecendo.

Gentilmente, um bombeiro se aproximou dela e disse:

— Vamos levá-lo para o hospital da cidade mais próxima. A senhora poderá nos acompanhar.

— Não estou em condições de dirigir. Estou acompanhada de minha mãe e de nossa amiga, mas minha mãe não dirige em estrada e a outra não sabe dirigir.

— Não se preocupe. Se permitir, um de nossos bombeiros poderá levá-las.

— Aceito e agradeço — disse Cássia com voz entrecortada pelas lágrimas.

— Por favor, oriente-me sobre o que devo fazer com os corpos dos meus sogros.

— Eles serão levados para o Instituto Médico-Legal. Após os trâmites legais, você poderá retirá-los para o enterro. A ambulância já foi, se quiser podemos ir.

— Obrigada, estou perdida, sem saber o que fazer.

Assim que chegou ao hospital, Cássia soube que Frank estava sendo operado.

Seu choro compulsivo preocupava Antonieta e Sabina, que pela primeira vez em muito tempo se desequilibrava diante de uma situação.

— Não é possível, dona Antonieta, que depois de viver a alegria de reencontrar meu filho vou perdê-lo novamente.

— Não diga isso, minha amiga, você sempre foi uma pessoa de fé, superou tantas aflições. Não perca a coragem agora.

— Sinto-me fraquejar, a dor é muito grande.

— Eu entendo sua dor, Sabina, seu medo, mas você precisa pensar que está sofrendo por uma situação que não aconteceu e que não acontecerá, se for da vontade do Senhor. Ele está vivo e sendo operado, vamos acreditar que tudo sairá bem.

Procurando a filha com os olhos, Antonieta a viu encolhida em um canto do saguão do hospital com o rosto desfigurado de dor. Aproximou-se dela, segurou-lhe as mãos e lhe disse:

— Filha, não perca a fé em Deus nem questione Seus desígnios. Entregue sua dor a Jesus, que é nosso Divino Amigo. Confie e aguarde, Ele vai acalmar seu coração.

— Mãe, por que isso foi acontecer justamente no melhor e mais feliz momento da minha vida? O que foi que eu fiz para sofrer tanto sem ter o direito à felicidade?

Beijando docemente a cabeça de sua filha, Antonieta respondeu:

— Filha, São Francisco de Assis disse: "Não devemos amaldiçoar nada, porque não sabemos a importância das coisas na nossa evolução espiritual".

— Minha vida tem sido de muito sofrimento, mãe. Agora que encontrei a felicidade corro o risco de perdê-la.

— Cássia, já aprendemos que ninguém vem a esse mundo para se banhar em água de rosas, todos nós temos a nossa cota de aflição. Nessas horas é que devemos ser fortes, aumentar a nossa fé, confiar mais e não perder a esperança de que tudo poderá se reverter no último momento, se Deus assim quiser.

As horas passavam lentas e a agonia aumentava no coração de Cássia e Sabina. Antonieta fazia-se de forte para dar suporte às duas pessoas que amava.

Após quatro angustiantes horas de cirurgia, o médico veio falar com elas.

— Vocês são a família do rapaz que sofreu o acidente?

— Somos — responderam as três quase ao mesmo tempo.

— A cirurgia terminou com sucesso. Ele estava com hemorragia interna, mas conseguimos fazer um bom trabalho.

— Posso vê-lo? — perguntou Cássia aflita.

— Sinto, mas por ora não é possível. Ele ficará no CTI. As primeiras horas são muito importantes.

— Ele perguntou por mim?

— Não, minha senhora, ele está sedado e assim ficará por dois ou três dias, dependendo da reação do seu organismo. Fique tranquila, a medicina não é uma ciência exata, podem acontecer surpresas, mas estamos confiantes na recuperação do seu marido. Agora, se me der licença...

Assim que o médico se afastou, Cássia abraçou sua mãe e entregou-se ao choro.

— Filha — disse-lhe —, aqui no hospital tem uma capela. Vamos até lá orar ao Senhor pela recuperação de Frank. No silêncio podemos ouvir a voz do Senhor, e é nessa ligação com o Divino que recuperamos a confiança e a esperança, porque sentimos que não estamos sozinhos.

Cássia, como uma garotinha obediente, seguiu sua mãe e Sabina até a capela.

Após alguns minutos entregues cada uma aos seus pensamentos, Cássia, impulsionada pela dor e se entregando a Jesus, orou em voz alta:

Senhor, Criador de todas as formas de vida, de todas as criaturas deste imenso Universo, ouve o meu lamento. Sei que a vida é difícil, e não raro penosa. Entretanto, aqueles que têm fé e confiam na vida futura sabem que tudo nesse mundo é passageiro e que a dor tem um tempo para durar e nos ensina a promover nossa reforma interior. Suplico não me deixe esquecer as coisas que aprendi ao longo da minha vida. Sou frágil e muito imperfeita, e é por isso, Senhor, que me dirijo a Vós para implorar misericórdia. Se for da Vossa vontade, que meu amor volte para mim; mas se Vossos desígnios forem contrários ao que desejo, segure-me em vossas mãos para que eu não caia no desespero. Assim seja.

Antonieta e Sabina escutavam com atenção a súplica de Cássia e uniram suas preces às dela.

As horas passavam e nenhuma das três mulheres se dava conta de que precisava arrumar algum lugar para ficar. Então foram interrompidas pela enfermeira, que solícita lhes perguntou:

— Soube que não são desta cidade e presumo que vão querer ficar hospedadas em alguma pousada. Estou certa?

— Não havíamos pensado nisso ainda — disse Antonieta. — Claro que está certa. Ficaremos muito agradecidas se puder nos indicar uma.

— Daqui a meia hora largo o meu plantão e, se quiserem, posso levá-las.

— Queremos, sim, e ficamos muito agradecidas por sua gentileza.

— Aqui é uma cidade pequena e não há muitas opções.

— Ficaremos aguardando — confirmou Antonieta.

Assim que chegaram à pousada, se deram conta de que não haviam levado nenhuma roupa, pois voltariam no mesmo dia.

— Amanhã cedo tomo o primeiro ônibus, vou até nossa casa, arrumo roupas para nós três e volto. O que acham?

— Faça isso, mãe. Temos mesmo de ficar aqui esperando a liberação dos corpos dos pais de Frank.

— É verdade. Temos muitas coisas para resolver — disse Sabina.

— Estive pensando, filha, que poderíamos enterrá-los em nosso jazigo, onde está seu pai.

— Por mim está bem. Creio que Frank vai preferir tê-los aqui a enviá-los para a América do Norte.

— Acredito nisso também.

— Então está decidido. Amanhã logo cedo tomo o primeiro ônibus.

Assim foi feito.

Os dias passaram e finalmente chegou o momento de Frank ser transferido para o quarto, o que fez com que Cássia se entregasse à alegria, eliminando todo o estresse dos últimos dias.

— Seja bem-vindo, meu amor, esperava ansiosa por este momento, que com a graça de Deus finalmente aconteceu!

Ainda bem debilitado, Frank respondeu:

— Que bom estar ao seu lado novamente. Não consigo entender ainda o que realmente aconteceu.

— Não pense nisso agora, Frank, o médico recomendou calma. Você precisa descansar. Mais tarde conversaremos sobre isso.

— Dona Antonieta e Sabina, onde estão?

— Elas retornaram à nossa casa, mas telefonam todos os dias, e agora que veio para o quarto virão vê-lo.

— E você, Cássia, onde está?

— Não se preocupe, meu amor, estou hospedada em uma pousada bem aconchegante. Estou bem, melhor agora que estou perto de você.

Frank calou-se demonstrando cansaço. Cássia, percebendo, disse-lhe:

— Querido, tente dormir. O médico recomendou não cansá-lo.

Antes de Cássia terminar, Frank entregou-se ao sono reparador. Sentada ao lado do marido, pensava em tudo o que havia acontecido e em como Frank reagiria ao saber da morte de seus pais. Deixava seu pensamento divagar, querendo entender por que as coisas acontecem quando menos se espera.

"Os dias que imaginei serem tão felizes transformaram-se em tragédia e sofrimento. Por que será, meu Deus, que as coisas mudam sem que possamos fazer nada para evitar? Pergunto-me o que foi que eu fiz para passar por tantas aflições!"

Nada acontece sem a permissão de Deus, porque foi Ele quem estabeleceu todas as leis que regem o Universo. Perguntareis agora por que Ele fez tal coisa em vez de tal outra. Dando ao espírito a liberdade de escolha, deixa-lhe toda a responsabilidade dos seus atos e das suas consequências; nada lhe estorva o futuro; o caminho do bem está à sua frente, como o do mal. Mas, se sucumbir, ainda lhe resta uma consolação, a de que nem tudo se acabou para ele, pois Deus, na sua bondade, permite-lhe recomeçar o que foi malfeito. É necessário distinguir o que é obra da vontade de Deus e o que é da vontade do homem. Se um perigo vos ameaça, não fostes vós que o criastes, mas Deus; tivestes, porém, a vontade de vos expordes a ele, porque o considerastes um meio de adiantamento; e Deus o permitiu. (O Livro dos Espíritos.)

Nenhuma criatura é vítima do destino. Ninguém passa por aflições sem causa justa ou simplesmente porque as leis divinas não favorecem esse ou aquele. A reação das ações praticadas no presente ou no pretérito chegam a galope, não importa quanto tempo passe; nada se perde nele. O que muitas vezes julgamos ser injustiça é apenas a consequência da nossa imprudência, da qual não lembramos, porque Deus nos concede o esquecimento.

Cássia pensava: "Fico temerosa quanto à reação dele quando souber que seus pais morreram. Tenho medo de que se sinta culpado pelo fato de ter cedido e permitido que seu pai dirigisse o carro".

Quatro dias se passaram e Frank, sentindo-se mais forte, começou a reviver o trágico acontecimento.

— Cássia — disse à esposa —, como estão meus pais, se recuperaram bem do acidente? Gostaria de vê-los.

No primeiro momento, Cássia ficou sem saber o que responder. Frank insistiu:

— Diga como estão meus pais, Cássia.

— Eles devem estar bem com toda a certeza, Frank, eram pessoas de bem.

Frank empalideceu.

— Eram pessoas de bem? O que você está querendo dizer, Cássia?

Cássia segurou firme a mão de seu marido, querendo transmitir-lhe coragem, beijou-o delicadamente e respondeu:

— Frank, em nossa vida acontecem muitas coisas que nos ferem profundamente, mas, se não perdemos a fé e a confiança Naquele que nos criou, conseguimos passar por sobre os espinhos sem violentar nossa alma com sentimentos de desespero ou revolta, mesmo que nossos pés se machuquem e nosso coração sangre de dor.

Pálido, Frank perguntou:

— Pelo amor de Deus, Cássia, fale de uma vez o que aconteceu com meus pais!

— Sinto muito, meu amor, mas seus pais não resistiram ao impacto e morreram no local.

— Não é possível... Não é possível! — dizia Frank.

Cássia o aconchegou mais em seus braços e lhe disse:

— Chore, meu amor, você tem esse direito. Não é fácil separar-se das pessoas que amamos. Só não permita que sentimentos ruins penetrem em sua alma.

— Cássia, por que fui permitir que meu pai levasse o carro? Não devia ter cedido ao seu pedido. Hoje não os tenho mais e sei que a culpa é minha.

— Frank, não diga isso. Acabei de lhe pedir que não se entregasse aos pensamentos ruins. Você não tem culpa de nada, também foi vítima do acidente.

— Fui vítima, mas estou aqui, eles não, Cássia, e isso está doendo demais.

— Eu imagino, meu amor. Não é fácil controlar a dor.

— Foram as pessoas que me criaram, que me amaram como a um filho verdadeiro e fizeram de mim um homem de verdade. Quando chegou o momento de conhecer minha mãe biológica, não criaram nenhum problema. Ao contrário, facilitaram esse encontro o mais que puderam, sem egoísmo, sem ciúmes, entendendo o meu desejo de conhecer um pouco das minhas raízes.

Cássia chorava junto com o marido. Conhecia bem o significado da perda. Sentira a mesma dor ao se separar de seu pai por uma morte violenta também. Tentando evitar que o sentimento da culpa pudesse desequilibrá-lo ainda mais, dizia-lhe:

— Frank, você não podia prever que aconteceria essa fatalidade, apenas atendeu a um pedido de seu pai e de sua mãe, que também insistiu para que ele levasse o carro. Portanto, não pode pensar em culpa. Não é justo, meu amor.

Depois de longo tempo dando vazão ao sofrimento, Frank perguntou:

— E o sepultamento deles, como você fez?

— Deu tudo certo. Imaginamos que você iria gostar de tê-los aqui no Brasil, perto de você, então os enterramos no nosso jazigo, ao lado de meu pai. Mas, se você preferir, assim que estiver bem, poderá solicitar o traslado deles para a América. Faça como achar melhor.

— Não, Cássia, vocês fizeram a coisa certa. Não tenho por que levá-los para a América se eu estou aqui e não pretendo voltar. Não sei como agradecer por esse gesto de generosidade de dona Antonieta e também pela maneira como providenciaram tudo. Muito obrigado, meu amor.

— Não me agradeça, eles também são nossa família, são meus sogros. Apesar da pouca convivência, todas nós sentimos muita estima por eles. Agora descanse, você ainda está fraco e a emoção é muito forte. Tente dormir um pouco, vai lhe fazer bem.

Frank beijou suas mãos e disse-lhe com a voz embargada:

— Obrigado, meu amor.

Adormeceu segurando as mãos de Cássia, que admirava com amor o rosto amado.

Capítulo 19

ෙන·න්

A história de Eneida

Orlando acompanhou Jacob e Eneida na missão de receber os pais de Frank, que chegavam da Terra.

— São irmãos queridos que retornam vitoriosos — explicou Jacob. — Cumpriram a missão que lhes foi destinada nesta encarnação. Trabalharam a questão do egoísmo e marcaram seus passos com o altruísmo que se fez presente em todos os seus atos.

— Não se deixaram corromper pela riqueza, mas conseguiram fazer dela uma fonte de possibilidades para os semelhantes e para si mesmos — concluiu Eneida.

— Isso ainda é muito difícil para os encarnados, não é mesmo, Jacob?

— É, Orlando, ainda é muito difícil para o homem entender que a riqueza é uma ferramenta que pode ser usada para a construção do bem-estar daquele que a possui. Mas isso só se torna válido se aquele que a detém não se entrega aos excessos pelo egoísmo insaciável de achar que nunca é suficiente o que possui. É preciso lembrar-se daqueles que nada têm e dar uma finalidade útil à própria riqueza; somente assim, compartilhando, sabendo que dispõe de meios para fazer o bem e o fazendo, é que não se perderá na própria insensatez.

— Por que se torna penoso para o homem repartir o que lhe sobra com aqueles tantos que não têm o fundamental, o estritamente necessário? — perguntou Orlando, interessado em aprender cada vez mais.

— Simples, meu irmão, porque ele não vê outro caminho que não seja aquele que o favorece; porque mergulha no engano de que a vida é curta e que se vive uma única vez, precisando, portanto, aproveitá-la ao máximo. Pobres tolos que se esquecem de que a vida é eterna e não sabem que, ao abandonarmos o corpo físico, retornamos à nossa origem. Eles não se importam com a vida depois de amanhã, mas ela chega para todos, sem lhes perguntar se acreditam ou não.

— Felizes os que aceitam a verdade do Cristo não só na palavra vazia, mas nos seus atos de amor fraternal. Jesus falou da importância do amor e da união dos povos, mas os homens preferem o poder que nasce da ambição e que aniquila os mais fracos; querem o universo para si mesmos, medindo forças para conquistá-lo, e se esquecem do Senhor da Vida — completou Eneida.

Orlando percebeu uma sombra no olhar de Eneida.

— Perdoe-me, minha irmã, mas noto uma leve sombra de amargura em seu olhar.

— Tem razão, Orlando. Às vezes, ao falar sobre o coração vazio de sentimento, que se suporta com as palavras que nada possuem de consistência, recordo-me de como sofri por cair nessa insensatez.

Espantado com a revelação, Orlando disse:

— Você, Eneida, com toda essa bondade que espalha por onde passa, dizer que caiu nessa insensatez?

Com extrema humildade, Eneida respondeu:

— Você me vê agora, Orlando, mas trago uma história de engano e de existência sem nenhum conteúdo.

Jacob, percebendo o desejo de Eneida de se revelar para Orlando, incentivou-a, dizendo:

— Irmã, se considerar que lhe fará bem falar sobre isso, faça-o. Será um aprendizado para Orlando.

Motivada pelas palavras de Jacob, Eneida iniciou a narrativa de sua última existência.

— Orlando, Deus é bondade suprema e terá misericórdia com todos os seus filhos, mas Ele nos dá a liberdade de querer ou não essa misericórdia. Nenhum de nós será abandonado, mas seremos respeitados no nosso desejo, mesmo que o que queremos seja contra nós mesmos. Foi o que aconteceu comigo em outra encarnação, teimei em permanecer com uma postura inadequada. Importava-me apenas com a minha aparência, o que eu passava para as pessoas com minhas palavras ocas, sem nenhum fundamento de verdade. Alimentava minha vaidade escondendo-me em um personagem, e isso me custou anos de sofrimento no meu retorno.

Orlando, cada vez mais interessado, perguntou:

— Desculpe-me se vou ser indelicado, mas poderia explicar melhor?

— Você não está sendo indelicado, meu amigo, gosto de falar dos meus erros para lembrar que, assim como muitos, também errei, e essa consciência me torna mais prudente e mais compreensiva com relação às falhas alheias.

Jacob, interferindo, disse:

— Eneida, penso que é mais prudente ir com Orlando até o Lago Azul. Lá poderiam conversar melhor sem causar nenhuma alteração no equilíbrio desses dois irmãos que acabam de retornar da Terra. Como você sabe, eles precisam de repouso e tranquilidade.

— Perdoe-me, Jacob, você tem toda a razão. — Dirigindo-se a Orlando, perguntou: — Você gostaria de ouvir a minha história?

— Claro, Eneida, se for possível, gostaria sim. Sei que vou aprender muito com você.

Assim fizeram. Em segundos estavam sentados diante das águas cristalinas e tranquilas do Lago Azul. Eneida, antes de começar sua narrativa, elevou o pensamento ao Senhor e dirigiu-Lhe singela prece, no que foi acompanhada por Orlando.

— Nesta encarnação, nasci em uma família espírita, estruturada e sem maiores problemas financeiros. Meus pais eram pessoas caridosas. Dedicavam-se, nas horas vagas, a um trabalho social no Centro Espírita que frequentavam assiduamente, no que eram acompanhados por meus dois irmãos mais velhos, que pensavam e agiam como eles. Minha infância foi colorida, com folguedos e alegria adequados a uma criança amada pelos pais e irmãos. Logo na adolescência, comecei a me afastar dos propósitos de fraternidade de minha família. Achava injusto destinar parte dos nossos recursos às obras de assistência aos necessitados. E, por mais que meus pais explicassem que tínhamos o suficiente para nós e para o nosso próximo, não me conformava, sempre achando que podíamos ter muito mais se não fosse essa atitude de meus pais, que eu não aprovava. "Da maneira como vocês agem, estão tirando do que é meu", dizia sempre. Minha mãe, com carinho, tentava me explicar a importância de agir com fraternidade e generosidade para com nosso semelhante: "Filha, temos mais que o necessário. Muitas de nossas coisas são supérfluas. É preciso olhar para quem não possui nem o necessário". "Enfim, Orlando, nada me convencia de que eles andavam no caminho certo. Errado era o meu, que não ostentava nenhuma semente que desse fruto de amor. Com o tempo, fui percebendo o quanto as pessoas amavam meus pais e irmãos. Quanto a mim, não recebia nenhuma palavra de gratidão nem mesmo de carinho, e não podia mesmo receber, pois nada fazia para que isso acontecesse. Sempre ouvia dizerem quanto eu era diferente de todos, e isso passou a me incomodar. Achei que poderia inverter a situação e me tornar tão amada quanto eles, ou melhor, sobressair perante as pessoas. Foi o que fiz de maneira leviana. Construí um personagem e, por intermédio dele, comecei minha farsa.

— Como assim, Eneida? Não estou entendendo.

— Orlando, comecei a me interessar pelas reuniões do Centro e a acompanhar minha família. Logo compreendi o que estudavam e o que gostariam de ouvir, e fui me infiltrando de maneira dissimulada, até que consegui o lugar de palestrante do Evangelho. Meus pais ficavam orgulhosos ao me escutarem pregar sobre a caridade, acreditando realmente que afinal eu tinha entendido a palavra de Jesus. Não imaginavam que tudo não passava de uma farsa, que eu continuava como antes, impiedosa, egoísta e falsa. Com o passar do tempo, abri o meu próprio Centro e passei a explorar a credulidade das pessoas mais simples. Cobrava por uma simples prece que fazia para alguém enfermo. Cada vez mais enganava, mentia e me afastava da verdade. Passei a criar a minha verdade, aquela que me favorecia. Minhas pregações eram vazias, palavras ocas, sem nenhum conteúdo, serviam apenas para iludir os que me ouviam.

— E seus pais? — perguntou Orlando interessado.

— Meu pai, depois de alguns anos, desencarnou; e minha mãe, desgostosa com meu procedimento, afastou-se de mim, indo morar com meus irmãos em uma cidade próxima.

— Quanto tempo durou esse seu procedimento, Eneida?

— Cerca de quinze anos. Depois sofri um derrame cerebral, perdi a fala e fiquei no silêncio por mais seis anos, até que o dia do desencarne chegou.

Nesse ponto, Eneida parou a narrativa, olhou fixamente para Orlando e lhe disse emocionada:

— Como disse Jesus, Orlando, a semeadura não é obrigatória, mas a colheita sim. Colhi o fruto da árvore que plantei, ou seja, plantei a árvore do vento e colhi tempestade. Assim que meu espírito deixou a matéria, foi sugado para o lugar com o qual se afinava, lugar feio, esfumaçado, onde se escutavam os lamentos daqueles que, como eu, se esqueceram da vida que pulsa depois da morte do corpo físico e agiram contrariando as leis divinas.

— Quantos não agem assim, Eneida, jogando palavras ao vento sem se importarem com o que podem causar no coração e no destino de quem os escuta?

— É verdade, Orlando, aquele que se prepara somente para a vida da matéria, e não para a vida eterna, que é a pátria de origem de todas as criaturas, é sábio por um momento, mas tolo para sempre.

— Há quanto tempo você retornou da Terra?

— Há muitos anos, Orlando. Durante doze anos fiquei nas zonas infelizes, até que, agraciada com a piedade divina, fui recolhida e trazida para cá. Aqui recebi o amor de Jacob e de outros irmãos, fui tratada e, quando estava apta, recebi permissão para participar das palestras de madre Teresa, aprendendo o verdadeiro significado do amor, da verdade e da transparência do ser. Conheci e estudei o Evangelho do nosso Mestre e hoje trabalho junto com Jacob. O resto sobre minha trajetória você já sabe. Conheci Cássia no passado, e fui agraciada com a permissão de acompanhá-la, inspirando-a sempre para o bem. Esta é a razão de me preocupar tanto quando presencio os irmãos encarnados entregando-se à imprudência, tentando tirar vantagem do semelhante, vivendo sem nenhuma responsabilidade espiritual e se julgando muito espertos. Sábio é aquele que já entendeu que a morte nada mais é que a volta à vida espiritual.

— Esses dois irmãos que chegaram, segundo Jacob, voltaram vitoriosos.

— Sim. Não se perderam em meio à riqueza que possuíam, mas fizeram dela a fonte de felicidade de muitas pessoas. É preciso saber que tudo o que pertence à matéria na Terra ficará; conosco só virão as virtudes que nos fazem crescer como criaturas de Deus, e as virtudes adquiridas ninguém poderá nos tirar.

Eneida sentiu o chamamento de Jacob.

— Jacob nos chama, Orlando. É hora de voltarmos.

Orlando ainda disse a Eneida algumas palavras:

— Minha querida irmã, agradeço por ter dividido comigo sua história. Creia que foi um enorme aprendizado e uma lição de humildade. Que Jesus a abençoe todo o tempo!

Eneida sorriu e apenas disse:

— Vamos cumprir nossa tarefa.

Em poucos instantes, estavam diante de Jacob. Encontraram-no em prece. Permaneceram em silêncio, acompanhando sua vibração. Ao terminar, Jacob lhes disse:

— Que Jesus, nosso Divino Amigo, nos abençoe e proteja.

— Parece preocupado. Problemas com algum irmão aqui do hospital? — perguntou Eneida.

— Sim. Como sempre, é nosso irmão Léo que reluta em prosseguir na espiritualidade. Ele quer reencarnar e não aceita ter de esperar o tempo necessário para aprender a superar suas imperfeições.

— Já conversou com ele, irmão? — perguntou Orlando.

— Sim, Orlando, várias vezes, disse-lhe que não está preparado para novamente enfrentar a vida física sem cometer os mesmos erros. Ele diz que precisa se encontrar novamente com Cássia para pedir-lhe perdão.

— Mas Cássia não o reconhecerá — disse Orlando.

— Ele não consegue entender que estará escondido em outro corpo, em outra situação, enfim, outra experiência.

— O que se pode fazer para ajudá-lo?

— Vou transferi-lo para o departamento que cuida desses casos. Lá, ele terá todas as condições de aprendizado, aprenderá a ter paciência e saberá que não se pode pular etapas. Todas as coisas chegam no momento previsto pelo Mais Alto, e a reencarnação não foge à regra. É necessário se preparar para reencarnar, somente assim a chance de dar certo aumenta, na mesma proporção em que aumentam as virtudes adquiridas pelo espírito.

Jacob silenciou e, em seguida, voltou a dizer:

— João Evangelista, o apóstolo do amor, disse àqueles que o acompanhavam:

"Ninguém pode amar sem perdoar... Ninguém pode perdoar sem entender... Ninguém pode entender sem analisar... Ninguém pode analisar com bom senso sem sentir no coração a Fraternidade que se transforma para os outros em variadas modalidades do Bem". É isso o que Léo precisa aprender. Ele irá para o lugar certo para que isso aconteça e se sentirá integrado em seus desejos de evolução. Para todos os propósitos da nossa existência existe um tempo certo para percorrer, não adianta querer alcançar um objetivo sem ter sabedoria para sustentar nosso desejo. No momento certo, adequado e previsto, Léo retornará para junto daquela que hoje é o motivo da sua angústia, e seu espírito se aquietará nos braços carinhosos de sua mãe.

— Quer dizer que ele vai se reencarnar como filho de Cássia e Frank? — perguntou Orlando espantado.

— Não, será o filho do coração de Cássia e Frank. Aprenderá por meio do abandono a valorizar e respeitar seu semelhante. Sentirá na adoção a força do amor desinteressado, o amor que une os espíritos e que se coloca acima de qualquer sentimento menor.

— Quando isso acontecerá? — voltou Orlando a perguntar.

— Como já disse, no momento apropriado. Será o quarto filho de Cássia, e o encontro se dará quando ele tiver três anos.

— Então ainda vai demorar, pois Cássia não tem ainda nenhum filho!

— A demora será compatível com o tempo de aprendizado de Léo. Tudo na espiritualidade é planejado para que a evolução aconteça e a felicidade se faça. Os tropeços do caminho são os homens que criam; o desvio da rota traçada é a escolha de cada um.

— Por que os homens têm tanta dificuldade em respeitar e seguir as leis divinas?

— Porque se colocam como o centro do universo; lutam com todas as armas para se posicionar no mundo dos homens, deixando grandes marcas de sofrimento em seu caminho. Entretanto, deveriam lutar para conquistar um bom lugar no reino de Deus, seguindo plenamente as palavras do Cristo e se portando verdadeiramente como criaturas de Deus. Buscam a felicidade por meio do egoísmo, do orgulho e da ambição, e não percebem que essa é uma felicidade que se desfaz no menor sopro de vento.

Foram interrompidos com a chegada de Tomás.

— Jacob, tudo está pronto para a transferência de Léo. Podemos ir?

— Vou acompanhá-los — disse Jacob.

Orlando, tímido, perguntou:

— Permitiria que eu os acompanhasse? Gostaria de dizer algumas palavras ao Léo.

— Vamos até ele e satisfaça seu desejo, mas não poderá nos acompanhar.

— Obrigado, Jacob.

Aproximando-se de Léo, que se encontrava agitado, Orlando disse amavelmente:

— Léo, que Jesus o acompanhe e abençoe! Aproveite esta oportunidade de aprendizado, pois é uma bênção que Jesus lhe concede. Não se apresse em satisfazer a sua vontade, pois tudo se dará no momento certo para a evolução do seu espírito. Confie em Jesus e se entregue sem reserva ao amor divino. Meu amor fraterno o acompanhará.

Léo fixou seu olhar naquele espírito que ofendera de maneira vil e que, entretanto, o perdoara. Constrangido, respondeu:

— Obrigado por haver me perdoado. Agora eu só preciso perdoar a mim mesmo e eliminar essa culpa que me consome e me deixa intranquilo.
— Confie no Mais Alto e o Criador o auxiliará.
— Eu confio! — exclamou Léo, seguindo Jacob e Tomás.
— Até outra oportunidade, meu irmão — disse Orlando.

Observando Léo se afastar acompanhado de Tomás e Jacob, Orlando pensou: "Por que será, meu Deus, que os espíritos, quando se encarnam, invertem os valores aprendidos e se jogam de cabeça na imprudência, sem medir as consequências nem pensar nas que fatalmente virão?"

Eneida, captando seu pensamento, respondeu:

— Porque se entregam aos apelos da carne, Orlando, e esses apelos satisfazem sua vaidade e ambição, sentimentos que não foram totalmente excluídos da sua essência. Mas chegará o dia em que os homens compreenderão a inutilidade de tantas aquisições materiais, aquisições supérfluas que nenhum benefício trazem à sua evolução como criatura de Deus. Nesse dia, seu coração vai vislumbrar a luz da verdade, e é esse clarão que os aproximará de Jesus, proporcionando-lhes a felicidade que almejam.

Não sou feliz! A felicidade não foi feita para mim! Exclama geralmente o homem em todas as posições sociais. Isso, meus caros filhos, prova melhor que todos os raciocínios possíveis a verdade desta máxima do Eclesiastes: "A felicidade não é deste mundo". Com efeito, nem a fortuna, nem o poder, nem mesmo a juventude florescente são as condições essenciais da felicidade; digo mais, nem mesmo a reunião dessas três condições tão desejadas, uma vez que se ouvem sem cessar, no meio das classes mais privilegiadas, pessoas de todas as idades se lamentarem amargamente da sua condição de ser.

Assim, pois, aqueles que pregam ser a Terra a única morada do homem, e que só nela, e numa só existência, lhe é permitido atingir o mais alto grau das felicidades que a sua natureza comporta, iludem-se e enganam aqueles que os escutam. Já que está demonstrado, por uma experiência arquissecular, que esse globo não encerra, senão excepcionalmente, as condições necessárias à felicidade completa do indivíduo.
(O Evangelho Segundo o Espiritismo, Cap. V, Item 20.)

Capítulo 20

☙ · ❧

O sonho da gravidez

Finalmente chegou o dia tão esperado por Cássia. Frank deixava o hospital completamente restabelecido. Sua alegria era apenas ofuscada pela tristeza que percebia no olhar de seu marido, pois trazia estampado no rosto a dor de saber que não se encontraria mais com seus pais.

Apertou as mãos de Frank querendo lhe dar força e dizendo, com esse gesto, que estava ali, ao seu lado, não para suprir a falta que sentiria de seus pais, mas para caminhar ao seu lado sempre, apesar de qualquer aflição que tivessem. Frank retribuiu o gesto de carinho beijando-lhe docemente sua face.

Finalmente chegaram em casa.

Frank se emocionou com o carinho e a atenção com os quais foi recebido por Antonieta e Sabina.

— Seja muito bem-vindo à sua casa, Frank — disse Antonieta abraçando-o.

— Obrigado, dona Antonieta; agradeço imensamente o que fez pelos meus pais. Serei eternamente grato à senhora.

Novamente Antonieta o abraçou.

— Não se preocupe em me agradecer, Frank, o que fiz pelos seus pais foi por afeição a eles e a você. Tenho certeza de que vocês fariam o mesmo por mim, se necessário fosse.

— A senhora é muito generosa!

Sabina presenciava tudo sem ter coragem de se dirigir ao filho. Não sabia o que dizer. Temia que tudo o que dissesse pudesse parecer desejo de finalmente tomar o seu lugar de mãe.

Frank virou-se para ela pedindo, com o olhar, que o abraçasse e que o fizesse sentir que continuava protegido pelo amor de mãe.

De maneira tímida, Sabina foi a passos lentos se aproximando dele, passou as mãos em seu rosto e lhe disse:

— Frank, sinto sinceramente a morte de seus pais e jamais tentarei ocupar em seu coração o lugar que a eles pertence e que deve continuar pertencendo, mas quero que saiba que estarei aqui sempre, perto de você e de Cássia, para cuidar das pessoas que mais amo neste mundo. Acredite na minha sinceridade, é só o que lhe peço.

— Por que não me chama de filho?

— Meu coração diz que devo, mas a razão me impede, por não saber se posso.

— Sabina, esqueça seus temores. Gostaria muito de ser chamado de filho por você. Não acha que já esperou muito por isso? Só lhe peço que me dê um tempo para chamá-la de mãe. Sinto que devo isso à minha mãe que partiu.

— Filho, chamá-lo assim já é a realização do sonho acalentado durante mais de vinte anos. Quanto a me chamar de mãe, prefiro sinceramente que continue a me chamar de Sabina. Devo isso a sua mãe por ter feito de você um verdadeiro homem de caráter e de sentimentos dignos de um filho de Deus.

Abraçaram-se selando o respeito e o amor que os uniria a partir daquele momento.

O tempo passou e adormeceu todas as dores, mas a saudade dos entes amados permanecia no coração de cada um como uma doce lembrança dos dias felizes que não voltariam mais. Sabiam que nada mais seria como antes, mas também sabiam que dependeria de cada um dar a si mesmo a oportunidade de voltar a sorrir.

A vida segue o seu rumo tentando colocar novamente as coisas em seus lugares. E, para aqueles que creem no amanhã, a alegria que traz o brilho no olhar volta a acontecer, como em uma manhã de domingo na casa de Cássia.

Todos sentados à mesa para o desjejum saboreavam, como sempre, as deliciosas guloseimas feitas por Sabina. Antonieta observou o brilho de felicidade nos olhos de sua filha.

— Cássia, você me parece feliz nesta manhã, algum motivo especial?

Sorrindo, Cássia respondeu:

— Sim, vovó!

Antonieta, Sabina e Frank olharam-se atônitos e perguntaram ao mesmo tempo:

— Você disse vovó?

Olhando diretamente para o marido, Cássia respondeu:

— Sim, papai!

Todos se levantaram de um salto só. A emoção tomou conta daqueles corações ansiosos por ouvir passos e sorrisos de criança alegrando a casa. Antonieta e Sabina, sabendo de todo o drama vivido no passado por Cássia, não continham as lágrimas.

Frank, abraçando a esposa, dizia:

— É mesmo verdade, meu amor, você está querendo dizer que vamos ter um filho, é isso?

— É isso, meu amor, Jesus está abençoando nossa união e permitindo a realização do maior sonho da minha vida, que é ser mãe.

— Definitivamente, sou o homem mais feliz deste mundo. Até mãe Jesus me deu duas, para que eu não me sentisse órfão. Como posso agradecer pelas alegrias recebidas de Deus, que sempre vêm para aliviar a dor?

Sabina respondeu:

— Agradecemos pelas bênçãos que recebemos, meu filho, valorizando a vida e não amaldiçoando nada que nos acontece, porque não sabemos a importância de cada episódio na escala da nossa evolução. Quando damos a importância adequada a cada situação e não sofremos mais que o justo e o necessário, sem desespero ou revolta; quando conseguimos sentir a presença de Deus em nós e vivemos de acordo com as Suas leis, promovendo nossa felicidade na mesma proporção que nos tornamos sensíveis às necessidades do próximo e tudo fazemos para aliviar suas aflições. Essa é a maneira de agradecermos a Deus pela oportunidade e pelo benefício recebido.

Pela primeira vez, Frank se dirigiu a Sabina dizendo:

— Mãe, como a senhora se expressa com sabedoria! — exclamou.

Todos olharam surpresos para ele, que, falando com naturalidade, não percebeu o espanto que causou, principalmente em Sabina.

— Amor — disse Cássia —, você percebeu a maneira como chamou Sabina?

Ao ouvir o comentário da esposa, caiu em si e respondeu:

— Falei sem forçar nada, com espontaneidade, e, se isso se deu de um modo tão natural, é porque chegou o momento de acontecer. Tempos atrás eu lhe disse que não estava preparado para chamá-la assim, que tivesse paciência. Acho que sua postura digna e respeitosa fez com que nosso encontro se desse de verdade. Hoje a considero realmente minha mãe.

Sem dizer uma só palavra, Sabina abraçou o filho com imenso amor.

— Obrigada, meu filho, minha existência! Tudo o que passei valeu a pena, porque hoje vivo a maior alegria de minha vida. Você recebe a notícia de que vai ser pai, eu sinto você verdadeiramente como meu filho e, ao mesmo tempo, sei que vou me tornar avó. Acho que é alegria demais para essa velha!

— Que velha que nada, Sabina — disse Cássia. — Você e minha mãe ainda vão tomar conta dos netos. Afinal, eu e Frank vamos querer namorar bastante, não é meu amor?

— Claro, para isso nossos filhos vão ter duas avós em tempo integral.

A alegria se fez presente com toda a intensidade no coração de todos. A partir daquela notícia, a vida na casa de Antonieta tomou nova direção. A vibração de amor por aquele pequeno ser que começava a se formar era total. Tudo se fazia em função de preparar o ambiente para receber o tão aguardado filho e neto.

— Quem diria que um dia iríamos ser avós do mesmo neto! — dizia Sabina a Antonieta.

— É verdade, Sabina, construímos uma bela amizade e fomos recompensadas. Hoje vivemos todos juntos, em harmonia e presenciando a felicidade de Cássia e Frank.

— O destino nos reserva surpresas, e a maior delas foi justamente encontrar meu filho, coisa que para mim parecia impossível.

— Sabina, quando Deus traça um plano para nós, não adianta lutar contra ele, pois ele se fará. Tudo o que você passou nesta vida; todo o sofrimento de Cássia e o meu próprio, vendo-a sofrer, e passando pela dor de me separar de Orlando de forma tão violenta, tudo isso foi recompensado por nosso Criador. Nenhuma de nós se desesperou a ponto de cair na descrença. Passamos pela dor com dignidade cristã, respeitando os desígnios de Deus. Creio que com essa nossa postura conquistamos o direito à paz de que hoje desfrutamos.

— Penso que a senhora tem razão, dona Antonieta. Li, certa vez, que "as dificuldades apenas testam nossa fé em Deus e a perseverança no bem; vencê-las com equilíbrio e sensatez é firmar no nosso coração a certeza de que todos temos possibilidades de vencer". (A essência da alma, Irmão Ivo.)

— Sabina, eu gostaria de pedir um favor a você — disse Antonieta.
— Por favor, dona Antonieta, diga o que deseja e terei prazer em atendê-la.
— É justamente essa maneira de se dirigir a mim, Sabina.
— Não estou entendendo.
— Sabina, moramos juntas há muito tempo, nos tornamos praticamente da mesma família, ou seja, somos sogras e mães das mesmas pessoas. Não faz mais sentido continuar me tratando por dona Antonieta. Gostaria que me chamasse apenas pelo meu nome.
— Não sei se vou conseguir. Há anos a chamo assim. Não é melhor continuar do jeito que está?
— Prefiro que mude, pois agora tudo se tornou diferente. Você é sogra da minha filha e eu do seu filho; nosso neto é o mesmo. Faça um esforço, sim? Vou me sentir mais à vontade.
— Tudo bem, Antonieta.
— Assim é que eu gosto.

Apesar da gravidez, Cássia, assim como Frank, continuava voluntária do projeto que tanto amava. Os imensos jardins de flores cultivados por aquelas pessoas tão sofridas, orientadas por Cássia, devolviam os cuidados em forma de beleza e perfume. Eram momentos de intensa alegria para Cássia, que, agora mais do que nunca, se sentia motivada por levar consigo, agasalhadinho em seu ventre, o fruto do seu amor por Frank.
— Dona Cássia, quando seu filhinho vai chegar? — perguntavam todos aqueles que dividiam com ela a gratificante tarefa.
— Ainda demora — respondia Cássia sorrindo.
— Quando ele chegar podemos conhecê-lo?
— Claro que sim — respondia Cássia. — Vou acostumá-lo a amar as flores desde pequeno, aprender que são elas que per-

fumam a vida, e que sempre fica um perfume nas mãos de quem as distribui.

— É mesmo a minha mulher que está dizendo coisas tão bonitas? — perguntou Frank.

— Você chegou mais cedo hoje aqui no projeto, amor!

— Estava morrendo de saudades de você — respondeu Frank — Como está o trabalho?

— Graças a Deus, indo muito bem. Veja como estão lindos os jardins!

— A beleza maior está na possibilidade de trabalho para toda essa gente, que adquire dignidade por meio do próprio sustento.

— O trabalho, a ocupação trazem autoestima para as pessoas. Os menos favorecidos não querem esmolas, mas sim oportunidade de emprego, educação e saúde para se sentirem incluídos na vida. Quando poucos têm muito e muitos têm pouco, o desequilíbrio se torna inevitável. Mas isso, Frank, só vai mudar quando os poucos que dominam aceitarem que todos possuem os mesmos direitos na grande casa de Deus.

— Isso ainda está longe de acontecer, Cássia.

— Infelizmente sim, mas se cada um fizer o pouco que lhe compete, um dia o mundo deixará de ser o cenário do mal que o próprio homem pratica. Observe com que entusiasmo essas pessoas trabalham aqui no projeto! Elas sabem que seu esforço será recompensado, mas, se o objetivo e os frutos desse trabalho forem desviados, cairão na desesperança e na descrença, e aí, Frank, serão outros tantos a perambular pelas ruas.

— Tenho orgulho de você, meu amor, sabe administrar muito bem seus sentimentos, ou seja, pensa em nós sem se esquecer do próximo e pensa no próximo sem permitir que nada interfira em nosso amor. Consegue deixar marcas do bem por todos os lados.

— Frank — disse Cássia —, aprendi com minha doutrina que nosso coração é elástico, pode estar em diversos lugares, exercitar diversas formas de amor sem, entretanto, se esvaziar. Quando evitamos as injustiças, conseguimos ter uma posição ponderada diante de situações difíceis. Sempre acreditei na vida depois de amanhã. Sei que esse amanhã chegará como a única certeza que temos. Portanto, tento cuidar do hoje, porque é ele que antecede o amanhã.

— Cássia, não sabia que esse seu lado era tão forte. Que bom para você e, principalmente, para mim que sei tão pouco.

— Pode até não saber, mas percebo que você é uma pessoa boa por impulso generoso, e é por isso que o amo tanto. Bem, agora deixe-me terminar meu trabalho.

Frank afastou-se indo também cuidar de suas tarefas no projeto.

— Vamos continuar, pessoal, é preciso terminar de regar as flores — disse Cássia.

A alegria era geral em meio àquelas pessoas que, pela primeira vez, sentiam-se respeitadas e, de alguma forma, úteis para a sociedade.

— Sabina, venha aqui um instante! — disse Antonieta entusiasmada.

— O que foi? — respondeu a amiga. — Por que o grito?

— Terminei o casaquinho, veja como ficou lindo! — exclamou orgulhosa do seu trabalho.

— Realmente muito lindo. Você tece muito bem.

Antonieta percebeu que Sabina ficou séria de repente.

— Parece-me que você está preocupada com alguma coisa. O que é?

— Antonieta, estava escutando o rádio e ouvi uma notícia que me deixou intrigada.

— Que notícia?

— Lembra daquela moça que esteve aqui procurando por Cássia para pedir perdão por todo o mal que havia feito a ela?

— Lembro perfeitamente, chama-se Selma.

— Isso mesmo, Selma.

— Pois bem, ela estava dando uma entrevista na rádio da capital pedindo ajuda para a realização de um transplante para seu filho Felipe.

— Transplante? Explique isso direito, Sabina.

— É sério, disse que seu filho está muito doente e que o único recurso é a realização de um transplante de rim.

— Mas vai ser muito difícil conseguir um doador, Sabina, a não ser ela mesma, o pai ou irmãos, se ele tiver.

— Aí é que está a dificuldade, Antonieta. Ela não pode doar, pois tem apenas um rim funcionando, o outro está comprometido. Irmãos ele não tem e o pai ela não sabe onde está. Por isso pediu para ser ouvida na rádio na esperança de o pai ficar sabendo e aparecer. Forneceu todos os dados, nome, a cidade onde mora, o nome do pai, enfim, todas as informações necessárias. Fiquei com muita pena dessa moça.

— Quem sabe ele não aparece! Rádio tem uma penetração muito grande e pode ser que alguém que o conheça esteja escutando esse apelo e o avise.

— Tomara que sim, Antonieta. Segundo ela mesma disse, foi abandonada assim que ele soube da gravidez. Não quis assumir o filho e desapareceu. Ela nunca o procurou, somente agora para tentar salvar o filho.

— Como eu lhe disse, Sabina, se estiver nos planos de Deus, ele aparecerá. Ela precisa fazer o que lhe compete, se esforçar ao máximo para salvá-lo, dar a ele cuidado e amor e entregar sua dor a Jesus, confiando no auxílio do Divino Amigo.

Mudando o rumo da conversa, Antonieta voltou a perguntar:

— Fale a verdade, não está lindo o casaquinho do nosso neto?

O sorriso de Sabina confirmou o que Antonieta afirmara.

Capítulo 21

O retorno de Armando

Selma sentia o desespero invadir seu coração. Não sabia mais onde procurar ajuda. Presenciava a enfermidade tomar conta de seu pequeno Felipe, que era tão novinho ainda e já sofria o desconforto da hemodiálise.

— A única solução é o transplante — dissera-lhe o médico.

"Meu Deus", pensava a todo instante, "permita que Armando tenha escutado meu apelo na rádio, ele é a única esperança para Felipe. Poupe meu filho desta dor, Senhor".

Clotilde sofria pelo neto e por sua filha. Nada podia fazer para amenizar o sofrimento dos dois seres que amava. Não podia ser a doadora, e nem exame para verificar se era compatível quiseram fazer.

— Seu estado físico e sua idade avançada não permitem esse procedimento — os médicos disseram. — Tentem encontrar o pai. Ele pode ser a solução.

— Selma — dissera à filha —, tive outra ideia que pode dar certo.

— Qual ideia, mãe?

— Coloque um anúncio em um jornal de grande circulação. Penso ser o caminho mais fácil.

Selma pensou e respondeu:

— Realmente pode ser a solução, mãe. Vou tratar disso, e vou agora. Tenho uma estrada pela frente até a capital.

— Vai sossegada, minha filha, tomo conta de Felipe. Não corra, dirija com prudência.

Selma beijou a mãe e o filho e saiu levando mais uma vez a esperança no coração. Chegando à redação do jornal, explicou o que queria.

— Um anúncio grande que seja fácil de ser notado — dissera.

Após explicar o que pretendia, dar todas as informações necessárias, terminou dizendo:

— Armando, é seu filho e poderá morrer. Se você ainda possui em seu coração um mínimo de sentimento, procure-nos, venha dar a vida novamente a Felipe.

Saiu desalentada com todo o sofrimento que se abatera sobre ela e que se arrastava havia muito tempo. Antes de tomar o caminho de volta, entrou em um templo, sentou-se e, no silêncio, elevou seu pensamento ao Senhor e orou:

"Senhor, elevo meu pensamento a Vós e suplico: olhe no fundo do meu coração e sinta o meu sofrimento. Não me separe do meu filho, que é a única coisa boa que tenho na vida. Permita, meu Pai, que Armando, onde quer que esteja, tenha acesso à minha súplica e venha salvar nosso filho. Errei muito na minha vida e por isso peço perdão, Senhor. Tenha misericórdia dessa filha que caiu em enganos, que sabe que não merece, mas, confiando na Vossa bondade, enche o coração de fé e esperança de que não será abandonada. Desculpe-me, Senhor, não sei orar, mas entrego meu filho nas Vossas mãos e me tranquilizo. Obrigada, meu Pai, por me ouvir."

Selma sentiu-se envolvida por uma sensação de paz e seu coração se aliviou. Levantou-se e tomou o caminho de volta para sua casa.

Era noite quando entrou em sua casa. Encontrou Clotilde entregue aos seus afazeres na cozinha.

— Mãe, onde está Felipe?

— Oi, filha, ele está dormindo. Está tudo bem, não se preocupe.

— Como ele passou o dia?

— Bem, apenas queixou-se de cansaço.

— Por que será?

— Não sei, filha, deve ser normal. Você está com fome? Quer comer alguma coisa?

— Sim, estou com um pouco de fome. Não me alimentei na estrada, pois queria chegar o mais rápido possível. Se tiver alguma coisa pronta, eu aceito.

Com presteza, Clotilde preparou um lanche para Selma. Sentou-se ao lado da filha e perguntou:

— Como você está, filha? Preocupa-me a maneira como está vivendo. Não se alimenta direito, mal dorme à noite, desse jeito pode ficar doente e quem vai cuidar de Felipe? Precisa ficar mais calma. Tenho fé de que tudo irá se resolver.

— Tenho muito medo de perder meu filho, mãe. Se isso acontecer, não vou suportar. Será que ele está pagando pelos meus erros?

— Não, filha, creio que não. Ninguém paga pelos erros dos outros, porque cada um é responsável pelas próprias atitudes. O que sei é que Deus não envia nada de graça. Para todos os sofrimentos existe uma causa importante que gerou a dor, mas a nossa alegria é que Ele nos dá a oportunidade, o esclarecimento e as condições para que possamos alcançar nosso ideal, nosso objetivo de felicidade. No entanto, devemos buscar o que almejamos por meio da nossa reforma interior.

— Peço muito a Deus que traga Armando até nós. Somente ele poderá salvar Felipe. Ele é o pai, e a chance de ser compatível é grande.

— Vamos confiar, Selma, o importante nessas horas é não perder a fé.

— Obrigada, mãe. Apesar de não ter sido uma boa filha para a senhora, tem me apoiado muito, a senhora é meu porto seguro. Não sei como pude ir embora deixando Felipe tão pequeno para a senhora cuidar. Como me arrependo de tudo o que fiz — disse Selma com lágrimas nos olhos.

— Isso é passado, minha filha, o que importa é o presente. O que você aprendeu e o que faz agora, suas atitudes atuais, o perdão que pediu àquela moça, a maneira como trata seu filho, sua mãe... Enfim, deixe o passado onde está e viva o presente da melhor maneira que puder, com sensatez e sabedoria.

— Obrigada, mãe, eu amo a senhora e sou muito grata por tudo o que a senhora já fez e faz por mim. Obrigada por ter me perdoado.

Como resposta, Clotilde deu um beijo na face da filha e lhe disse:

— Agora termine seu lanche, tome um banho e vá se deitar. Precisa descansar.

Selma, cansada, seguiu o conselho da mãe.

Dez dias haviam se passado desde esse acontecimento. Selma, cada dia mais, se entregava ao desânimo, não acreditando que Armando apareceria. Culpava-se pela doença do filho, considerava que tudo acontecia em virtude de seus erros passados e não conseguia se perdoar por se sentir causadora da doença de Felipe.

Certa manhã, Clotilde conversava com a filha tentando levantar sua confiança quando a campainha da porta soou.

— Deixe que eu atendo — disse Clotilde apressando-se.

— É aqui que mora a Selma? — perguntou o rapaz à sua frente.

— Sim — respondeu Clotilde.

— Poderia falar com ela?

Um pouco desconfiada, Clotilde respondeu:

— Claro, vou chamá-la.

Voltando à cozinha onde Selma alimentava Felipe, disse-lhe:
— Selma, está aí fora um rapaz procurando por você.
— Quem é mãe?
— Não sei, minha filha, não o conheço. Mas pelo modo como falou, deve conhecer você. Vá atendê-lo que eu fico com Felipe.

Selma, ao chegar à porta, levou um susto.
— Armando! — exclamou atônita. — É você mesmo? Mal posso acreditar. Deus ouviu as minhas preces — concluiu.
— Como está, Selma? Há quanto tempo não nos vemos! Você está muito bem — concluiu.
— Obrigada, Armando, você também está ótimo. Entre, por favor.

Levou-o até onde estava Clotilde.
— Mãe, este é Armando, o pai de Felipe. Esta é minha mãe e este garotão é o seu filho.
— Muito prazer senhora...
— Clotilde!

Aproximou-se de Felipe. A emoção, ao contrário do que pensara, tomou conta de seu coração. Abriu os braços e disse ao filho:
— Venha me dar um abraço, filho, eu vim até aqui para ser seu pai de verdade. Quero muito que me perdoe. A partir de agora, se sua mãe permitir, quero estar presente na sua vida.

Selma, ao ver o filho abraçado ao pai, não suportou a emoção e a felicidade que invadiu seu ser e, sem tentar esconder, permitiu que lágrimas escorressem pelo seu rosto, dando testemunho de seu sentimento.

— Você presente na vida de Felipe é tudo o que sempre sonhei, Armando. Ele merece conviver com seu pai.

Após a esfuziante demonstração de carinho, Armando sentou-se com Felipe no colo.
— Como ele está? — perguntou.

Selma fez um sinal para sua mãe, que de imediato compreendeu que ela não queria falar perto do filho.

— Vamos com a vovó separar alguns brinquedos para você mostrar para seu pai?

Alegre, a criança pulou do colo de Armando e seguiu a avó.

— Desculpe, mas não acho prudente conversar sobre sua doença na presença dele — disse Selma.

— Você tem razão.

— Ele não está bem, Armando, há tempos vem sofrendo com essa doença, e os médicos disseram que somente um transplante poderá salvá-lo. Não tive outra saída, a não ser apelar para a mídia para tentar encontrar você, que tem grande chance de ser compatível com ele. Como você tomou conhecimento? Pela rádio ou pelo jornal?

— Um colega de trabalho viu a reportagem no jornal, leu a história, viu meu nome e imediatamente entrou em contato comigo. Eu estava viajando a negócios. Assim que soube, antecipei minha volta e vim procurá-la.

— Foi Deus que nos ajudou, Armando. Eu estava desesperada, com medo de perder Felipe, mas agora me sinto confiante e creio que tudo vai dar certo.

— Sei que não é o momento propício, Selma, mas quero lhe dizer que me arrependi muito pelo que fiz com você. Compreendi tardiamente que agi como um canalha quando a tratei daquele jeito. Eu estava cego e coloquei interesses mesquinhos acima do amor que sempre senti por você.

— Por que não me procurou?

— Sinceramente não tive coragem, imaginei que você jamais me perdoaria. Mas, acredite, hoje penso diferente e me envergonho do que fiz. Se você puder, gostaria que me perdoasse.

Selma sorriu.

— Claro que o perdoo, Armando. Como você, eu também me arrependi dos atos levianos que pratiquei com o Léo e, principalmente, com a Cássia. Quanto a ela, procurei-a e, do mesmo jeito que você está me pedindo perdão, pedi a ela. Se me senti feliz por ser perdoada, por que não perdoaria você, que é o pai do meu filho? Todos nós erramos, Armando, você, eu e o Léo. A única inocente nessa história foi a Cássia.

— Quanto ao Léo, você também o procurou para se desculpar?

— Infelizmente não pude fazer isso. Ele morreu há algum tempo, mas pedi perdão a ele nas minhas preces e acredito que ele tenha me perdoado. Oro para que ele tenha encontrado a paz pelo arrependimento.

Armando segurou a mão de Selma e falou:

— Selma, gostaria de lhe dizer que amei você de verdade e ainda a amo. Naquela época, estava com minha cabeça perdida, confusa, querendo me dar bem na vida de qualquer jeito, e de maneira leviana planejei uma maneira que achei fácil de alcançar meu objetivo. Quando você me contou que Léo não assumiria a criança porque sabia que não era filho dele e a expulsou de casa, assustei-me com a gravidez, achando que ela prejudicaria minha meta de conquistar o mundo. Sem medir consequências, tomei atitudes levianas, desastrosas, sem me dar conta dos rastros de dor que poderia ter deixado para trás. Hoje eu sei que fui o principal prejudicado. Perdi você, não vi meu filho nascer, crescer, enfim, só conquistei solidão e arrependimento. Não sei se é válido lhe dizer, depois de tudo o que fiz, que o meu sentimento por você nunca mudou, que hoje o meu desejo é ter você de volta, reconhecer meu filho e formar com vocês dois uma família de verdade. Se a ofendo dizendo isso, desculpe, não fique constrangida em dizer o que realmente pensa, seja o que for vou entender.

Selma não conseguia responder, tamanha era a sua surpresa diante da confissão de Armando. Não conseguia parar de chorar.

— Não consigo traduzir o que representam suas lágrimas — disse Armando.

— Representam alegria e agradecimento a Deus por ter permitido uma nova chance a nós dois. Eu também nunca deixei de amar você, Armando, mas confesso que nunca esperei que um dia pudéssemos nos reencontrar e que fosse ouvir de você o que esperei ouvir naquela época. Nós dois erramos, como já disse, mas acredito que aprendemos muito com o sofrimento, e acho que podemos tentar novamente, dessa vez com mais prudência, com os pés no chão, valorizando o que realmente importa. A enfermidade de Felipe nos deu a oportunidade de nos reencontrar, e creio que pelo sofrimento iremos nos aproximar mais ainda.

— Posso abraçá-la? — perguntou Armando.

— Pode. Não só abraçar, mas também me dar o beijo que espero há tanto tempo.

Clotilde, entrando na sala com Felipe, viu os dois unidos selando com um beijo o reencontro.

— Felipe, é melhor os deixarmos a sós. O que você acha?

Com a vozinha meiga de criança, Felipe respondeu:

— Papai... Mamãe?

— Sim, meu amor, agora você terá ao seu lado o papai e a mamãe. Está feliz?

— Tô — respondeu Felipe, acrescentando: — E a vovó também!

Clotilde abraçou o netinho com todo o amor.

Depois de todos os exames feitos, veio a confirmação de que Armando era realmente compatível, podendo ser o doador. A esperança se firmava no coração de Selma, Armando e Clotilde. A paz parecia estar voltando à vida de todos. Enquanto aguardava os procedimentos ficarem prontos para a cirurgia, Armando retornara à capital para resolver os negócios que haviam ficado pendentes desde a sua partida. Ficara acertado que ele continuaria trabalhando na mesma empresa e retornaria para casa nos fins de semana.

Selma não colocara nenhum obstáculo nas decisões de Armando. Tudo caminhava para a felicidade de ambos. No dia da internação de Felipe, Selma e Armando se abraçaram e juntos oraram ao Senhor:

Senhor Jesus, amigo misericordioso, dirija Teus olhos até onde nos encontramos e compadeça-se de nós e de nossas misérias. Ajude-nos a encontrar nossas verdades dentro do nosso ser. Muitas vezes nos perdemos em desesperanças, confusões, erros e ansiedades; agimos com imprudência e leviandade, mas Te pedimos que nos traga de volta para a verdade que nos faz crescer aos teus olhos. Se nos julgar merecedores, permita que nosso filho se salve, dê-nos a alegria de abraçá-lo novamente e guiá-lo pela vida com a dignidade que o fará verdadeiramente filho de Deus. Assim seja, Jesus!

Se acreditamos firmemente na palavra de Deus, nos ensinamentos que Jesus nos deixou, não devemos nos amedrontar diante das dificuldades que enfrentamos na nossa caminhada neste mundo físico, ao contrário, precisamos tirar dessa dificuldade o alento, a força para prosseguirmos; tentar encontrar a mensagem contida nesses obstáculos. Só aprendemos quando encontramos empecilhos, porque, ao tentar vencê-los, estamos promovendo nossa própria evolução.

Tudo aconteceu dentro dos planos de Deus.

A cirurgia foi um sucesso e Felipe voltou a ser criança novamente; sorrindo e brincando na companhia de seus pais. Armando se sentia pai duas vezes. A felicidade de ver seu filho curado e a certeza de que tudo acontecera pela bênção e misericórdia de Deus fez com que ele e Selma se motivassem a levar até as crianças que passavam seus dias internadas em hospitais, à espera de cura para a enfermidade que as prendia ao leito, a alegria, o carinho e a palavra de consolo que colocavam nos brinquedos que despertavam o sorriso infantil.

Mais uma vez o encontro anulou o desencontro. Mais uma vez o bem se projetou forte e verdadeiro, mostrando a todos os homens a responsabilidade que têm para consigo mesmos, para com o mundo tão cheio de maldades, malquerenças, angústias e desatinos e, principalmente, para com Deus. É preciso não deixar morrer a esperança de um mundo melhor, mais humano, fraterno e espiritualizado. Se o homem continuar alimentando a leviandade de costumes negativos, preso em si mesmo pelo egoísmo e se afundando em prazeres físicos desregrados, como bebidas, fumo, drogas, orgias sexuais e a ambição de tudo querer possuir mesmo que por meio da violência, em que o mundo vai se transformar daqui a alguns poucos anos? O que o homem vai ver à sua volta? Os velhos verão com desilusão a humanidade se digladiando para satisfazer a cobiça do dinheiro e do poder. As crianças verão a perda da esperança de serem felizes e amadas em um mundo de amor e solidariedade. Os jovens se perderão nos próprios desatinos.

Ser cristão, ser bom, não implica esquecer totalmente as satisfações do mundo material, é preciso apenas ser regrado, coerente, humano e saudável.

Pode-se auxiliar o próximo sem que, com isso, seja necessário esquecer completamente de si mesmo. E pode-se lembrar de si mesmo sem que seja preciso se esquecer do próximo, porque somos um todo sem que deixemos de ser um.

Não se pode ter vergonha de ser bom nem fingir que não temos necessidade de Deus em nossa vida. Necessário se faz construir o mundo do futuro, aquele onde os homens terão consciência de que o bem se faz aqui e a recompensa se dará na vida depois de amanhã.

Armando e Selma aprenderam que nenhum ser vem ao mundo físico para aprender a ser amado, e sim para aprender a amar, respeitar e desejar para o próximo o bem que deseja para si.

Dentro dessa consciência, arrependeram-se, perdoaram-se e a felicidade se fez em suas vidas.

Capítulo 22

A oportunidade de reajuste de Léo

Léo foi chamado para uma entrevista com o responsável pelo Departamento Reencarnatório. Durante todo o tempo em que estivera afastado de Orlando, em outro educandário, aprendera muito sobre o significado do verdadeiro amor, o respeito que se deve ter para com o semelhante, enfim, aprendera sobre o que na verdade é a evolução.

Acalmara seu espírito e ansiava por nova oportunidade de aprendizado no planeta Terra. Não se culpava mais, pois sabia que teria outra chance para reparar o mal que causara àquela que tanto fizera sofrer. Já havia sido comunicado sobre a prova pela qual teria de passar e aceitara prontamente, confiante em que estava preparado para vencer e não cair novamente nos mesmos erros do passado. Sabia que teria de enfrentar séria doença respiratória, consequência do seu enforcamento, mas não se importava. O que realmente queria era reconciliar-se com Cássia.

Assim que Léo chegou ao Departamento, encontrou-se com o responsável, que de imediato lhe perguntou:

— Acha-se preparado, Léo, para enfrentar a prova que você mesmo escolheu?

— Acredito que sim, meu irmão.

— Chegará à Terra por intermédio de uma irmã que, assim que você nascer, vai abandoná-lo, com medo de enfrentar a sociedade como mãe solteira. Ela vai deixá-lo na porta de um orfanato, onde permanecerá até os três anos. Você será uma criança muito doente e franzina, em razão das lesões do seu perispírito, e precisará de sérios cuidados até o último dia de sua permanência na Terra. Assim que completar três anos, se encontrará com Cássia, que, visitando o orfanato junto com seu esposo, ficará encantada com você, sensibilizada com seus olhos tristes, e o levará para sua casa, adotando-o como filho. Você será amado por todos como filho verdadeiro e, por meio desse amor recebido durante toda a sua vida, nascerá em você o sentimento do amor pleno, o reconhecimento do bem e da verdade. Você conhecerá Jesus pela Doutrina Espírita, que seus futuros pais adotivos militam com sabedoria e prudência. Essa encarnação será a grande oportunidade do seu espírito se sensibilizar, limpar seu coração do orgulho e egoísmo que sempre geraram em você atitudes desastrosas, levando-o a praticar desatinos, e aprenderá a amar e respeitar seu semelhante. Se souber levar sua vida dentro dos padrões éticos morais e espirituais, retornará vitorioso, reconciliado com as leis divinas, com Cássia e consigo mesmo.

— Quando vou poder retribuir a ela o bem recebido?

— Quando completar dezoito anos, Cássia sofrerá de uma doença que a deixará na cama por tempo longo, e será você quem cuidará dela, retribuindo com amor o amor recebido. Lembre-se, Léo, tudo dependerá exclusivamente de você. Geralmente, o espírito permanece mais tempo na erraticidade. Foi-lhe concedido o retorno porque o Mais Alto considerou ser útil para você seu encontro com Cássia, portanto, não desperdice essa oportunidade recebida, faça de tudo para essa encarnação dar certo.

— Tudo é pensado na espiritualidade, não?

— Tudo é pensado com o intuito de auxiliar aquele que parte, mas sempre dependerá de cada um comemorar a vitória ou cair na derrota; consequências das escolhas que fizer. Deus respeita o livre--arbítrio de cada um.

O espírito tem consciência e previsão do que lhe vai acontecer durante a vida?
Ele mesmo escolhe o gênero de provas que deseja sofrer; nisso consiste o seu livre-arbítrio.

— *Se o espírito escolhe o gênero de provas que deve sofrer, todas as tribulações da vida foram previstas e escolhidas por nós?*

Todas não é bem o termo, pois não se pode dizer que escolhestes e previstes tudo o que vos acontece no mundo, até as menores coisas. Escolhestes o gênero de provas, os detalhes são consequências da posição escolhida e frequentemente de vossas próprias ações. Os detalhes nascem das circunstâncias e da força das coisas. Só os grandes acontecimentos, que influem no destino, estão previstos. (O Livro dos Espíritos, Cap. VI, Item V.)

— O que vai acontecer comigo agora? — perguntou Léo impaciente.

— Elimine sua ansiedade, Léo, pois não lhe fará bem. Agora o momento é de se comunicar com Jesus, deixar o espírito livre para se encontrar com nosso Divino Amigo. Despeça-se de seus amigos, pois amanhã será transportado para junto de sua mãe biológica e ligado ao corpo que lhe servirá de abrigo. Daqui a alguns meses abrirá seus olhos no mundo físico. Não tenha medo e não recue, tudo será feito para sua evolução.

Despedindo-se do orientador, Léo seguiu Tomás, que o encaminhou até onde se encontrava Jacob, Eneida e Orlando, com a finalidade de permitir-lhe despedir-se dos amigos que tanto o ajudaram.

Léo acompanhava Tomás sentindo-se apreensivo, com receio de não conseguir cumprir sua tarefa de evolução.

Assim que chegaram, todos vieram cumprimentá-lo e desejar sucesso na nova oportunidade que Jesus lhe concedia. Orlando foi o primeiro a se dirigir a ele:

— Então quer dizer que vai ser meu neto postiço, Léo? Isso me causa muita alegria. Sei que conseguirá vencer. Terá ao seu lado um espírito valoroso que o ajudará na conquista das virtudes, e nas horas de desalento terá o suporte necessário para transpor as dificuldades que surgirem. Se me for permitido, acompanharei sua caminhada inspirando-lhe a paciência e lembrando-lhe que acima de nós existe o ser da bondade. Que nosso Divino Amigo o acompanhe e proteja!

— Obrigado, Orlando, por sua compreensão dos meus erros, por me aceitar e perdoar de coração, com sinceridade. Essa atitude me dá mais força e vontade de me transformar em um ser do bem.

— Desejo-lhe o mesmo, Léo, sabedoria para fazer as escolhas certas, escolhas do bem e do amor. Que seus passos marquem definitivamente o que lhe vai no coração.

— Obrigado, Eneida, cuide de mim para que eu possa acertar.

Jacob, mais experiente no tratamento daqueles que retornam à Terra, disse-lhe:

— Léo, o conhecimento da verdade nos torna seres mais alegres e mais felizes, porque nos dá condições de distinguir o bem do mal. E quem conhece a verdade abriga Jesus no coração, e o Divino Amigo dá a paz que nos proporciona a felicidade que esperamos. Você conhece a verdade, sofreu para encontrá-la, portanto, lute para que nada o afaste dela. Tentações acontecerão, e terá de vencer as dificuldades por conta da enfermidade que enfrentará, mas, se permitir a presença de Jesus em seu coração, conquistará a coragem que se fará necessária e a paz que vai adquirir pela transformação da sua alma, porque tudo se consegue por merecimento.

Léo, emocionado, disse a Jacob:

— Posso abraçá-lo?

— Claro, meu irmão!

— Abraçaram-se, despedindo-se temporariamente.

— Siga com Jesus, meu irmão, todos estarão enviando energia positiva para você e aguardando o reencontro que novamente se dará no reino de Deus.

— Vamos, Léo — disse Tomás.

— Estou pronto — respondeu Léo confiante.

Logo ao amanhecer do novo dia, Léo foi levado para junto daquela que seria sua mãe biológica.

A alma que não atingiu a perfeição durante a vida corpórea acaba de se depurar submetendo-se à prova de uma nova existência.

— Qual a finalidade da reencarnação?

— Expiação, melhoramento progressivo da humanidade. Sem isso, onde estaria a justiça?

— Todos os espíritos tendem à perfeição, e Deus lhes proporciona os meios de consegui-la com as provas da vida corpórea. Mas, na sua justiça, permite-lhes realizar, em novas existências, aquilo que não puderam fazer ou acabar numa primeira prova.

A doutrina da reencarnação, que consiste em admitir para o homem muitas existências sucessivas, é a única que corresponde à ideia da justiça de Deus com respeito aos homens de condição moral inferior; a única que pode explicar o nosso futuro e fundamentar as nossas esperanças, pois nos oferece os meios de resgatarmos os nossos erros através de novas provas. A razão assim nos diz, e é o que os Espíritos nos ensinam.

Qual é aquele que, no fim de sua carreira, não lamenta ter adquirido demasiado tarde uma experiência que já não pode aproveitar? Pois esta experiência tardia não estará perdida: ele a aproveitará numa nova existência. (O Livro dos Espíritos, Cap. IV, Item II.)

Passados os meses necessários, Léo deu entrada no mundo físico trazendo plasmado em sua alma o desprezo de sua mãe, que, se negando a ficar com a criança, em menos de vinte e quatro horas o deixa enroladinho em um cobertor no portão de um orfanato.

Ao ser resgatado por uma funcionária, ela percebeu de imediato a dificuldade para respirar do recém-nascido e levou-o ao médico, que constatou irregularidades em seu sistema respiratório, deixando-o internado em um hospital municipal. Um mês depois, deixando o hospital, foi levado ao orfanato onde carinhosamente recebeu o nome de Bernardo. Após incansável procura, sua mãe não fora encontrada. Iniciava-se, assim, a caminhada de Léo na sua nova existência na Terra. Esperaria, ao lado de outras tantas crianças cujas mães as renegaram, pelo dia em que Cássia o encontraria e abriria seus braços para aconchegá-lo no amor materno.

Quantas mulheres sofrem a desilusão de não poder ser mães e realizar o desejo mais concreto e sublime que abrigamos em nosso coração, que é poder formar em nossas entranhas um pedacinho de nós, a continuação de nossa vida, dando oportunidade para que Espíritos se introduzam no mundo terreno pela reencarnação, para evoluírem, e conceber no mundo físico o ser que amamos e queremos junto de nós?

Quantas mulheres, algumas sem causa aparente, não conseguem engravidar, consultando os mais variados médicos e ouvindo sempre a mesma resposta? Quanta dor e amargura

sentem essas irmãs, na frustração de não conseguirem realizar o sonho?
Por que será que isso acontece?! Por que algumas se realizam pela maternidade enquanto outras sofrem o desengano? A resposta, meus irmãos, quando não a temos na vida presente, encontramo-la em outras reencarnações: é a lei de causa e efeito. Deus é justo e sábio, e toda ação provoca uma reação. Hoje sofremos pelos erros que nós próprios cometemos em outra existência física. É a lei de Deus, porque, se assim não fosse, Deus cometeria injustiça ao dar a alegria da maternidade a algumas e negar esta mesma alegria e felicidade a outras.

Mas, se Deus achou necessário que passássemos por esta prova de não realizarmos o sonho de ser mãe, colocou também em nosso caminho oportunidades para que pudéssemos exercitar o ato de amor. Quantas mães sem filhos, e quantos filhos sem mães! Quantas crianças ansiando por um lar, um colo protetor, uma repreensão de amor, alguém que esteja sempre ao seu lado durante sua trajetória na Terra!

Por que não trazer para nós estas crianças que nos pedem um lar? Por que não adotar uma criança, quando o coração anseia por um filho? Será que somos tão pequenos que nos tornamos incapazes de transformar nosso coração em útero e receber o filho do amor que transcende, transformando-o pelos laços sagrados da fraternidade e do instinto maternal em nosso filho verdadeiro?

Não sabemos se a criança que chega até nós pedindo um lar, uma família para que se faça o alicerce que a conduzirá na vida terrena, não foi, em outra existência, alguém muito querido nosso; alguém a quem prejudicamos ou mesmo um filho que matamos pelo aborto e que retorna aos nossos braços através da caridade que podemos fazer.

Quantos lares vazios e quantas crianças sem lar!

Quantos sonhos acalentados nesses coraçõezinhos abandonados podemos realizar, se abrirmos nosso coração para o amor ao próximo! Quanta felicidade para nós e para os pequenos seres que anseiam por existirem dignamente! Muitos sentem medo por acreditarem que poderão sofrer com os filhos adotivos, e não querem ter problemas. Outros, se já sofrem, julgam que se fossem filhos biológicos isto não aconteceria. Engano, meus irmãos, puro engano. O sofrimento que porventura acontecer estará apenas seguindo o seu curso normal de resgate e evolução.

Os compromissos que assumimos com nossos irmãos, mais cedo ou mais tarde serão cobrados, para que a evolução espiritual se processe. Não se pode evoluir na espiritualidade deixando velhas contas para trás. Tudo precisa ser reajustado para que nossos inimigos de outrora se transformem em nossos amigos de hoje. Somente assim estaremos livres para prosseguirmos na nossa caminhada em direção a Cristo.

Não tenham medo de serem bons; não sintam vergonha de amar, de aconchegar em seus braços os filhos que, por intermédio de outras irmãs, Deus enviou a vocês.

O que realmente temos de nosso, o que nos pertence verdadeiramente são nossos sentimentos. É a nossa capacidade de nos desprender do eu para nos dedicar ao nós.

Necessário se faz levantar a bandeira do bem tão alto para que nenhum mal possa alcançá-la. (Falando de amor, Irmão Ivo.)

Filho Adotivo
Estou só.
Sinto no peito o amargor da solidão.
Quero sentir junto às minhas
O calor de tuas mãozinhas quentes e macias,

Transmitindo-me confiança e união.
Sei que não nascestes de mim,
Do meu útero, mas vive dentro do meu coração.
És meu, porque és filho do meu Espírito,
E do meu amor.
Preciso de ti mais do que precisas de mim.
Adotivo... Não, verdadeiro,
Como verdadeira é essa alegria,
De estreitar-te em meus braços,
Apertar-te em meu peito
E agradecer a Deus por teres vindo até onde estou,
Para que nós,
Mãe e filho,
Nos tornássemos apenas... Um! (Sônia Tozzi.)

Todo sacrifício pessoal, tendo em vista o bem e sem qualquer ideia egoísta, eleva o homem acima da sua condição material. (Allan Kardec.)

Capítulo 23

Um ato de amor: a adoção

A algazarra de Junior e Roberto, que todos chamavam carinhosamente de Betinho, enchia a casa de Antonieta de vida e alegria. Brincavam com o entusiasmo de seus poucos anos, deixando as duas avós e seus pais felizes e agradecidos a Deus pela vida venturosa que levavam.

Cássia entrou na sala trazendo em seu colo Maurício, o caçula, que apenas iniciava seus primeiros passos.

— Crianças, com essa algazarra toda acordaram seu irmão. Por que não brincam no jardim?

Cada um pegou o que lhe interessava e foi correndo para fora de casa brincar no gramado.

— Mãe, às vezes nem acredito que realizei meu sonho, que tenho ao meu lado três filhos saudáveis, felizes e um marido digno que me ama.

— É, filha, os sofrimentos não são eternos, um dia eles acabam e aquele que for sábio aproveita a trégua e constrói nova história. É preciso saber aproveitar as oportunidades que Deus nos envia, sair da autocompaixão, somente assim ressurgiremos das cinzas da dor.

Antonieta pensou e concluiu:

— Cássia, há algum tempo ouvi no Centro Espírita uma palestra cujo palestrante dizia o seguinte:

"Certa vez, um bom homem ganhou uma muda de planta bem tenra e verdinha de um amigo querido. Com todo o cuidado, levou a plantinha para casa.

"Preparou o terreno arando uma parte do canteiro, adubou devidamente e só depois de bem umedecido colocou a plantinha no solo. Para garantir que ela ficaria firme, fincou um cabo de vassoura para servir de apoio.

"Diariamente, regava com carinho a sua planta, mas, apesar de sua atenção, a planta morreu depois de algum tempo.

"Dias depois, passando pelo jardim, o homem lançou um olhar despretensioso para o local e teve uma grande surpresa: o cabo de vassoura tinha brotado!"

"Agora eu pergunto a você, minha filha. Quem é você: a plantinha que não soube aproveitar tudo o que lhe fora ofertado ou o cabo de vassoura, que oportunamente aproveitou a fertilidade e umidade do solo para ressurgir? Vejo-a como o cabo de vassoura, Cássia. Você aproveitou o sofrimento e cresceu por meio da dor, fortaleceu-se e construiu uma nova edificação com a pessoa que Jesus colocou em seu caminho e, por conta disso, da sua fé e por acreditar que sempre podemos ser felizes, visto que nenhum sofrimento dura para sempre, fez a opção mais acertada e hoje agasalha em seu braços os frutos do seu sonho."

— É, mãe, em algum momento deixei de acreditar que tudo daria certo para mim, mas a chegada de Frank em minha vida fez renascer a certeza de que eu poderia ser feliz novamente. Hoje, quando observo meus três filhos tão lindos, saudáveis e que me trazem tanta alegria, confesso à senhora que sinto até vontade de ter outro filho.

— Ouvi a palavra engravidar? — disse Frank, aproximando-se.

— Não, eu não disse a palavra engravidar — explicou Cássia. — Eu disse ter outro filho.

— Não é a mesma coisa? — perguntou Frank.

— Não, meu amor, não é a mesma coisa, pelo menos para mim.

— O que quer dizer, Cássia?

— Quero dizer que sinto dentro de mim um forte desejo de adotar uma criança. O que você acha?

— Querida, apoio tudo o que deseja fazer, apenas acho que nosso caçula é ainda muito novo, tem apenas um ano. Seria uma tarefa árdua cuidar de duas crianças pequenas.

— Frank, não tenho a intenção de adotar um bebê. Gostaria que fosse uma criança um pouco maior, mais ou menos com três ou quatro anos.

Antonieta e Frank se espantaram.

— O que você está dizendo, minha filha? — perguntou Antonieta. — Por que isso agora?

— Mãe, pode parecer loucura, mas de uns tempos para cá tenho pensado muito nessa possibilidade.

— De onde vem esse súbito desejo de adotar outra criança, Cássia, nossos três filhos não a satisfazem? — perguntou Frank.

— Meu amor, é óbvio que me satisfazem e só me dão alegria e prazer; mas é por isso mesmo que penso em adotar.

— Não estou lhe entendendo, Cássia, desculpe-me, mas não vejo relação alguma.

— Frank, nossos filhos são saudáveis, bonitos, inteligentes. Damos a eles tudo o que necessitam para terem uma vida equilibrada e prazerosa. Entretanto, penso em quantas crianças vivem em abandono, sem carinho maternal, sem uma cama sua, sem nada seu de verdade. A maneira que encontro de agradecer a tantas bênçãos que recebemos de Deus é contribuir com um grão de areia na imensidão do mar e proporcionar a uma criança a realização de seu sonho. Você, mais do que ninguém, Frank, deve saber o que é ser filho do coração generoso de alguém.

Antonieta e Frank olharam-se admirados com as palavras caridosas de Cássia.

— Você é mesmo muito especial, Cássia, e eu a amo cada dia mais pelo seu coração generoso.

— Eu também o amo, Frank, e agradeço o seu apoio.

— Como e quando você pretende tomar essa atitude, Cássia? — perguntou Antonieta.

— Estive pensando em ir até o orfanato da cidade vizinha. Sei que lá estão muitas crianças à espera de pais. Se vocês concordarem, poderemos ir no próximo domingo. O que acham?

— Está certo, meu amor, iremos todos no domingo.

— E você, Sabina, até agora não disse nada sobre o que acha.

— O que poderia dizer, Cássia, senão que pode contar comigo para o que precisar? Ajudarei, como sempre fiz, a cuidar das crianças, e não existirá no meu coração diferença alguma entre elas.

— Sabia que podia contar com você, minha querida amiga, mãe e sogra!

— Sempre poderá contar comigo, Cássia, seja para o que for.

Orlando, que tudo presenciara ao lado de Jacob e Eneida, disse:

— Jacob, esse desejo de Cássia de adotar uma criança nasceu de uma inspiração do Mais Alto?

— Sim, Orlando, é chegado o momento de se cumprir o que foi estabelecido. Bernardo já completou três anos e é hora do seu encontro com Cássia.

— E se ela não se agradar dele e quiser outra criança, o que poderá acontecer?

— Orlando, espere e verá. Cássia é um espírito nobre, sensível e disposto a praticar o bem. Ao se encontrar com Bernardo, seu coração vai sentir, por meio da nossa inspiração, que ele é a criança destinada a ela, e o previsto acontecerá.

"O que necessitamos fazer é inspirar os encarnados, guiando-os para o bem. A humanidade está se perdendo. As pessoas procuram e pedem a paz e, no entanto, esquecem-se de reavaliar suas posturas diante da vida e perante Deus. Desejam a paz e iniciam guerras; desejam a paz e fecham os olhos para a miséria que atinge tantos irmãos; jamais a humanidade terá paz se cada um dos encarnados continuar permitindo que sua vida gire em torno da satisfação dos próprios desejos. Os homens gostam do brilho da opulência terrena, brilho esse que se apaga assim que seus olhos se fecham para a matéria e se abrem para a espiritualidade. Somente quando o bem e o amor se instalarem na Terra definitivamente, como os sentimentos maiores da alma humana, os encarnados poderão usufruir da paz que tanto almejam. Antes de isso acontecer, terão de amargar a dor de sua própria imprudência ao abrigar em seus corações o orgulho e o egoísmo como senhores absolutos.

— Essa é a tarefa dos bons espíritos: inspirar os homens sempre na direção do bem.

— Isso mesmo, Orlando. Alguns, como Cássia, são alunos fáceis porque já trazem no coração a marca da bondade. Entretanto, outros se tornam portas fechadas difíceis de abrir, e Jesus não arromba o coração de ninguém, espera sempre ser convidado.

— É o respeito ao livre-arbítrio, não é mesmo, Jacob?

— Sim. Praticar o bem, Orlando, é colocar em movimento as forças da alma, dizem nossos mestres. Sábio é aquele que consegue entender isso.

No orfanato, Bernardo seguia seus dias sem nenhum entusiasmo. Era uma criança triste, quase não falava, agia como se nada importasse. Estava sempre isolado das outras crianças, com os olhinhos infantis perdidos ao longe, passando a impressão de estar à espera de que alguma coisa acontecesse e desse a ele motivo para sorrir.

Dificilmente se misturava com as outras crianças, e sempre recusava o convite para brincar. Sua preferência era estar sempre só.

— O comportamento de Bernardo não condiz com o de uma criança de apenas três anos — diziam as funcionárias do orfanato.

— Talvez seja porque está sempre doente.

— É verdade, está sempre precisando de internação no hospital, e isso deve deixá-lo estressado.

— Tenho um carinho muito grande por ele — dizia outra. — Dói meu coração ver uma criança assim tão apática. Não é comum.

— O que mais me entristece é saber que será muito difícil conseguir uma família para adotá-lo. Já está crescidinho, não possui boa saúde e tem dificuldade para se comunicar.

— Concordo com você, não vai ser fácil. Provavelmente, passará toda a sua infância aqui e, ao chegar à idade adulta, só Deus sabe o que poderá acontecer.

— O que podemos fazer, por enquanto, é tratá-lo com carinho. Se ele se sentir seguro afetivamente, pode ser que modifique seu comportamento.

Afastaram-se, dando uma última olhada na direção de Bernardo, que se distraía com um pequeno carrinho.

O domingo tão esperado por Cássia finalmente chegou.

Animada, arrumou as crianças, que se divertiam, dizendo que iam "comprar" um irmãozinho.

— Filhos, cheguem aqui perto da mamãe.

Aos tropeços, Junior e Betinho correram derrubando Maurício, que nos seus passos ainda vacilantes não conseguia acompanhar os irmãos. Frank correu a levantá-lo, entregando-o a Cássia, que carinhosamente o abraçou, colocando-o em seu colo. Beijando seus olhinhos úmidos, disse-lhe:

— Não chore, meu amor, já passou. Fique aqui no colinho da mamãe.

— Nós já vamos comprar nosso irmãozinho, mamãe? — perguntou Junior. — Eu quero escolher, tá bom?

— Filho, você e Betinho já têm condições de entender o que a mamãe vai explicar para vocês.

Interessado, Betinho respondeu:

— Pode falar, mamãe.

— Nós não vamos comprar um irmãozinho para vocês.

— Não? — exclamaram juntos Junior e Betinho. — Por quê?

— Porque não se compra pessoas. As pessoas que amamos nós as trazemos para perto de nós. Nós vamos buscar o irmãozinho que Jesus deixou em outro lugar, mas que vai fazer parte da nossa família, mesmo não nascendo da barriga da mamãe, como vocês.

— Como Jesus sabia que você ia buscá-lo?

— Porque Jesus sabe de todas as coisas, conhece todos nós, confiou na mamãe, no papai, em vocês e nas duas vovós. Sabe que iremos amá-lo muito, que ele será de verdade um irmãozinho para vocês, e é como tal que devem tratá-lo.

— Eu gosto dele — disse Betinho entusiasmado.

— Eu também, seu bobo, pensa que é só você que gosta dele?

Maurício, encostadinho no peito de sua mãe, adormeceu alheio a tudo o que falavam.

— Ele já vem hoje mesmo conosco, mamãe?

— Não, hoje não. Ainda demora um pouco.

— Por quê?

— Hoje mamãe vai conhecê-lo e sentir se ele também gosta de nós. Depois, o papai e a mamãe vão conversar com as pessoas responsáveis por ele. Somente quando o juiz considerar que está tudo bem ele virá morar conosco. Isso vai demorar um pouco, é preciso ter paciência.

Desapontado, Junior disse:

— Que pena, pensei que quando a gente voltasse eu ia poder jogar bola com ele.

Cássia e Frank acharam graça da ingenuidade do filho.

— Você vai poder jogar muita bola com ele, mas no momento certo, quando tudo estiver legalmente resolvido. Demora um pouquinho, filho, o tempo necessário para que todas as providências sejam tomadas. Precisamos arrumar um quarto para ele, vocês não acham?

— Vou dar meu carrinho para ele, tenho muitos — exclamou Betinho.

— Jesus fica feliz de ouvi-lo falar assim, filho, mamãe e papai também.

— Eu também, mamãe, vou dar uns brinquedos para ele — disse Junior não querendo ficar para trás.

— Que bom, filho, Jesus está contente com você também — respondeu Cássia sorrindo.

Capítulo 24

❧ · ❦

O reconhecimento das almas

Orlando se sentia feliz ao ver sua querida filha tão equilibrada e consciente da missão que cada um traz para cumprir na Terra. Era um espírito valoroso, forte, confiava nas inspirações benfazejas que sentia e trazia em seu coração a certeza de que todo o bem vem de Deus. Acreditava na bondade divina e, em vista disso, não se amedrontava diante das dificuldades que aparecem na vida de todos os encarnados, inclusive na sua própria.

— Mas nem sempre ela foi assim, Jacob — dizia ao seu amigo.

— É verdade, Orlando, mas sábio é aquele que se fortalece com os tombos e as aflições que a vida lhe causa. Cássia aprendeu a tirar a mensagem contida nesses obstáculos, cresceu e se firmou como verdadeira criatura de Deus. Hoje, acalenta a caridade e o amor ao próximo em seu coração. Felizes aqueles que trabalham em nome de Jesus com desinteresse e sem outro motivo senão o de auxiliar o próximo.

— Tudo o que se quer ensinar ao semelhante precisa, antes, ser bem aprendido e exercitado para que o outro aprenda pelo exemplo — disse Orlando.

— Tem razão, Orlando. É preciso saber perdoar para falar de perdão ao semelhante. Aquele que busca a paz interior precisa aprender a calar em seu coração a inveja e a discórdia para que a paz floresça, fruto do amor na sua expressão mais pura.

— Esses aprendizados, essa evolução, só podemos conseguir com a reencarnação, não é assim, Jacob? Viver novamente situações que poderão abrir os nossos olhos para a verdade?

— Orlando, a reencarnação está fundamentada na incontestável justiça de Deus, que nos concede nova oportunidade para resgatar nossas dívidas, saldar os compromissos assumidos com o mundo espiritual, enfim, desculpar-nos perante as pessoas que de maneira imprudente prejudicamos no pretérito.

"Todos os nossos atos praticados por pensamentos, palavras e obras, em vidas anteriores, acarretam para nós venturas ou desgraças, na proporção do bem ou do mal que deles resultou. Portanto, seus efeitos vão atuar posteriormente na felicidade, na vontade, nos desejos ou no caráter do homem em vidas futuras. Esta é a lei do carma, o que quer dizer a lei de causa e efeito.

"Quanto mais elevado se torna o espírito, menores se tornam suas necessidades materiais. Os seus desejos sem tornam menos grosseiros, a sua purificação reflete-se na sua perfeição moral, nos seus sentimentos cada vez mais puros e mais fraternos. Se sabemos que estamos aqui para depurar o nosso espírito; se temos consciência de encontrar em nosso caminho pessoas a quem, de uma forma ou de outra, devemos alguma coisa, vamos procurar ser mais pacientes, mais generosos, mais compreensivos e solidários com o próximo.

"O importante", concluiu Jacob, "é viver de uma maneira em que não tenhamos medo de encarar a morte, porque acreditamos na vida futura e sabemos que para o homem de bem o despertar é sempre tranquilo. A vida que nos espera no mundo espiritual é consequência da vida que construímos aqui na Terra".

— Vai ser importante para Léo a convivência com Cássia; estar ao lado dela, receber seu carinho e amor maternal. Isso acalmará seu espírito?

— Sem sombra de dúvida, Orlando. Você presenciou a angústia dele, o desejo de retornar e dar a ela o amor que negou no passado. Agora só dependerá dele cumprir ou não o seu propósito.

— Cássia o ajudará e lhe dará o suporte necessário para sair vitorioso.

— Vamos, agora, acompanhá-los até o orfanato.

Assim que o carro de Frank parou em frente ao casarão quase que totalmente encoberto com frondosas árvores e imensos jardins, puderam ouvir o som das vozes infantis e as risadas que cortavam os ares.

— Que lugar agradável! — disse Sabina. — Muito bem cuidado.

— Tem razão, muito bonito o lugar — concordou Antonieta, que, segurando Maurício no colo, deu-lhe um beijo e completou.

— É uma pena que a beleza seja somente exterior. Lá dentro deve existir a solidão, mesmo em meio a tantas risadas.

— O que está dizendo, Antonieta? — perguntou Sabina.

— Estou dizendo que, por mais que se faça para compensar a indiferença em que vivem essas crianças, ela sempre existirá. Sabe por que, Sabina? Porque o sentimento de abandono está dentro do coração de cada um desses pequenos órfãos, a maioria deles com pais vivos.

— Vamos ver as coisas pelo lado melhor, mãe — disse Cássia.

— Sempre existe quem seja sensível ao sorriso ou à lágrima de uma criança. Este orfanato é muito bem conduzido. São pessoas capacitadas para oferecer aos menores o suporte que precisam para administrarem melhor sua posição na sociedade. As informações foram as melhores. As pessoas de boa vontade acabam fazendo o que podem, mãe. Mas é verdade que tirar de dentro de si a mágoa por ter sido desprezado pelos pais ou pela família é uma tarefa que cabe a cada um.

— Vamos tocar a campainha — disse Frank.

Uma senhora simpática, de aparência amistosa, abriu a porta e, sabendo das intenções do casal, convidou-os a entrar.

— Fiquem à vontade — disse. — Vou chamar nossa diretora para atendê-los.

Assim que entraram na sala de espera, repararam na simplicidade do ambiente e na limpeza impecável. Apenas alguns objetos decorativos, algumas plantas e um painel que exibia desenhos feitos pelas crianças.

— Realmente é um lugar agradável, percebe-se no esmero com o qual as coisas são cuidadas — disse Frank.

Cássia ia responder quando foi interrompida com a chegada da diretora.

— Muito prazer! — disse dona Jussara. — Sou a diretora do orfanato e tenho muito prazer em recebê-los. Espero que fiquem à vontade. Em que posso ser útil?

Cássia, adiantando-se aos demais, respondeu:

— Dona Jussara, eu e meu marido estamos com a intenção de adotar uma criança e fomos informados sobre este orfanato. Gostaríamos que a senhora nos desse informações sobre o procedimento nesse caso. Por onde devemos começar, enfim, o que devemos fazer?

Jussara olhou-os de cima a baixo.

— Vejo que o casal já tem filhos, estou certa?

— Está. São nossos filhos, Junior, Roberto e Maurício. Este é Frank, meu marido, minha mãe e minha sogra.

— Possui uma bela família, filhos lindos.

— Obrigada.

— Mas diga-me o que a faz querer adotar uma criança, se já possui três filhos? Não acha suficiente os que já tem? O senhor concorda com sua esposa?

— Claro, quero tanto quanto ela, senhora.

— Desculpem-me questionar, mas é difícil aparecer casais com filhos, principalmente três, querendo adotar mais um. Geralmente, são casais que, por algum motivo, a esposa não consegue engravidar.

— Entendemos sua estranheza, dona Jussara, mas achamos que podemos amar tanto quanto os nossos o filho que vier pelo coração — respondeu Cássia.

— E nós também estamos ansiosas para abraçar outro netinho — disse Sabina.

— Ela tem razão, estamos mesmo — reafirmou Antonieta.

— Desculpem-me mais uma vez, mas estou realmente impressionada com a certeza com que falam a respeito. Noto que é uma decisão bem pensada, e é assim que deve ser.

— Podemos conhecer o orfanato?

— Claro que sim — respondeu Jussara. — Gostaria, em primeiro lugar, que preenchesse uma ficha com os dados da criança que desejam, provavelmente um bebê, claro, saudável etc. Depois vamos ver se temos alguma que preenche os requisitos que os candidatos exigem.

Cássia notou certo ar de cinismo na voz de Jussara.

Não gostando do que ouviu, respondeu em seguida:

— Dona Jussara, compreendo que a senhora deva estar acostumada com pessoas que não querem um filho, e sim alguém para preencher um vazio em sua vida, alguém que possam exibir para a família, os amigos e que prove para os outros o quanto são generosas. Mas esse não é o nosso caso. Nós não vamos preencher a ficha de aspecto físico, de aparência, porque isso não nos importa. Estamos falando de pessoas, e não de bonecos. Nós queremos um filho, e que ele tenha a aparência que tiver, porque o que vai importar é a afinidade que iremos sentir um com o outro. A senhora me desculpe, mas gosto de expor meus sentimentos.

— Nada tenho que desculpar — disse Jussara. — Ao contrário, sinto em vocês o desejo verdadeiro, aquele que coloca o amor em primeiro lugar, que não escolhe, mas aceita a criança como ela é. Feliz a criança que será escolhida, terá um verdadeiro lar com pais de verdade.

— Podemos ir até o pátio? — perguntou Antonieta um pouco impaciente.

— Claro, depois conversaremos.

Jussara os conduziu até onde as crianças brincavam.

Cássia acompanhava com o maior cuidado, olhando com atenção cada detalhe. Seu coração bondoso procurava com os olhos aquela criança que tinha certeza que Jesus iria colocar no seio de sua família.

A verdadeira caridade ensinada por Jesus não consiste somente em dar esmolas, não é só isso que Deus exige de nós, mas também a nossa benevolência concedida sempre e em todas as coisas ao nosso próximo.

Cássia adquirira a consciência de que a verdadeira caridade se faz sem humilhar aquele que recebe o benefício, e julgava-se preparada para se doar inteira àquele que, sentia, chegaria até ela por algum motivo que desconhecia, mas sabia que existia. Aprendera que deixar de praticar o bem é um grande mal, e lutaria enquanto pudesse para que as crianças que pouco ou nada tinham se tornassem homens de bem, em vez de pequenos marginais. Por isso dedicava-se a ensinar para as crianças do projeto o Evangelho de Jesus.

Vicente de Paulo, com toda sua bondade, humildade e sabedoria, certa feita disse: "Homens de bem, de boa e forte vontade, uni-vos para continuar amplamente a obra de propagação da caridade; encontrareis a recompensa dessa virtude no seu próprio exercício; não há alegria espiritual que ela não dê desde a vida presente. Sede unidos; amai-vos uns aos outros segundo os preceitos do Cristo. Assim seja.

Junior e Betinho uniram-se às crianças que jogavam bola, correndo e sorrindo em meio àqueles pequenos que só tinham como divertimento a boneca e a bola.

Cássia procurava avidamente entre tantas pela única que lhe interessava, aquela que acreditava que iria se aproximar dela trazendo-lhe de alguma forma um sinal.

De repente, avistou um garotinho sentado em um banco, sozinho e segurando nas mãos um pequeno livro de figuras coloridas. Instintivamente, dirigiu-se a ele, sendo acompanhada por Jussara e Frank.

Ao se aproximar, parou diante da criança e lhe disse:

— Olá, como você se chama?

Antes que Bernardo respondesse, Jussara falou para Cássia:

— Não espere resposta, ele é muito fechado em si mesmo, quase não fala e não consegue se relacionar com ninguém.

— Existe algum motivo especial para ele se comportar assim?

— Não sei se isso é motivo, mas ele sofre de uma enfermidade respiratória que o prende na cama com assiduidade. Precisa de cuidados especiais, tem uma saúde muito precária.

— Os seus pais, onde estão?

— Ninguém sabe. Foi deixado aqui no portão do orfanato com apenas um dia de vida. Ninguém conseguiu encontrar sua mãe ou alguém da família; e nunca recebeu uma visita sequer. Isso foi há três anos. Desde então, tornou-se a mascote do orfanato, e até as outras crianças cuidam dele. Recebe todo carinho e atenção, mas infelizmente não conseguimos modificar sua maneira de agir. Quase nunca sorri e tem sempre essa feição de tristeza no rosto.

Cássia pensou: "É esse. Tenho certeza de que é esse o meu filho".

Colocou-se bem na sua frente e, abrindo os braços, o chamou:

— Bernardo venha me dar um abraço!

Para a surpresa de Jussara, Bernardo levantou e colocou seus bracinhos ao redor do pescoço de Cássia, dando-lhe um gostoso abraço, que foi carinhosamente retribuído.

— Bernardo, você gostou dessa tia? — perguntou Jussara.

Bernardo respondeu balançando afirmativamente sua cabecinha.

— É incrível — disse Jussara, realmente impressionada. — É a primeira vez, em três anos, que vejo Bernardo tomar essa atitude.

— Dona Jussara, acho que encontrei o filho que procurava! — exclamou Cássia.

— Você tem certeza? Quer mesmo depois do que lhe contei? Caso contrário, não crie ilusão na cabecinha dele, não o faça sofrer mais.

Cássia olhou para Frank e perguntou:

— Amor, o que você acha?

— Cássia, quero o que você quiser. Se acha que é esse o nosso filho, não se discute, ele será o nosso filho.

— Aproxime-se dele, Frank, vamos ver sua reação.

Frank aproximou-se dizendo:

— Bernardo, também quero ganhar um abraço seu. Pode me dar?

Abriu os braços e esperou. Bernardo repetiu o mesmo gesto que fez com Cássia. Levantou-se e abraçou Frank, transmitindo-lhe todo o carinho que estava disposto a dar.

Ao fazerem menção de se retirar, Bernardo levantou-se novamente e, segurando as mãos de Cássia e Frank, acompanhou-os.

— Mal posso acreditar no que estou presenciando — dizia Jussara, realmente impressionada.

— Dona Jussara, gostaria que a senhora tomasse as providências cabíveis para que possamos adotá-lo como nosso filho.

— O senhor deve saber que demora um pouco até que saia a adoção definitiva, mas podem vir vê-lo sempre que quiserem. Seria bom que viessem, assim tanto vocês quanto ele iriam se adaptando à nova situação. Traga as crianças, para que elas se entrosem também.

— Poderemos levá-lo para casa?

— Por enquanto não, mas logo o juiz dará autorização para que ele passe o fim de semana com vocês, até que o levem definitivamente. Permitem que eu faça um comentário? — perguntou Jussara.

— Claro, o que quiser.

— Sou diretora deste orfanato há muito anos e, sendo absolutamente sincera, nunca vi uma adoção acontecer dessa maneira. É incrível como houve afinidade de ambas as partes. Vocês passam a certeza de que realmente querem um filho para amar, cuidar e transformar em um homem de bem, não para superar depressão ou mágoa. Que Jesus abençoe a sua família, que irá aumentar em número e em felicidade.

— Dona Jussara, nós já recebemos as bênçãos de Jesus. Temos filhos saudáveis, vivemos com nossa mãe em perfeita harmonia. Por que não proporcionar a outras crianças a oportunidade de ter um lar? A felicidade, quando compartilhada, aumenta cada vez mais, e é nisso que acreditamos.

Foram interrompidos pelos gritos de Junior e Betinho, que chegaram ofegantes e trazendo Bernardo pelas mãos.

— Mamãe, é ele que vai ser nosso irmãozinho?

— É, filho, é ele.

— Ele vai hoje para nossa casa?

— Hoje não, filho, mas logo vamos poder levá-lo conosco para sempre. Vocês estão contentes?

— Muito, mamãe — respondeu Junior.

— Eu também estou muito contente, mamãe — falou Betinho.

— Como a mamãe falou, viu que irmãozinho bonito Jesus mandou para vocês?

— Só o Maurício não o conhece, não para de dormir...

— Ele ainda é muito pequeno. Agora tenho três para me ajudar a tomar conta do Maurício e ensinar muitas coisas legais a ele.

— Eu vou ajudar!

— Eu também!

— Fala que você também vai ajudar, Bernardo, nossa mãe precisa de ajuda — falou Junior.

Após ficar em silêncio por alguns instantes, Bernardo respondeu:

— Eu também — deixando Jussara cada vez mais surpresa.

Aproximando-se de Antonieta e Sabina, disse-lhes:

— Penso que essa é uma adoção programada por Deus. Não é possível uma afinidade tão grande entre todos! Em se tratando de Bernardo, fico ainda mais surpresa, pois o conheço o suficiente para esperar outra reação que não essa.

— Como dizem por aí, dona Jussara, há mais mistérios entre o céu e a Terra do que crê a nossa vã filosofia.

— A senhora tem razão. Deus coloca suas criaturas nos lugares certos para que haja a evolução de cada um.

Deus criou os espíritos simples e ignorantes, ou seja, sem conhecimento. Deu a cada um deles uma missão, com o fim de os esclarecer e progressivamente conduzir à perfeição, pelo conhecimento da verdade e para os aproximar Dele. A felicidade eterna e sem perturbações, eles a encontrarão nessa perfeição. Os espíritos adquirem o conhecimento passando pelas provas que Deus lhes impõe. Uns aceitam essas provas com submissão e chegam mais prontamente ao seu destino; outros não conseguem sofrê-las sem lamentação, e assim permanecem, por sua culpa, distanciados da perfeição e da felicidade prometida. (O Livro dos Espíritos, Cap. I, Segundo Livro, Item 115.)

Despediram-se de Bernardo prometendo-o que viriam vê-lo sempre aos domingos até que pudessem levá-lo para casa. Bernardo ouviu-os colocando novamente a tristeza em seus olhinhos. Cássia, percebendo, disse-lhe carinhosa:

— Não fique triste, pode esperar que logo você estará indo para sempre para sua casa.

Beijou-o despedindo-se.

Ao vê-los sair, Jussara aconchegou Bernardo em seus braços e lhe disse:

— Pode ficar feliz, você acaba de ganhar uma família. Creio que não irá demorar muito para ir com eles. Você quer ir morar com eles, não quer?

Bernardo balançou a cabecinha afirmativamente.

— Então tenha um pouquinho de paciência e aguarde. Vou pedir para que tudo saia o mais rápido possível, está bem?

Novamente Bernardo balançou a cabeça. Jussara sorriu e deu-lhe um beijo.

Capítulo 25

A chegada de Bernardo ao lar

Para todos da casa de Cássia os dias pareciam longos, tamanha era a ansiedade em receber Bernardo. Cássia e Frank tomavam todas as providências para a arrumação do quarto; queriam que tudo ficasse de acordo com o quarto dos outros filhos.

— Nenhuma diferença deve ser feita — dizia Cássia. — Vamos tratá-lo da mesma maneira e com o mesmo carinho com que tratamos Junior, Roberto e Maurício. Quero que fique bem claro que ele é também nosso filho, não importa se está chegando agora, quero para ele o mesmo bem que quero para os outros.

— Fique tranquila, minha filha — dizia Antonieta. — Claro que todos vão tratá-lo com amor. Ele é uma criança e tem direito de se sentir amado e feliz.

— Antonieta tem razão — disse Sabina. — Não faz nenhum sentido adotar uma criança para privá-la de fazer parte realmente da família.

— Precisamos prestar muita atenção nas crianças. São ainda muito pequenas e não possuem total domínio de suas emoções. Cabe a nós orientá-las sempre para o caminho do bem, mostrando-

-lhes que o amor é um sentimento que, quanto mais damos, mais ele cresce favorecendo a nós mesmos.

— Tudo vai dar certo, meu amor — disse Frank. — Seremos uma família feliz.

— Tenho certeza que sim — afirmou Cássia. — Afinal, vivo ao lado das melhores pessoas que conheço.

Os dias foram passando.

Aos domingos, toda a família de Cássia ia ao orfanato visitar Bernardo, que cada vez mais se apegava a eles. Jussara informava-os sobre o andamento do processo de adoção. Até que um dia, ao chegarem, Jussara sorrindo lhes disse:

— Tenho uma boa surpresa para vocês.

— Diga-nos do que se trata, Jussara.

— O juiz autorizou vocês a levarem Bernardo para passar o fim de semana em sua casa, para que comece a adaptação de ambos os lados. Não é formidável?

— Claro, Jussara, é uma ótima notícia, a que mais aguardávamos — respondeu Cássia emocionada.

— Isso quer dizer que podemos levá-lo para passear? Hoje é domingo. Poderíamos levá-lo ao parque para brincar com os irmãos e à tardinha trazê-lo volta, pode ser? — perguntou Frank.

— Claro que sim — respondeu Jussara. — Venha, Bernardo, vamos trocar a roupinha, quero que saia bem bonito para passear, assim como seus irmãos.

Com o rostinho alegre, Bernardo acompanhou Jussara.

— Frank, está dando tudo certo, acho que Jesus abençoou a todos nós.

— Claro que sim, meu amor, onde há o bem Jesus está presente. Aprendi com meus pais que todos nós devemos lutar por um mundo melhor e mais pacífico. E, para que isso aconteça, precisamos começar de alguma forma. Creio que nós encontramos a nossa maneira de lutar, lá no projeto e aqui com Bernardo. Sei que é um grão de areia no oceano, mas estamos contribuindo. Apesar de agirmos com pureza de alma, sempre haverá quem nos atire a primeira pedra. Se isso acontecer, Cássia, temos a quem recorrer: ao amor de Jesus.

— Você mencionou uma questão interessante, Frank. Atirar a primeira pedra é imprudência; julgar impulsivamente, quase sempre é errar no julgamento e se arrepender mais tarde. Nutrir o coração com justiça e solidariedade é, pelo menos, dar a si próprio a oportunidade de acertar.

De repente, Frank percebeu uma sombra de tristeza no rosto de Cássia.

— O que foi, meu amor, parece que ficou tristonha. Alguma coisa que eu não sei a aborrece?

— Não, Frank, não é nada, tolice minha.

— Diga-me do que se trata e eu mesmo avalio se é tolice ou não.

Cássia hesitou por um instante, mas acabou desabafando:

— Sabe, Frank, às vezes lembro-me de como vivia quando era casada com Léo, uma vida vazia de obras. Dedicava as horas a cuidar de minhas plantas e a fazer a vontade de Léo. Sempre acreditei na vida futura, mas parecia uma coisa tão distante que seria quase impossível alcançá-la. Entretanto, hoje a sinto perto de mim. Não sei se pela morte do meu pai e de seus pais, enfim, parece-me tão real que hoje sei que pode acontecer a qualquer instante; para isso basta a vontade de Deus.

— Mas por que tudo isso lhe traz melancolia? — perguntou Frank.

— Porque vejo que perdi muito tempo. Demorei a acordar e dar atenção às coisas que aconteciam diante de meus olhos e enxergá--las na sua real dimensão. Você me entende?

— Entendo, querida, mas não é você mesma quem sempre diz que tudo tem sua hora para acontecer? Com você não foi diferente. Tudo aconteceu na hora certa. No momento em que você estava preparada para reavaliar sua vida e ir em busca do seu ideal de fraternidade, foi o que você fez.

Cássia olhou para o marido e sorriu.

— Você é mesmo alguém muito especial e eu o amo cada dia mais.

— Nossa, que declaração de amor! — disse Frank feliz.

Foram interrompidos por Antonieta que, ofegante, lhes disse:

— Dona Jussara ligou do orfanato e disse que Bernardo foi internado novamente. Se vocês quiserem ir vê-lo, aqui está o endereço do hospital — disse, entregando um pedaço de papel rabiscado às pressas.

Frank e Cássia levaram um susto com a notícia.

— Por favor, mãe, a senhora e Sabina podem cuidar das crianças para mim? Frank e eu vamos até o hospital.

— Podem ir e não se preocupem com as crianças, cuidaremos delas.

Assim que saíram, Antonieta comentou com Sabina:

— Será que Cássia acertou mesmo adotando uma criança com sérios problemas de saúde, Sabina? Tenho receio de que venha a sofrer.

— Ela deve saber o que está fazendo, Antonieta, mesmo porque Bernardo tinha poucas chances de ser adotado, é uma criança crescidinha e doente. Cuidaremos bem dele e ele ficará melhor.

— Deus a ouça, Sabina! É uma criança tão triste, merece ser feliz. — Se depender de mim, será realmente — exclamou Antonieta.

— De mim também — completou Sabina.

As tribulações da vida podem ser impostas aos Espíritos endurecidos, ou muito ignorantes, para fazerem uma escolha com conhecimento de causa, mas são livremente escolhidas e aceitas pelos espíritos arrependidos, que querem reparar o mal que fizeram e tentar fazer melhor. Tal é aquele que, tendo feito mal a sua tarefa, pede para recomeçá-la a fim de não perder o benefício do trabalho. Essas tribulações, pois, são, ao mesmo tempo, expiações pelo passado que elas punem e provas para o futuro que elas reparam. Rendamos graças a Deus que na Sua bondade concede ao homem a faculdade da reparação e não o condena irrevogavelmente pela primeira falta.

Entretanto, não seria preciso crer que todo o sofrimento suportado neste mundo seja necessariamente o indício de uma falta determinada; são frequentemente simples provas escolhidas pelo espírito para acabar sua depuração e apressar seu adiantamento. Assim, a expiação serve sempre de prova, mas a prova não é sempre uma expiação, mas, provas ou expiações, são sempre sinais de uma inferioridade relativa, porque o que é perfeito não tem mais necessidade de ser provado. (O Livro dos Espíritos, Cap. V, Item 8.)

Cássia e Frank chegaram ao hospital receosos.
Ao avistarem Jussara, perguntaram-lhe:
— Como ele está? É grave?
— É como eu lhes disse, sua enfermidade o prende ao leito por diversas vezes. Esta é só mais uma. Nós estamos acostumados. Ele vai ficar bom.
Cássia andava de um lado para outro esperando alguma notícia.
Assim que avistou o médico, correu a perguntar:
— Por favor, doutor, como ele está?
— A senhora é o que da criança.
— Sua mãe.
Espantado, o médico respondeu:
— A senhora disse mãe?!
Jussara interveio:
— Este é o casal que vai adotar Bernardo, doutor.
— Parabéns, dona...
— Cássia!

— Dona Cássia — repetiu o médico. — Meus parabéns por essa atitude generosa. Essa criança precisa mesmo de carinho, de uma família. Sua enfermidade piora muito com o desequilíbrio emocional. É muito pequena ainda para saber lidar com o abandono.

— O senhor acha melhor o transferirmos para um hospital particular? — perguntou Frank. — Queremos que ele tenha todas as condições para se tratar.

— Não há necessidade. Este hospital é bem equipado, possui ótimas condições para tratar os pacientes. Se tudo correr bem, amanhã mesmo ele volta para o orfanato.

— Jussara, ajude-me, não quero que ele volte para o orfanato; quero levá-lo para casa. Consiga essa autorização, por favor!

— Fique tranquila, dona Cássia, provavelmente conseguirá. Vou entrar em contato agora mesmo com o juiz. Ele também quer o melhor para a criança.

Mais calma, Cássia agradeceu a Jussara e perguntou ao médico se podia ver Bernardo, no que foi prontamente atendida.

Entrou na enfermaria e o encontrou com os olhinhos fechados, com oxigênio e muito pálido. Pegou delicadamente em suas mãozinhas e beijou-as. Bernardo abriu os olhos e esboçou um tímido sorriso.

— Fique tranquilo, meu amor, mamãe está aqui com você. Assim que ficar bom, vou levá-lo para nossa casa e vai ficar junto de seus pais e irmãos. Tudo vai dar certo, papai do céu vai ajudar você a ficar bom. Você esta contente em ir para casa comigo?

Como resposta, Bernardo apenas levantou sua mãozinha e tentou passá-la no rosto de Cássia. Como não conseguia, Cássia abaixou-se para que ele a tocasse.

— Obrigada, meu amor, você me deixou muito feliz. Nós vamos ser muito felizes.

Sentou-se ao lado da cama e, acariciando suas mãos, cantou baixinho uma linda canção de ninar, até que, tranquilo, Bernardo adormeceu. A enfermeira presente não se conteve e, chegando perto de Cássia, disse-lhe:

— Que Jesus abençoe a senhora! Disseram-me que está adotando o Bernardo. Nós já o conhecemos e ficamos felizes quando soubemos da adoção. Esta criança merece um lar e principalmente uma mãe como a senhora. Emocionei-me com o carinho que a senhora dedicou a ele. O amor de Jesus há de aquecer seu lar todos os dias.

— Eu agradeço e desejo o mesmo a você — respondeu Cássia.

— Agora preciso ir. Cuide bem dele, por favor.

— Fique tranquila, todos aqui no hospital o conhecem desde pequenininho. Cuidaremos muito bem dele.

— Obrigada. Até amanhã.

— Até amanhã — respondeu a enfermeira.

Assim que chegou ao saguão do hospital, Frank veio ao seu encontro ávido por notícias concretas a respeito de Bernardo.

— Como ele está? O que você achou do seu estado?

— Não sei responder, Frank. Achei-o muito fraquinho, está com o oxigênio, enfim, está medicado. Como disse o médico, é preciso aguardar.

— Será que ele sai dessa crise, Cássia? Jussara disse que é uma das piores.

— Olhe, Frank, quero acreditar que sim. Vamos confiar em Jesus e esperar. Amanhã voltaremos para vê-lo.

Retornaram para casa.

Antonieta e Sabina, assim que os viram, cobriram-lhes de perguntas:

— Não podemos dizer nada por enquanto — respondeu Cássia.

— O que podemos fazer é orar ao Senhor implorando auxílio para que Bernardo se recupere. Vamos pensar no melhor e confiar.

— Mamãe, papai, vocês trouxeram nosso irmãozinho? — perguntou Junior entrando correndo na sala.
Frank, antecipando-se a Cássia, respondeu:
— Ainda não, filho, mas logo ele estará aqui.
— "Jojó" disse que ele está doente — completou Betinho.
— Não é jojó, é vovó — corrigiu Junior.
— Eu só sei falar assim — respondeu Betinho, bravo.
— Não vão brigar agora, vão? Como papai falou, logo Bernardo estará aqui conosco.
— Eu vou rezar para ele ficar bom, viu mamãe.
— Eu também.
— Façam isso.
Satisfeitos, voltaram a brincar no jardim.
— E Maurício? — perguntou Cássia. — Onde está?
— Brincando no quarto — respondeu Sabina. — Eu estava com ele até agora.
— Vou vê-lo — disse Cássia, indo em direção ao quarto de Maurício.
Assim que Cássia saiu, Antonieta disse a Frank:
— Estou preocupada com Cássia. Se alguma coisa mais grave acontecer com essa criança ela vai sofrer muito.
— Ela tem consciência de que pode acontecer, dona Antonieta. Dona Jussara não escondeu nada sobre a saúde dele. Nós sabíamos que sua saúde é precária, que ele é uma criança que requer muitos cuidados. Mesmo assim, foi o filho que Cássia escolheu e deve haver um motivo forte que nos uniu a ele. Mesmo achando que podemos vir a sofrer, não vamos recuar, ele tem o direito de ser feliz, nem que seja por pouco tempo.
— Você tem razão, meu filho — disse Sabina. — Todos nós vamos nos esforçar para proporcionar a essa criança dias de paz.
— Obrigado, mãe.
Após dez dias de muita angústia, Cássia finalmente recebeu a notícia de que Bernardo iria receber alta. Jussara conseguira au-

torização do juiz para que Cássia e Frank levassem Bernardo para casa. Poderiam ficar com ele até que saísse a adoção definitiva. A alegria dominava o coração de todos. Bernardo maravilhava-se com tudo o que era apresentado a ele como sendo seu. Nunca seus olhinhos se encantaram com tantos brinquedos e seu coração magoado sentira paz e certeza de que tudo na sua vida iria mudar. Pela primeira vez, Bernardo deu o sorriso que iria acompanhá-lo pela vida inteira.

O amor resume inteiramente a doutrina de Jesus, porque é o sentimento por excelência, e os sentimentos são os instintos elevados à altura do progresso realizado. No seu início o homem não tem senão instintos; mais avançado e corrompido, só tem sensações; mais instruído e purificado, tem sentimentos; e o ponto delicado do sentimento é o amor, não o amor no sentido vulgar do termo, mas esse sol interior que condensa e reúne em seu foco ardente todas as aspirações e todas as revelações sobre-humanas. A lei do amor substitui a personalidade pela fusão dos seres e aniquila as misérias sociais. Feliz aquele que, ultrapassando sua humanidade, ama com amplo amor seus irmãos em dores! Feliz aquele que ama, porque não conhece nem a angústia da alma, nem a miséria do corpo; seus pés são leves, e vive como que transportado para fora de si mesmo.

Quando Jesus pronunciou essa palavra divina — amor — ela fez estremecer os povos, e os mártires, ébrios de esperança, desceram ao circo. (O Evangelho Segundo o Espiritismo, Cap. XI, A lei do Amor.)

Capítulo 26

❧ · ❧

A doença de Cássia

Os dias, os meses e os anos se passaram. No lar de Cássia e Frank, os sorrisos e as lágrimas se alternavam cumprindo a lei natural da vida.

Bernardo se adaptara facilmente ao convívio com sua nova família. Os filhos de Cássia e Frank, como acontece em todos os lares, viviam entre abraços e brigas, muitas vezes disputando a atenção dos pais. A saúde de Bernardo sempre fora preocupação para seus pais. As constantes idas ao médico e internações afetavam um pouco o humor de Bernardo, em razão das limitações que enfrentava no seu dia a dia. Junior tornara-se seu melhor amigo, defendia-o quando necessário, não permitindo que ninguém o magoasse. Eram realmente ligados um ao outro, o que deixava Cássia e Frank felizes.

Sabina retornara à pátria espiritual havia alguns meses, o que deixara todos, principalmente Frank, com o coração marcado pela saudade.

Cássia, para aliviar sua dor, sempre lhe dizia:

— Frank, as pessoas de bem são recebidas com alegria no reino de Deus. Sabina foi uma mulher de fibra, nunca se abateu com a dor, jamais culpou o Criador por aflições, ao contrário, sempre consolou as pessoas que passavam por sofrimentos, esquecendo de si mesma. Onde estiver, deve estar olhando por nós, principalmente por você.

— Eu sei, Cássia. Sofro por ter ficado tão pouco tempo em sua companhia. Aprendi a amá-la de verdade como minha mãe.

— Ela sabia disso, meu amor. Você a tratou como sua mãe; deu-lhe carinho, atenção, enfim, foram dias maravilhosos que passaram juntos. Ela partiu sem sofrimento, apenas fechou os olhos e partiu. Desencarne assim é uma bênção de Deus.

Antonieta, chegando, disse a Frank:

— Desculpe-me, Frank, mas não pude deixar de ouvir a conversa de vocês. Quero lhe dizer que, mesmo sabendo que ninguém ocupa o lugar de ninguém, gostaria que soubesse que o tenho como um filho, pelo que você é, pelo que representa na vida de minha filha e na dos meus netos, pela humildade que o faz maior. Agradeço a Deus por tê-lo colocado no caminho de Cássia e por fazê-la tão feliz.

— Obrigado, dona Antonieta, sei que me quer bem e eu tenho muita afeição pela senhora, mas acho que quem ganhou mais com nossa união fui eu. Dificilmente encontraria uma pessoa como Cássia, com todas as qualidades para fazer feliz qualquer pessoa que dela se aproxima. Em todas as aflições, Cássia se comportou como verdadeira criatura de Deus; sua força sustenta esta família, dona Antonieta.

— Gostaria que soubessem que não sou tão maravilhosa assim. Tenho muitos momentos de angústia e medo, mas aprendi nas palestras do Centro que ninguém vem à Terra para ser feliz para sempre, mas para aprender o que não julgou importante em outra ocasião. Hoje sei que a felicidade é consequência do bom aproveitamento que fazemos das oportunidades recebidas. O mais importante é vencer os obstáculos sem deixar derrotados nem sofredores ao longo do caminho; vencer pelo amor vivido e exemplificado.

Ao ouvir o chamado de Betinho, correu ao seu encontro. Vendo-a se afastar, Frank pensou:

— Sou tão feliz com você, Cássia, que tenho muito medo de perdê-la.

A dor é uma bênção que Deus envia aos seus eleitos; não vos aflijais, pois, quando sofrerdes, mas bendizei, ao contrário, o Deus todo-poderoso que vos marcou pela dor nesse mundo para a glória no céu. (O Evangelho Segundo o Espiritismo.)

Bernardo cada vez mais se apegava a Cássia.

Tudo corria com tranquilidade, até o dia em que Cássia não se levantou no seu horário habitual. Todos estranharam.

— Dona Antonieta, estou preocupado com Cássia. Chamei-a, como de costume, mas ela disse que queria dormir um pouco mais, que não se sentia bem. Acho muito estranho. Não seria bom chamar um médico para examiná-la?

— Vou falar com ela, Frank.

Antonieta foi até o quarto da filha e realmente notou-a muito pálida.

— O que você sente, minha filha?

— Não sei, mãe, muito cansaço e uma sensação de fraqueza.

— Frank tem razão, é melhor chamar o médico.

— Não precisa, logo passa.

Contra a vontade de Cássia, Frank foi em busca do médico da família. Iniciava-se, naquele dia, a enfermidade que a manteria presa ao leito por dois anos, sofrendo e vendo sofrer seus entes queridos, até que Orlando, Eneida e Jacob viessem buscá-la.

Como o previsto, Bernardo dedicou-se inteiramente aos cuidados de sua mãe. Permanecia noite e dia ao seu lado, vivendo cada minuto de dor, sem nunca ouvir dos lábios de Cássia uma só palavra de revolta ou lamentação.

— Mesmo quando sofre, sua mãe nos dá lições de dignidade e fé — dizia Frank aos filhos.

Em uma manhã chuvosa de domingo, Bernardo, como sempre fazia, foi dar bom-dia a sua mãe. Encontrou-a com os olhos fechados e um leve sorriso esboçado em seus lábios. Pela palidez de suas faces, sentiu que o pior havia acontecido.

Cássia partira do mundo físico deixando exemplos a serem seguidos. Passara por dores, aflições e mágoas, mas nunca perdera a alegria, a fé e a certeza de que tudo acontece para o crescimento do ser. Não permitiu que o orgulho e o egoísmo matassem impiedosamente sua possibilidade de fazer parte dos eleitos, pois sabia que o orgulho nos faz acreditar ser mais do que somos, e o egoísmo nos impede de ver além do nosso próprio eu.

Cumprira sua tarefa com dignidade cristã, ensinara aos filhos a importância da união dos seres; entendera, por meio dos acontecimentos de sua vida, que nenhum de nós vem ao mundo a passeio, todos retornamos com a finalidade de nos aperfeiçoar como criatura de Deus, e essa compreensão lhe propiciara a paz que fortaleceu seu coração.

Adormecida, deixando notórias em seu corpo físico a tranquilidade e a paz, Cássia foi levada por Jacob, Eneida e Orlando, que acompanhavam a equipe do desencarne até o hospital Maria de Nazaré, onde iria se fortalecer para continuar, no tempo certo, o seu trabalho fraterno.

Deixara para seus filhos os exemplos do bem e da moral cristã. Era chegada a hora de cada um seguir o seu caminho e continuar a edificação em terreno fértil.

Bernardo, em pouco mais de um ano, abalado com a separação de Cássia e não suportando mais as agressões da enfermidade que o acompanhava durante tantos anos, desencarnou rodeado por seu pai, irmãos e Antonieta, que se curvava com o peso de sua idade avançada.

A vida, mais uma vez, seguiu seu curso e mais uma vez os planos de Deus se fizeram presentes, envolvendo cada um com sua bondade e misericórdia.

Consideração

Necessário se faz ao homem compreender o que na realidade significa viver; conscientizar-se de que somos mais que um corpo bonito e perfeito; que o mais importante será sempre a perfeição da nossa alma; é ela que retorna à sua pátria de origem. Por mais que a humanidade possa duvidar, a vida depois de amanhã é uma realidade, e essa é a nossa maior alegria, saber que nenhuma criatura simplesmente se desintegra. Ao contrário, ao abandonar o corpo físico, renascemos plenos no reino de Deus.

Nem podia ser diferente, pois a sabedoria do Criador, Sua justiça e bondade, não se ajustariam em criar o ser para destruí-lo impiedosamente, sem nenhuma chance de se renovar. Ao contrário, propicia a todos novas oportunidades para recomeçar e poder se elevar no bem, na sublime trajetória da evolução.

Todos os seres vivem em meio a alegrias e tristezas, erros e acertos, dúvidas e certezas, enfim, todos navegam no imenso universo de Deus procurando seu caminho e promovendo sua reforma interior. Todos nós sabemos, intuitivamente, que temos uma missão a cumprir, que precisamos aparar as arestas da nossa personalidade, desenvolver em nós os sentimentos do bem e do amor e nos melhorar como criaturas de Deus. E lutar contra essa verdade é agir como um tolo, impedindo a si mesmo de ser feliz.

Sábio é aquele que consegue entender que jamais teremos paz se permanecermos com os olhos fechados ignorando a miséria que atinge tantos e tantos irmãos; quando nos negamos a repartir o supérfluo, o muito que temos, com os que, por motivos vários, nada possuem, vivem sem perspectivas de futuro, com o coração sem esperanças, mas que apenas uma palavra ou uma mão estendida pode fazer renascer em sua alma a força e a coragem para lutar e vencer a si mesmo. Como ter paz quando se permite que a própria vida gire em torno da satisfação dos próprios desejos?

As águas correm para o oceano e se unem ao todo. Os homens, não raro, teimam em caminhar sozinhos, acreditando possuir duas asas para voar. Puro engano!

Assim como as águas fazem, também se faz necessário nos unir às pessoas, todas as criaturas de Deus, e com o mesmo direito na imensa casa do Senhor. Quando todos compreenderem e aceitarem que somente por meio do amor construiremos a felicidade, e que não é prudente dormir serenamente enquanto muitos sofrem o descaso de alguns, prosseguirão em sua jornada em direção ao Criador, como pequenas partículas que são, mas que podem alimentar o coração com o sentimento de fraternidade, aliviando as aflições de muitos nos momentos difíceis de solidão.

Que o Divino Amigo ilumine o coração de cada criatura, para que possa plantar aqui na Terra a semente de felicidade que irá florescer na **vida depois da amanhã**.

Até mais ver!

Irmão Ivo

Aos leitores

A manjedoura acolheu o rebento e a luz se fez.
A doçura do amor se espalhou por todo o Universo e o homem recebeu do Mais Alto nova oportunidade para repensar e reavaliar seus conceitos, nem sempre louváveis; mas o homem, por causa da pressa em conquistar fortunas, esqueceu-se de perceber a luz que clareava o mundo.

Pobres de nós... Andamos tão distraídos que não somos capazes de sentir ao nosso lado o Criador deste fantástico mundo em que vivemos.

"Pela obra se conhece o autor", já disse alguém.

Mas, acostumados que estamos a ser alvos de tamanha bondade, não damos tanta importância a essa criação e destruímos rios e florestas em nome do progresso; destruímos até o ar que respiramos; não aprendemos ainda a valorizar a vida, seja no reino mineral, seja no vegetal ou no animal. E, o que é pior... a vida humana.

O respeito nos impede de cometer absurdos; o respeito nos faz olhar o nosso semelhante como um ser igual a nós e, consequentemente, desejar o melhor para ele. O respeito e o amor andam de mãos dadas, e aquele que ama é, verdadeiramente, filho de Deus.

A água borbulha por entre as pedras com toda a sua exuberância, porque é simplesmente o efeito de uma nascente cristalina.

Assim como a água, a caridade também é o efeito de uma nascente de amor nos corações generosos que se doam sem nenhum outro desejo senão o de estar exercitando a lei do amor.

A cada abraço que trocamos, a cada mão que apertamos, unimos nosso ideal e ajudamos o Cristo a descer da cruz. Devemos agir de maneira que nossa caminhada rumo a Jesus não se interrompa para que possamos tornar bom o que parece mal, ou seja, o outono da vida. As palavras de Jesus estão se misturando, se perdendo nas atitudes enganosas de falsos profetas, e isso nos faz crer que todos estão surdos, estão ficando cegos e se esquecendo de que aqui é sementeira de felicidade para a vida futura.

Necessário se faz aprender a amar sem ter medo de sofrer, e sofrer sem nunca deixar de amar, essa é a mágica que irá nos transportar com equilíbrio e paz para a **vida depois de amanhã**.

Peço licença aos leitores para dar testemunho da grande fé que possuo na vida futura, transcrevendo uma pequena carta para meu filho que hoje reside no reino de Deus, na certeza de que será entregue a ele pelos tarefeiros de Jesus.

Filho, você vive em mim e no meu amor.
Você vive com a força e a espiritualidade que só os bons possuem.
Vive em mim... Junto de mim... Através de mim.
Em cada pensamento,
Em cada gesto,
Em cada pulsar do meu coração você está presente,
Porque te amo... Te sinto... E te abençoo.
Agora, mais do que nunca, estaremos juntos,
Neste lar de amor, trabalhando em favor do próximo,
Unindo-nos no amor de Jesus,
Entrelaçando nossas vibrações através do infinito,
Para que eu receba de você e de seus mentores
A força necessária... Para eu continuar vivendo.

Sônia Tozzi

Leia os romances de Schellida!
Emoção e ensinamento em cada página!
Psicografia de Eliana Machado Coelho

O Brilho da Verdade
Samara viveu meio século no Umbral passando por experiências terríveis. Esgotada, consegue elevar o pensamento a Deus e ser recolhida por abnegados benfeitores, começando uma fase de novos aprendizados na espiritualidade. Depois de muito estudo, com planos de trabalho abençoado na caridade e em obras assistenciais, Samara acredita-se preparada para reencarnar.

Um Diário no Tempo
A ditadura militar não manchou apenas a História do Brasil. Ela interferiu no destino de corações apaixonados.

Despertar para a Vida
Um acidente acontece e Márcia, uma moça bonita, inteligente e decidida, passa a ser envolvida pelo espírito Jonas, um desafeto que inicia um processo de obsessão contra ela.

O Direito de Ser Feliz
Fernando e Regina apaixonam-se. Ele, de família rica, bem posicionado. Ela, de classe média, jovem sensível e espírita. Mas o destino começa a pregar suas peças...

Sem Regras para Amar
Gilda é uma mulher rica, casada com o empresário Adalberto. Arrogante, prepotente e orgulhosa, sempre consegue o que quer graças ao poder de sua posição social. Mas a vida dá muitas voltas.

Um Motivo para Viver
O drama de Raquel começa aos nove anos, quando então passou a sofrer os assédios de Ladislau, um homem sem escrúpulos, mas dissimulado e gozando de boa reputação na cidade.

O Retorno
Uma história de amor começa em 1888, na Inglaterra. Mas é no Brasil atual que esse sentimento puro irá se concretizar para a harmonização de todos aqueles que necessitam resgatar suas dívidas.

Força para Recomeçar
Sérgio e Débora se conhecem a nasce um grande amor entre eles. Mas encarnados e obsessores desaprovam essa união. Conseguirão ficar juntos?

Lições que a Vida Oferece
Rafael é um jovem engenheiro e possui dois irmãos: Caio e Jorge. Filhos do milionário Paulo, dono de uma grande construtora, e de dona Augusta, os três sofrem de um mesmo mal: a indiferença e o descaso dos pais, apesar da riqueza e da vida abastada. Nesse clima de desamor e carência afetiva, cada um deles busca aventuras fora de casa e, em diferentes momentos, envolvem-se com drogas, festinhas, homossexualismo e até um seqüestro.

Obras de Irmão Ivo: leituras imperdíveis para seu crescimento espiritual
Psicografia da médium Sônia Tozzi

O Preço da Ambição
Três casais ricos desfrutam de um cruzeiro pela costa brasileira. Tudo é requinte e luxo. Até que um deles, chamado pela própria consciência, resolve questionar os verdadeiros valores da vida e a importância do dinheiro.

O Amor Enxuga as Lágrimas
Paulo e Marília, um típico casal classe média brasileiro, levam uma vida tranqüila e feliz com os três filhos. Quando tudo parece caminhar em segurança, começam as provações daquela família após a doença do filho Fábio.

A Essência da Alma
Ensinamentos e mensagens de Irmão Ivo que orientam a Reforma Íntima e auxiliam no processo de autoconhecimento.

Quando Chegam as Respostas
Jacira e Josué viveram um casamento tumultuado. Agora, na espiritualidade, Jacira quer respostas para entender o porquê de seu sofrimento

Somos Todos Aprendizes
Bernadete, uma estudante de Direito, está quase terminando seu curso. Arrogante, lógica e racional, vive em conflito com familiares e amigos de faculdade por causa de seu comportamento rígido

No Limite da Ilusão
Marília queria ser modelo. Jovem, bonita e atraente, ela conseguiu subir. Mas a vida cobra seu preço.